# 走城市型、应用型办学之路

## ——北京联合大学旅游学院办学纪实

曹长兴　严旭阳　主编

中国旅游出版社

# 本书编写委员会

主　编：曹长兴　严旭阳

副主编：王美萍　王　莹　张凌云　张　驰

编　委：（按姓氏笔画顺序）

丁于思　于　平　王英伟　王培雅　田彩云　龙润湘

石金莲　刘志红　刘　啸　刘建国　卢慧娟　孙梦阳

孙　琼　李　飞　李　白　李　新　李柏文　汤利华

吴巧红　张金山　张永敬　孟煜康　姜　慧　贾真光

高　珣　韩　松　彭　霞

# 城市型、应用型大学建设的理论与实践探析

韩宪洲①

城市型、应用型是北京联合大学在全面总结多年应用型大学建设经验和科学研判新形势新任务的基础上，对"十三五"时期应用型发展模式的新思考。这一表述是对学校办学定位和服务面向的创新性结合，是对应用型办学定位的守正，更是对城市型这一服务面向特征的凸显，对新时期地方大学的应用型发展模式创新具有重要的理论和现实价值。

## 一、引言

习近平在 2016 年全国高校思想政治工作会议上指出，"我们对高等教育的需要比以往任何时候都更加迫切，对科学知识和卓越人才的渴求比以往任何时候都更加强烈"，"必须牢牢抓住提高人才培养能力这个核心，并以此来带动高校其他工作"。北京联合大学在科学谋划学校"十三五"规划时，坚持以提高教育教学和人才培养水平为核心，以服务北京经济社会发展和市民生活需求为使命，综合历史基础、办学优势、现实条件、未来发展等多方面因素，首次提出并阐释了"建设城市型、应用型大学"的目标，并进行了卓有成效的探索。

① 韩宪洲（1964— ），男，河南汝州人，北京联合大学党委书记、研究员，主要研究方向为高等教育理论与实践。

## 二、因势而谋：城市型、应用型的提出背景

### （一）建设应用型大学是学校发展的历史选择

北京联合大学办学始于 1978 年。当年，高考刚刚恢复，招生指标严重不足。北京市委托清华大学、北京大学等高校依托自身办学资源，在北京各个城区创办了 36 所分校，满足了当时北京知识青年和青年学生上大学的需求，为北京日后的建设发展提供了重要的人才资源。1987 年北京联合大学初创不久，首任校长谭元堃提出，学校"要从过去大学分校时期大学能办什么办什么，转变到北京需要什么办什么。着重发展应用学科，培养应用人才"。这一办学思想，在 2004 年启动本科教学工作水平评估工作后进一步成熟和完善，学校明确提出了"发展应用型教育，培养应用型人才，建设应用型大学"的办学宗旨和"面向大众，服务首都；应用为本，争创一流"的办学定位以及"学以致用"的校训。38 年来，学校矢志不渝地坚守应用型发展道路，与时俱进地创新应用型发展模式，不遗余力地推进应用型大学建设，业已发展成为北京市重点建设的应用型人才培养基地，为北京市培养了 20 余万名高素质应用型人才。因此，建设应用型大学是联大人在特定条件下，对学校未来发展做出的正确的历史选择，是学校创建和发展中最具活力的生命基因，也是"十三五"规划提出"建设城市型、应用型大学"的现实基础。

### （二）城市型、应用型是新形势对学校发展的客观要求

1. 有效服务国家重大发展战略的要求

党的十八大以来，党中央推进实施创新驱动发展、京津冀协同发展、世界一流大学和一流学科建设等重大战略部署。北京市应站在国家战略高度思考和谋划北京工作，在服务国家大局中实现北京发展。学校作为北京市属高校，必须融入国家重大发展战略和服务北京建设的大局，选好突破口，找准着力点，创新应用型发展模式。

2. 精准立足北京城市功能定位的要求

2014 年，习近平总书记明确提出了北京"四个中心"功能定位。疏解

北京非首都功能，构建"高精尖"经济结构，高标准建设"北京城市副中心"等成为北京经济社会发展的核心词，北京的产业、就业、人口等布局开始发生深刻变化。同时，北京的城镇化率于 2015 年已经达到了 86.5%，2016 年又开始实行统一的城乡户口登记制度，城镇化发展速度将进一步加快。作为以北京生源为主的市属高校，如何更好地适应北京经济社会发展的要求，更好地满足学生在北京工作和生活的需求，成为学校必须思考和解决的重要课题。

3. 主动回应首都人民生活新期待的要求

北京要建设国际一流的和谐宜居之都，必须要高品质地满足首都人民多元化的生活需求。学校的目标是：建设高水平、有特色、首都人民满意的城市型、应用型大学，在这里，首都人民满意既是标准也是要求。因此，学校要更加深入地研究北京，更加紧密地贴近市民生活，围绕衣食住行、健康、精神生活等需求，更有针对性地设置和调整专业，培养人才。这是学校发挥比较优势，找准立足点，实现错位发展、特色发展的必然选择。

### （三）城市型、应用型突显了学校发展的城市特征

北京联合大学的创建应北京发展之需，建设乘北京发展之势，价值伴北京发展而显，城市特征是学校发展历程的深深烙印。2014 年国务院出台《关于加快发展现代职业教育的决定》，2015 年教育部、国家发改委、财政部联合出台《关于引导部分地方普通本科高校向应用型转变的指导意见》。受此启发，学校创新性地提出了"城市型、应用型"的理念。这一理念是对学校办学定位和服务面向的创新性结合，坚守了学校的"应用型"办学定位，同时，更加凸显了学校发展的"城市型"这一服务面向特征。

## 二、顺势而为：城市型、应用型的实践探索

### （一）廓清城市型、应用型的基本内涵

城市型、应用型不是一种新的大学类型，不是对大学应用型的修正，而是对应用型发展模式在传承基础上更深入的探究和拓展，丰富了应用型大学建设的内涵。

从词语结构看，城市型、应用型不是两个词语的简单叠加，两者是偏正关系而非并列关系，城市型是对应用型的一种修饰和界定，是对应用型内涵的一种聚焦和探索，有利于廓清学校的服务面向和应用定位。

从基本特征看，城市型、应用型大学在行政关系上隶属于所在城市的管理，具有鲜明的地方性；在科学研究上致力于应用技术研发和成果转化，在人才培养上以所在城市生源为主，旨在培养不同层次的应用型专门人才，具有显著的应用性；在社会服务和文化传承上，密切关注所在城市的经济社会发展需求，具有内生的自觉性。

从具体内涵看，城市型、应用型是对应用型的具象化。主要包括：（1）明确了城市面向，以服务所在城市需要为根本点；（2）聚焦了产业行业，以对接所在城市的产业行业发展需求和趋势为突破点；（3）强调了精准应用，以找准所在城市产业链条的具体位置为供给点；（4）突显了交叉融合，以发挥综合性大学的综合优势，促进学校内部不同学科专业的交叉融合为创新点；（5）蕴含了特色一流，始终牢固树立各美其美、美美与共的基本点。

## （二）抓好城市型、应用型的顶层设计

北京联合大学在制定"十三五"规划时，对推进城市型、应用型大学建设做了较为完整的顶层设计，形成了融合发展理念指导下的"345"发展框架。

"3"是指城市型、应用型大学建设要统筹好3个关键因素，即学校建设与外部环境系统的融合、内部办学系统的融合以及师生个体与学校发展的融合。与外部环境系统的融合是关键；内部办学系统的融合是基础；师生个体与学校发展的融合是根本。

"4"是指推进城市型、应用型大学建设要努力实现的4个转变，即把办学思路真正转到服务京津冀经济社会发展上来，转到产教融合、校企合作上来，转到培养高素质应用型人才上来，转到增强学生就业创业能力上来，全面提高学校服务京津冀经济社会发展和创新驱动发展的能力。

"5"是指推进城市型、应用型大学建设的5条具体路径，即校地融合、产教融合、科教融合、学专融合和心智融合。这是在大学建设一般规律的基础上，对城市型、应用型大学建设特殊规律的把握和运用。其中，校地

融合和产教融合是对学校外部发展规律的自觉适应；科教融合、学专融合和心智融合是学校对内部自身建设规律的主动把握。

### （三）推进城市型、应用型的重要举措

1. 密切产业行业企业联系，着力打造一院一特色

北京联合大学是一所综合性大学，与特色鲜明的单科性院校相比，我们欠缺的是产业特征和深厚的行业背景。因此，学校加强统筹规划，推动每一所学院精准对接北京经济社会发展需求，着力打造"一院一特色"。

第一，对接产业。学校要求学院通过调查研究，选好所对接的主要产业，找准在相应产业链中的具体位置，把产业需求和自身能力结合起来。例如，在科学研判国家大力发展智能机器人产业的背景下，学校成立了全国首家机器人学院。成立伊始，便得到了千里视像科技集团捐赠的 1000 万元"保千里德毅机器人专项成长基金"。多次参加"中国智能车未来挑战赛"，与清华大学等名校强校同台竞技，取得了较好成绩。在 2015 年全国科技活动周暨北京科技周上，刘延东副总理对学校研发的无人驾驶电动汽车进行了现场指导。积极推动科研成果向产业转化，其中，小型无人车——小旋风系列已经获得了投资。相关专业的研究生也在参与项目过程中被预订一空。机器人学院的实践探索显现了初步效果，产生了良好的示范效应。

第二，亲近行业。我们鼓励学院积极参加相关行业协会组织，参与或承办行业协会活动，扩大学校在行业中的影响力，增强话语权，促进学校人才培养与行业发展的深度互动。例如，旅游学院围绕首都旅游行业着眼世界一流旅游城市建设的目标，致力于与行业的密切合作，形成了鲜明的行业特色。学院协同北京旅游学会连续举办六届首都旅游发展论坛，2014年协助北京市旅游委完成了《北京 2022 冬奥会申办报告住宿主题》的终稿，助力北京成功申办 2022 年冬奥会。学院创办的《旅游学刊》是旅游学界和业界公认的最具权威性的专业学术刊物。与行业的紧密结合成就了其在旅游行业的影响力。近年来，为推进首都旅游行业的提质、增效、升级，受北京市旅游委委托，学院负责制定了《北京市餐饮业经营规范》，旨在提高北京市生活性服务业的品质，受国家旅游局委托，正在制定《旅游基础信息资源规范》《旅游信息资源交换系统设计规范》等旅游大数据方面的

行业规范。旅游学院在亲近行业，促进发展上积累了成功经验。

第三，携手企业。学校支持学院拓展、深化校企合作，联合开展专业建设和课程开发，联合申报课题，开展科学研究，联合推进校企人才双向交流，共同培养企业所需的高素质应用型人才。例如，在校企合作方面，学校提出每个专业要有1个以上的深度合作企业，每所学院要有1~2个与企业共建的专业。在人才培养方面，除在企业建设人才培养基地外，积极探索订单式人才培养模式，例如旅游学院的全聚德酒店管理实验班、机电学院的SMC（中国）有限公司人才培养订单班等。

2. 面向城市建设需求，助力首都宜居、可持续发展

学校紧贴北京城市建设发展和市民生活需求，针对垃圾分类、古城改造、果蔬安全等城市难题开展科研攻关，为北京建设国际一流的和谐宜居之都提供技术和智力支撑。

应用文理学院与海淀区联手打造"三山五园"研究院，发挥学校多学科交叉优势，组织"三山五园"历史文化研究，开发研制了"三山五园"数字体验馆，满足了大学生和社会民众了解和体验"三山五园"作为中国传统文化最高峰代表的需求，产生了较好的社会影响。这是学校对文科专业应用型实践的有效探索。

生物化学工程学院着力满足北京市民对健康生活和生态环境的需求，其研发的生态农药成功替代了化学农药，使平谷区的丫髻仙桃褐腐病的防治达到较好效果，为丫髻仙桃提供了全生态链的安全保障。运用以清洁转化为核心的先进的废弃物转化技术，把废弃的桃树枝就地收集转化为清洁能源和有机肥料，为平谷区的老百姓解决了长期困扰他们的难题。学院的功能食品科学技术研究院还为2008年北京奥运会、2014年北京APEC峰会等重大国际活动提供食品安全与保健检测服务。

3. 对照城市型、应用型要求，推进学校改革创新

城市型、应用型理念的落地关键是要有与之相适应的学科和专业作为支撑。依托现有的学科基础，突破传统的专业设置限制，依据北京的现实需求，找准专业方向，促进交叉融合，是推进城市型、应用型大学建设的重要途径和手段。

一年来，学校着力改革创新，推进学科和专业资源整合，提升学校人

才培养目标与培养效果的达成度。瞄准北京高精尖经济结构,依托智能车研究团队和组织模式成立了机器人学院;整合师范学院和广告学院的艺术类学科和专业资源,成立了艺术学院,更好地聚焦服务首都文化创意产业;将食品科学与工程学科从应用文理学院调整至生物化学工程学院,并启动将学院更名为"健康与环境学院"的相关工作等。所有这些,都是为了更好地适应北京经济社会发展和市民生活需求。

## (三)未来之路:城市型、应用型的完善优化

### 1. 创新机制,高精准对接北京经济社会发展

推进城市型、应用型大学建设,首要的是牢牢把握面向城市、面向北京这一根本定位。这是未来发展的基础。

一方面,要着力研究和把握北京政府、企业和社会的需求。既要及时了解和把握前沿动态,更要聚焦其发展需求,实现精准对接,提升学校有效供给的水平。

另一方面,要着力培育和建设优势专业和特色专业。在校内专业评估和教育部审核评估的基础上,把脉专业建设方向,找准各专业在所服务产业链中的具体位置,以比较优势为基础培育和打造特色。

### 2. 创新制度,全方位激发学校发展的动力和活力

目前,应用型高等教育的评价体系和机制尚未建立,学校要边实践边研究,逐步把握城市型、应用型大学的建设规律,构建能够全方位激发学校发展动力和活力的、有效管用的制度体系。这是未来发展的保障。

要按照城市型、应用型大学建设的内在要求,创新完善教学科研、组织人事、管理服务等方面的制度,激发学校事业发展的动力和活力。例如,在教师的职务晋升、岗位聘任和业绩考核中,对于一线应用研究与学科前沿研究,技术应用和创新成果与学术论文,要给予同样的甚至更高的重视程度和价值评判;要逐步改变只以论文和课题数量论英雄的局面,制定鼓励教师开展与城市型、应用型大学建设相适应的教研、科研评价办法;要逐步加大对基于解决问题的应用型研究成果的奖励,引导师生关注北京、立足北京、服务北京,深入研究和解决北京经济社会和市民生活的多元需求问题。

3. 创新培养，全过程保障人才质量契合要求

推进城市型、应用型大学建设，核心是要建立健全质量监控与保障体系，确保人才培养规格满足需求，为北京城市建设提供有效的人才和技术支撑，这是未来发展的根本。

第一，要坚持产教融合、校企合作。将产业标准及要求与人才培养规格有机结合，逐步建立专业与产业的双向嵌入机制。同时，要坚持专业设置动态调整机制。根据招生状况、市场需求和产业调整等综合因素，动态调整专业设置。

第二，要坚持工学结合、知行合一。一方面，强化实践教学，坚持问题导向，变知识本位为能力本位，培养学生的创新创业意识和能力。另一方面，创新学校教师与企业高级人才的双向交流机制，建设双师双能型教师队伍。

第三，要坚持"以文化人、以文育人"。在发挥好大学文化传承与创新的社会功能的同时，积极塑造促进城市型、应用型大学发展和人才培养的，有自己特色的校园文化。这是学校建设和发展的灵魂。

总之，城市型、应用型是北京联合大学在执着建设应用型大学的道路上，对应用型发展模式的又一次创新探索，既需要以改革创新精神不断推进、加强实践，也需要及时总结全面经验，全面把握和运用地方大学应用型发展模式的新规律，不断提高应用型大学建设的新水平。

# 编者的话

北京联合大学旅游学院的前身是北京旅游学院，北京旅游学院是新中国设立的第一所旅游高等教育本科院校，是中国旅游高等教育的开创者。学院创设了我国大学的第一个旅游管理系，编撰了中国第一代旅游高等教育教材，培养了中国第一届旅游专业大学毕业生，编辑出版了中国第一本旅游学科学术期刊《旅游学刊》，该刊也是国际上最权威的旅游学科中文学术期刊。

改革开放初期，邓小平同志指示"旅游业要变成综合性的行业"。1978 年 3 月，中共中央批转外交部党组《关于发展旅游事业的请示报告》并指出"将中国旅行游览事业管理局改为直属国务院的中国旅行游览事业管理总局"，中国旅行游览事业管理总局即是现国家旅游局的前身。

1979 年 3 月，在国家及北京市旅游主管部门的支持下，北京旅游学院诞生了，成为我国第一所专门培养旅游高级人才的高等本科院校。1979 年 9 月，在北京工人体育场召开了北京旅游学院成立大会，全国人大常委会廖承志副委员长欣然为刚刚诞生的北京旅游学院题写了院名。同时，为了满足对外开放与旅游事业发展的迫切需要，北京旅游学院从 1978 级英语、法语、日语抽调 150 名学生改为学习旅游翻译、外语导游，1982 年毕业分配到北京建国、北京长城等新中国第一批合资饭店，这是我国第一批旅游高等教育本科毕业生，大部分成了新时代旅游事业的骨干。1985 年北京市对高等教育进行整合，北京旅游学院定名为北京联合大学旅游学院，划入北京联合大学。

经过近40年的发展，北京联合大学旅游学院拥有教职员工近300人，已成为全球大学体系中规模最大的旅游教学与科研团队。学院拥有国家智慧旅游重点实验室（国内唯一）；拥有国家级旅游实验教学示范中心（全国只有两家）；拥有旅游管理国家级特色专业、烹饪工艺与营养国家级教学团队、国家级校外旅游人才培养基地，北京市级人才培养模式创新实验区、旅游管理北京市级优秀教学团队、旅游管理北京市级重点建设学科等。

学院下设旅游管理、会展经济与管理、旅游英语、旅游日语、酒店管理、餐饮管理六个系，拥有旅游管理、会展经济与管理、英语、日语、酒店管理和烹饪与营养教育六个本科专业，一个旅游管理硕士点，一个旅游管理联合培养博士点，其中餐饮管理系的烹饪教育是北京市唯一的烹饪类高等教育。学院设有旅游发展与规划研究院等科研机构。目前有各类在校学生2300余人。

学院打造了国内先进的科学研究平台——《旅游学刊》。《旅游学刊》是旅游学界、业界公认的、颇具权威性的专业学术刊物，是国家社科基金首批资助的社科类重点学术期刊，是"中国最具国际影响力学术期刊"。

作为行业特征极为明显和极具特色的学院之一，旅游学院秉承北京联合大学"建设高水平、有特色、北京人民满意的城市型、应用型大学"的办学目标，确立了"立足旅游、服务旅游、引领旅游"的办学定位和"立足旅游实践，探索旅游新知，服务旅游产业，培育旅游精英"的发展使命，始终面向国家，特别是首都旅游产业发展的需求进行人才培养，开展科学研究，提供社会服务，多年来一直依托旅游行业、服务旅游行业，在城市型、应用型大学发展之路上不断攀升。

# 一、紧密围绕旅游行业的市场需求进行人才培养

## （一）探索适应旅游产业市场需求的人才培养模式

一是面向大旅游的"3344"本科人才培养模式。学院依托国家级别特色专业、国家级别优秀教学团队和"北京市旅游应用型人才培养模式创新试验区"，建立了博雅实验班，单独编班、单独管理、单独制订培养方案。

博雅实验班将学生大学四年分为"博识基础，行业认知；分类培

养，职场体验；职业定向，实战训练"三个阶段，通过搭建"情景仿真训练""产学研合作""学生科技"和"国际交流"四个平台，实施"学科交叉""名师讲学""国内外游学"和"综合能力拓展"四项计划，培养大旅游所需的会展策划、酒店管理和旅游管理三类人才。博雅实验班2016届毕业生考研率达到23.08%，远高于普通本科班。

二是围绕产业人才需求，创新研究生人才培养模式。学院紧密围绕旅游产业人才需求，开启产学研联合培养研究生的新模式。聘请20位政府部门、企事业单位担任重要技术或管理职务的专家及行业领域富有实践经验的企业家担任"业界导师"，通过加强学生专业学习和就业等方面的指导，充分利用校外导师的社会资源，明晰未来职业选择，提升就业能力。

与对外经济贸易大学开展校校合作，联合培养旅游信息化方向博士、博士后，补充高层次拔尖创新人才培养空缺，利用双方各自的能力优势，采取有效措施，整合互补性资源，协作开展产业技术创新和科技成果产业化活动，构建协同创新机制，加强科研队伍建设，提升研究水平。

三是"三二一"复合型人才培养模式。学院与对外经济贸易大学及首旅集团以"第二学位"学生的培养为契机，探索了校校、校企协同培养旅游复合型人才"三阶段、两协同、一贯穿"的培养机制。"三阶段"即学院有意愿申请第二学位的学生，前三年在本校学习旅游类专业第一学位课程，第四、五年级直接对接对外经济贸易大学国际经济贸易第二学位课程，第六年对接首旅集团的实践课程并参加工作；"两协同"即学院与对外经济贸易大学进行校校协同，与首旅集团进行校企协同；"一贯穿"即旅游复合型人才培养贯穿始终。

四是全聚德订单班高职人才培养模式。学院与中国全聚德（集团）股份有限公司签订"合作办学协议书"，开办了酒店管理（餐饮管理方向）高职专业"全聚德订单班"，建立企业导师制度，校企深度融合的实习、实训基地；创设"全聚德集团定单培养"项目奖学金等。目前，学院已成功培养了3届毕业生，学生在全聚德集团的留任率达到50%以上，留任的学生直接进入集团的人才发展储备库，为学生未来的职业发展奠定了良好的发展基础。

### （二）构建应用型人才培养所必需的实践教学体系

一是建立"三平台、四层次"国家级实验教学示范中心。学院抓住国家大力发展旅游业的机遇，紧随旅游信息化、文化旅游、体育旅游等旅游新业态快速发展的步伐，大力整合校内外优势资源，以"面向旅游全产业链、产学研合作开发、智慧景区模式设计"为建设思路，着力建设"特色鲜明、国内一流"的旅游类实验教学中心。2016年，学院获批"国家级实验教学示范中心"。依托此中心，学院构建了"三平台、四层次"的实践教学体系。三平台即旅游管理与信息化平台、旅游文化与展示平台、酒店与餐饮管理平台；四层次即基础性实验、专业性实验、综合设计性实验、创新性实验。

二是建立高水平的校外人才培养基地。学院与首旅集团共建"国家级大学生校外实践教育基地"，共同研发及实施了"三阶段、四融入"的实践教育体系，落实"博识基础，产业认知；专业交叉，行业体验；职业定向，项目训练"三阶段的教学过程，实施"新业态发展、信息化手段、国际化视野、创新精神"四融入的教学内容，使学生既具备了旅游人才必需的知识和综合素质，又具有旅游管理职业能力，强化了校企协同和产学合作。

学院依托洲际集团"北京市级校外人才培养基地"设立"英才班"，打破学生年级和专业壁垒，组成虚拟班级，由企业高管定期、分模块地传授酒店业的前沿实战技能，并组织学生参与大型活动，丰富学生实践经验，实现了人才培养模式的创新。

学院与西双版纳、九寨沟、张家界、武夷山、烟台、崇礼等地政府部门及企业共建一批校外人才培养基地，充分满足学生专业实践需求。

三是举办全国大学生旅游创意大赛，促进学生三创活动。学院发起并承办了国家教育部门高校旅游管理类专业教学指导委员会主办的"移动互联＋旅游创意"全国大学生旅游创意大赛，与北京立根集团有限公司、北京天使舱投资管理有限公司共同成立项目孵化平台，设立项目孵化基金，在年度参赛或者获奖作品中确定孵化项目，搭建旅游创新创业工作室，扶持大学生进行创新创业活动。

四是结合旅游特色举办第二课堂活动，依托旅游行业开展学生社会实践。以"学专融合"为理念，以提高"人文素质"和"职业素养"为目标，以旅游行业人才标准为导向，为学生搭建第二课堂活动平台，举办"一月一主题，一系一特色"的校园文化活动。活动内容包括企业名师讲堂、博雅学堂、旅游文化节、服务先锋计划、综合技艺拓展、创新创业实践营、导游员技能大赛、酒店文化周、旅游线路设计大赛等，紧贴旅游行业。

引领学生积极参加面向旅游行业的社会实践活动，包括北京新年倒计时、水立方志愿讲解、中国旅游志愿服务活动启动仪式、北京旅游推广等活动。使学生专业技能进一步得到提升，奉献社会、服务社会意识更加强烈。社会实践成果屡获省部级以上奖项。

## 二、密切关注旅游行业的发展前沿开展科学研究

### （一）坚持应用导向，搭建高水平旅游学科研究平台

一是获国家旅游部门批准建设国家智慧旅游重点实验室。2014年10月，国家旅游部门在学院建立国家智慧旅游重点实验室，重点支持学院围绕我国智慧旅游发展的实际需要，在智慧旅游发展模式、技术标准以及智慧旅游管理、服务和营销等方面开展具有前瞻性、引领性的理论及技术研究，为我国智慧旅游可持续健康发展发挥积极作用。

二是获北京市批准建立北京市"旅游信息化协同创新中心"。自学院获批北京市"旅游信息化协同创新中心"后，就与国家旅游部门、首旅集团、携程、百度、中国科学院、北京邮电大学、对外经济贸易大学协同创新，设定四个方面、十三项重大协同研究目标，旨在立足旅游行业、服务旅游产业、支撑旅游产业升级、推动旅游创新发展。

三是举办中国旅游研究年会。学院依托《旅游学刊》举办中国旅游研究年会，聚合旅游产业的研究者、规划者、参与者，集中讨论中国旅游研究的前沿视点，分享旅游研究的新成果，共商中国旅游及旅游研究的发展之路。

四是与IBM创立国内首个"旅游大数据协同创新中心"。该中心应用IBM全球领先的大数据处理与分析技术，整合多方旅游信息及资源，建设面向国内外及业界开放的大数据平台，推动中国旅游信息化领域内学术研

究，支撑旅游公共信息服务，促进传统旅游产业升级和旅游信息化专业人才培养。

五是与旅游研究机构、高校共建多个旅游学术研究平台。学院与全国休闲标准化技术委员会共建休闲服务标准化科研基地；与对外经济贸易大学共建旅游信息化研究中心、城市可持续发展研究中心；与北京旅游学会共建北京旅游环境与公共服务研究中心、北京旅游市场国际化研究中心。

### （二）通过内联外合，建设高水平的学术研究队伍

一是引进、培养学科带头人队伍。学院通过从行业内引进、培养在国内旅游学术界和行业内具有影响力的带头人。目前，学院拥有中国旅游改革发展咨询委员会委员 2 名，中国旅游研究院学术委员 1 名（全国 9 名，北京高校仅 1 名），国家旅游部门 5A 景区验收组专家 4 名，人大报刊复印资料《旅游管理》执行主编 1 名，全国旅游标准化专业委员会委员 22 名，世界休闲协会中国分会副秘书长 1 名，北京市旅游学会副会长 1 名。

二是通过行业（企业）实践与培训，提升教师学术能力与实践经验。学院在《教师职业生涯规划》中提出了"教师行业（企业）实践行动计划"，通过搭建行业（企业）实践平台，帮助青年教师提升学术能力与实践经验。近 5 年，学院已选派近 40 名青年教师进入行业企业进行挂职锻炼，真实体验旅游行业企业的运作模式，让其在实践中成长为"双师素质"教师。此外，学院还与首旅集团、洲际酒店、美国饭店协会教育学院、中国旅游协会旅游教育分会等举办教师培训班，这些培训同样取得了教师贴近旅游行业、了解旅游行业发展趋势的效果。

三是成立青年教师博雅研习营，开展系列专题教育活动，增强青年教师行业实践和教学科研能力。学院以青年教师博雅研习营为平台，以"走进旅游企业"系列专题教育活动为载体，重点培养 45 岁以下的青年教师行业（企业）实践能力，努力打造形成一支立场坚定、业务精通、品德高尚、学风严谨的青年教师队伍，不断凝聚广大青年教师践行"博识雅行，学游天下"校园文化精神的自觉性，克服学术浮躁，形成良好的学术道德风气，充分发挥青年教师在院校发展中的积极作用。

四是聘请"业界导师"和"客座教授"。学院聘请高校、科研院所、

企业界、政界"业界导师"23名及"客座教授"36名，形成特殊人才队伍，共享前沿信息，深化学术交流，加强科研合作，加强人才培养，促进学科建设，从而提高了学校影响力、增加了社会竞争力、提升了整体学术水平，促进了学院的建设和发展。

### （三）国家级别、省部级高级别科研项目及科研经费快速增长

一是高级别科研项目取得历史性突破。2011年至今，学院积极贯彻学校提出的"学术立校"的办学思路，目标明确，积极争取，共获批省部级以上项目课题46项，实现了国家自科基金、社科基金、国家科技支撑计划等项目历史性突破。

二是科研经费逐年增长，实现了跨越式发展。学院坚持以突出应用研究、推动学科发展、坚持科技创新、服务首都旅游经济建设为宗旨聚焦旅游产业，开展科学研究，取得丰硕成果。"十二五"期间，学院共获批各类项目339项，科研到账经费逐年增长，五年增长458%，总到账经费超过3600万元，实现了跨越式发展。

## 三、贴近旅游行业的现实问题提供社会服务

### （一）发挥专业优势，服务国家重大项目

学院发挥专业优势，积极参与申冬奥、APEC、"一带一路"等国家重大战略和项目的建设以及《"十三五"旅游业发展规划》《"十三五"全国旅游信息化规划》等国家部分规划的撰写，对所承担的工作认真负责，精益求精，提出了大量专业性意见和建议，圆满完成了各项工作任务，受到了上级单位的好评和表彰。

北京市冬奥申委先后两次发来感谢信，感谢学院专业支撑团队在申办过程中、在申办报告及住宿主题等方面所做的大量卓有成效的工作。

APEC北京筹备工作领导小组为学校颁发了荣誉证书，感谢学院在APEC会议策划设计方面为2014年亚太经合组织会议成功举办所做出的积极贡献。

学院倡议、发起的中国—中东欧"16+1"旅游院校联盟是在中国"一

带一路"倡议及"16+1"合作背景下提出来的，联盟本着"相互尊重、平等互利、合作共赢"的原则，旨在通过建立中国与中东欧国家院校之间的合作伙伴关系，深化多方在旅游及教育领域的交流与合作，包括成立旅游文化中心，举办旅游文化节，在旅游研究和培训、学生赛事和互访、国际学生学历教育、旅游目的地推介等领域开展项目合作。

国家旅游局发来感谢信，感谢学院教师在编制"十三五"旅游业发展规划、国家全域旅游示范区创建导则和标准等工作中所做出的巨大贡献。

### （二）发挥智库作用，服务首都旅游产业发展

学院与北京市旅游学会、北京市社会科学界联合会联合举办了五届"首都旅游发展论坛"，形成了北京旅游界的学术品牌，在研讨、交流北京旅游业发展的重大前瞻性课题上，在破解制约北京旅游业发展的重要深层次问题上发挥了重要作用。这使活动的品牌影响力持续扩大，学术研究成果及转化更加丰硕，引起了北京乃至全国旅游学界、业界和政府部门的积极反响。

学院在服务首都旅游产业发展方面，形成了大范围、全覆盖、多层次、宽领域的特色，发挥了"思想库、智囊团"的作用。每年组织众多教授、博士共同参与，扎实有效地开展社会服务，取得了诸多合作成果。近年来，学院承担北京市旅游发展相关课题近 250 项，涉及经费近 3145 万元。这些课题涵盖了首都旅游发展的各个方面，包括旅游景区规划、旅游政策研究、旅游法规修订、旅游公共服务、旅游标准制定、体育旅游等，为北京市旅游发展提供了有力的智力支持和政策引导。

### （三）扎根行业，积极为经济社会发展服务

作为一所行业型学院，只有扎根行业，积极为地方经济社会发展服务，充分发挥知识和智力优势，才能真正体现科研的应用价值。近年来，学院积极推进产学研合作，充分利用学院的优势为行业和社会提供服务，打造出"旅游信息化""旅游公共管理"等十余个科研团队，为各地旅游产业献计献策。例如，"甘肃省景泰黄河石林民俗文化旅游区规划设计项目""西双版纳旅游总体发展规划修编项目""基于张家界景区的实时互动管理系统

项目""黄山风景名胜区的智慧旅游规划与设计"等。

### （四）服务京津冀一体化

学院与张家口市崇礼县政府部门签订了《旅游教育战略合作框架协议》，积极探索京津冀三地教育资源共享机制，教育边界向外延伸，符合京津冀功能定位"协同发展、促进融合、增强合力"的要求。充分发挥与利用张家口市与北京市联合申办 2022 年冬奥会及地区资源优势和北京联合大学旅游学院在旅游教育、科研、产学研一体化等方面的优势，加强交流合作，致力于培育高水平旅游服务人才，服务地方经济和体育产业发展。积极推进项目落地，实现双方资源共享、携手并进、合作共赢。

在近 40 年的办学过程中，北京联合大学旅游学院逐步形成了鲜明的产学研融合特色。面向未来，学院将继续围绕"一带一路"、京津冀协同发展的国家重大战略，牢牢把握北京"四个中心"建设和首都城市战略定位，紧密结合国家特别是首都旅游产业的发展，依托旅游行业、服务旅游行业，把建设特色鲜明、国内一流、国际知名的旅游学科作为自己的奋斗目标，在建设高水平、有特色、北京人民满意的城市型、应用型大学的道路上不忘初心，砥砺前行！

第一篇

# 人才培养：博识雅行　学游天下

# 面向大旅游的"三三四四"旅游管理专业本科人才培养模式

北京联合大学旅游管理专业创办于 1980 年，是我国首个旅游管理本科专业。经过近 40 年的建设，该专业已成为国家级特色专业，北京市专业综合改革试点。北京联合大学旅游学院培养了中国第一届旅游专业大学毕业生。

## 一、适应首都城市发展的人才培养定位

伴随着北京未来城市发展战略规划的调整，旅游业日渐成为北京建设"国际一流的和谐宜居之都"的支柱产业和京津冀协同发展的纽带产业。首都旅游产业的迅猛发展，对未来旅游相关人才的培养提出了更高要求。

作为首都高校，北京联合大学一直紧跟国家及首都经济社会发展的新形势和新要求，适时调整学校发展战略，以建设高水平、有特色、北京人民满意的城市型、应用型大学为目标，立足北京、服务京津冀、辐射全国、放眼世界，着力培养适应国家经济和社会发展需要的高素质应用型人才。

作为北京联合大学行业特征最为明显和最具特色的学院之一，旅游学院始终面向国家特别是首都旅游产业发展的需求进行人才培养。近 40 年来，培养了大量活跃于当今旅游行业重要岗位的领导者和骨干力量，有的已荣获"全国优秀导游员""全国劳动模范"和"中国华人杰出风云人物"等荣誉。如北京国贸饭店总经理辛涛，中国中青旅控股有限公司副总裁、北辰会展集团副总经理、国家会议中心总经理刘海莹，北京 2022 年冬奥会

和冬残奥会运动会服务部部长于德斌等。

近40年的发展，旅游学院旅游管理专业依托市场和行业发展积累了丰富经验，形成了独特的前瞻性的专业办学理念。

## 二、面向大旅游的"三三四四"本科人才培养模式

### （一）建立分类指导、因材施教的博雅实验班

2010年，旅游学院依托旅游管理国家级特色专业、国家级优秀教学团队、国家级校外实践教育基地（首旅集团）、北京市旅游应用型人才培养模式创新实验区，集中优势教育教学资源，全力打造了高端旅游人才培养平台——旅游管理博雅实验班。该班采取"分类指导、分层教学、因材施教、突出特色"的原则，实施单独编班、单独管理、单独制订培养方案的措施，实行大类培养和个性化培养相结合、校内学业导师培养和校外职业导师培养相结合、课堂学业养成和社会应用养成相结合的方式，施行专业课程全英语教学，市级名师授课比例和国外留学交流项目不低于50%的举措，培养具有国际视野的高端旅游人才。

几年来，博雅实验班学生培养效果突出，曾获得第四届全国旅游院校服务技能大赛高校英语组一等奖、高校普通话组一等奖和高校英语组团体一等奖。2012年，博雅实验班学生全程参与的"2012水立方奥运旅游主题策划"及"水立方伦敦奥运风情街义务讲解"活动，受到英国大使馆官员的高度评价。

### （二）面向大旅游的"三三四四"本科人才培养模式

北京联合大学旅游学院从"产业应用和能力培养"角度出发，以"旅游产业导向、综合学科支撑、培养能力为主"规划人才培养，以北京市级重点建设学科——旅游管理学科为龙头，由北京市级教学团队为重要师资力量，坚持产学研深度结合，应用型为主的鲜明特色，以培养学生的创新思维和自主学习为特征，通过课堂教学和实践教学紧密的产学结合，确立面向大旅游的"三三四四"本科人才培养模式。

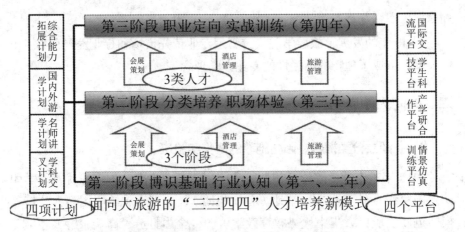

图1 面向大旅游的"三三四四"人才培养模式

1. 构建相互支撑的"三类人才"的培养体系

面向大旅游所需的旅游策划、会展管理和酒店管理三类人才，精细设计实践教学体系，培养学生创新精神与实践能力，逐渐发展成为培养旅游应用型人才的品牌专业和骨干专业。

2. 搭建贯穿始终的"三阶段"人才培养平台

"三阶段"人才培养平台是指第一阶段（第一至第四学期）"博识基础、行业认知"阶段；第二阶段（第五学期）"分类培养、职场体验"阶段；第三阶段（第六至第八学期）"职业定向、实战训练"阶段。

3. 实施人才培育的"四项计划"

"四项计划"是指"学科交叉""名师讲学""国内外游学"和"综合能力拓展"四项计划。

（1）综合能力拓展计划——全产业链：重点促进学生的外语能力和跨文化沟通与协作的能力；注重培育"大学精神和职业精神相融合"的校园文化精神。

（2）名师讲学计划——跨界导师：学院定期邀请教学名师、业内名师和知名专家来校上课并开设专题讲座，提升专业课教学效果、激发学习兴趣、开拓学生视野。

（3）国内外游学计划——跨界游学：定期组织学生开展多种形式的国

内外游学等交流活动。

（4）学科交叉计划——跨界学科：在学校内，鼓励学生参加跨学科的辅修、双学位项目，培养旅游复合型人才；在学校外，与对外经济贸易大学合作培养第二学士学位学生。

4.搭建应用型人才培育"四个平台"

（1）专业能力培养训练平台

旅游学院旅游管理专业建有旅游产品创意策划实验室、旅游信息管理实验室、旅游市场分析与投资实验室、旅游文化展示交互实验室、智慧旅游实验室、虚拟体验实验室（高尔夫）等15个专业实验室。这些实验室能帮助学生加深对旅游新事物的体验与感知，服务于探索式教学改革的需要，并开拓学生的视野，增进学生对旅游业新技术应用的体验，激发学生对信息技术的学习与探索兴趣，为旅游业未来的信息化与智能化注入更大的力量。

（2）学生科技创新培养平台

学生科技创新培养平台主要由两部分组成：一是打造国家级学科竞赛；一是学生参与教师科研项目。

2015年，旅游学院创办了"移动互联＋旅游创意"全国大学生旅游创意大赛。这是教育部高校旅游管理类专业教学指导委员会认定的旅游管理专业唯一的全国性赛事。大赛旨在通过大赛培养大学生创新意识和创新思维，促进大学生将移动互联网与旅游创意相结合，设计出更加新颖、实用、个性的智能手机应用程序，进一步丰富游客的旅游体验。

旅游管理专业一直采用PBL教学法，要求每位学生在大学四年中都要参加一次PBL模块实习。部分表现优秀的同学可以参与教师的项目，在科研项目中逐渐养成科学思维的习惯，提高科学研究能力。

（3）产学合作的人才培养平台

人才培养必须符合企业的需求。实现这一途径的方法就是产教结合，建立广泛而深度融合的实践教学基地。建立校企对接机制、深化产学合作，实现"知识和智慧共享，矛盾和问题共担"，使教师随时掌握企业动态、学生与社会实现无缝对接。引进优秀企业文化，融入校园文化，以学生实习为桥梁，改进和完善课程体系的设置，增加实践教学的学分和学时。积极开拓以企业挂名的专业班开设，大力推进"订单式"培养模式。

旅游管理专业目前已与首旅集团、四川九寨沟风景名胜区、云南西双版纳金孔雀集团、湖南张家界风景名胜区、携程网等 49 家单位签订校外实践教学基地合作协议。

其中，首旅集团校外实践教学基地能为 2000 余名学生提供充分良好的实习环境，被评为国家级大学生校外人才培养基地。

（4）国际交流人才培养平台

随着北京建设"国际一流的和谐宜居之都"的步伐不断加快，旅游业日渐成为北京的支柱产业之一，旅游管理专业人才培养的国际化要求越来越高。目前，学院该专业已与国内外多所院校和旅游企业建立了学生交流、定期互访等多种合作关系，这些国外院校涵盖了美国中佛罗里达大学罗森酒店管理学院、挪威斯塔万格大学、美国密歇根州立大学、美国伊利诺伊大学春田分校、波兰哥白尼大学、中国台湾朝阳科技大学、中国台湾建国科技大学等境内外高校，在学生互换、学者互访等方面开展了成功的合作，开拓了学生的国际化视野。

## 三、现代化、国际化、产业化的师资队伍建设

旅游管理专业师资队伍实力雄厚，其中教授 10 人，副教授 20 人，具有博士学位的教师 33 人，北京市青年拔尖创新人才 1 人，北京市中青年骨干教师 3 名，50% 的教师具有海外留学背景。该师资团队 2008 年获得北京市优秀教学团队称号。

该团队教学成果丰富，依托旅游管理与信息化的智慧旅游、沉浸式互动、旅游资源开发与规划等 9 个实验室，新开发了智慧旅游导论、现代旅游科技、旅游资源开发等 30 门实验课程；获国家专利 1 项，国家软件著作权 5 项，国家作品登记 1 项，在全国高校旅游信息化实验教学技术研发与教学应用方面具有领先水平。

"罗马城不是一天建立起来的。"旅游管理专业的人才培养硕果累累，是经过近 40 年不断探索积累起来的。近年来，旅游管理专业毕业生考研率、出国率逐年提高。2016 年 11 月，旅游管理专业毕业生王梦佳创办的北京春晖三月文化传播有限公司在北京股权交易中心四板市场的大学生创业板成功挂牌。王梦佳成为首批大学生创业板挂牌企业创始人。

# 酒店管理专业"一体两翼三平台"应用型人才培养的探索与实践

随着北京"四个中心"城市功能定位的确立，国内外交往流动将日益频繁，酒店行业发展将越来越快，酒店管理专业高层次应用型人才将更加供不应求。旅游学院秉持北京联合大学城市型、应用型大学的办学理念，结合首都发展定位，积极探索实践，形成了适合我国高校酒店管理本科专业发展特点和行业需求的人才培养模式。

## 一、基于行业特点酒店管理专业的建设发展

旅游学院是国内较早筹办酒店管理教育的院校。酒店管理专业始建于1980年，主要是面向北京酒店行业发展需求开设的专业。2008年北京奥运会成功举办之际，酒店管理本科专业也开始招生。经过10年的发展，目前已经在国内同类专业中名列前茅。2014年至2016年，旅游学院酒店管理专业连续3年在由中国科学评价研究中心、中国科教评价网和中国教育质量评价中心共同完成的中国酒店管理专业大学竞争力排行榜中位居前3名。

经过多年的建设，旅游学院酒店管理专业形成了具有鲜明特色的"一体两翼三平台"人才培养模式，通过产教融合，校企合作的方式进行人才培养，取得了很好的效果。

## 二、应用型人才培养模式的"一体两翼三平台"构建

"一体两翼三平台"人才培养模式的"一体"指酒店管理专业的人才培

养是面向酒店业发展需求的，培养具有广泛知识、职业素养、国际视野和创新精神，具备酒店运营管理专业知识，能在酒店及相关现代服务业从事酒店管理、服务管理等工作的高素质复合应用型人才；"两翼"是指两个基本能力，即"以知识为基础的专业能力"和"以行业需求为依据的职业能力"；"三平台"是指为实现人才培养目标，培养两个基本能力而搭建的三个支撑点：即"综合素质培养平台""专业素质培养平台""交流合作提升平台"，是实现"一体两翼"的具体途径。

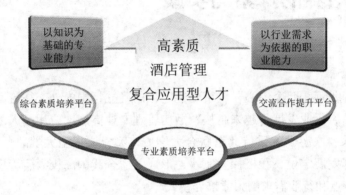

图1 一体两翼三平台的人才培养模式

### （一）立足于城市型、应用型的"一体"人才培养定位

为北京经济社会发展需要而培养人才一直是北京联合大学的首要任务，因此，旅游学院酒店管理专业的人才培养定位是为能够在北京的酒店及相关现代服务业从事酒店管理、服务管理工作的高素质中高层管理人才。

从学情方面分析，旅游学院酒店管理专业学生以北京生源为主。从毕业去向看，大部分学生随行就业，少数出国、读研；跨行业就业也是极少部分。

从行业对人才的需求分析来看，首都酒店行业近年来持续"用人荒"，人才匮乏已经成为制约酒店业发展的瓶颈。而且，随着北京"四个中心"城市功能定位的确立，中高层管理人员不仅要有较高的专业能力，还要具有较高的人文素养、国际视野、领导艺术、创新创业精神和社会责任感。

### （二）基于行业对学生必备能力需求的"两翼"设置

北京"四个中心"城市功能定位的确立，首都酒店行业持续"用人荒"的发展现状，使得专业人才晋升的发展空间迅速放大，很多本科学生工作1年后即成为基层管理者，3~5年后成为中层管理者，部分学生甚至成为高层管理者。

旅游学院酒店管理本科专业的人才培养定位是酒店管理的中高层管理者。面对国际化趋势的酒店行业发展，学生不仅要掌握酒店运营管理等专业知识技能，还必须掌握酒店服务所要求的社会职业文化素养、职业思维、职业沟通等能力。

"两翼"能力培养设置课程。围绕培养学生服务素养、沟通和合作等职业能力，开设中外名著100篇选读、服务礼仪、素质技艺拓展和跨文化交流与沟通等课程；围绕学生专业能力培养，整合专业必修课，设置专业能力模块化。

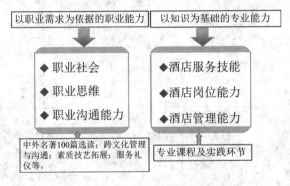

图2　"两翼"能力培养的课程支撑

### （三）基于城市应用型人才培养需要的"三平台"构建

目前，我国高校酒店管理专业人才培养存在学校的专业教育教学与行业实际需求在一定程度上相互脱节的情况，主要原因在于：一方面，据不完全统计，酒店管理专业人才培养近90%的时间是在校内完成的，学校缺乏全真模拟的实践场地，高校专业教师缺乏行业实践经历，因此学习的内容重理论、轻实践；另一方面，行业不愿意接收学生短期实践，学生缺少充足的实践机会。

　　高校酒店管理教育迫切需要的是从大学教育延伸到产业、行业的实战型教育。随着酒店行业的快速发展，需要协调产业和高校共同搭建一个集人才培养、合作、交流与研究于一体的酒店人才培养的资源整合平台，需要积极探索人才培养由校园向旅游产业延伸的新模式，依托已有产业优势、政策优势等资源，发挥交流、辐射作用，为酒店人才的成长提供强有力的支撑。

　　以通识教育、学科大类教育、素质拓展教育为课程群搭建"综合素质培养平台"，以专业类课程群为核心搭建"专业素质培养平台"，以国际交流合作、行业协会合作、校企合作和以赛促学四个方面为拓展，搭建"交流合作提升平台"。三个平台相辅相成，联动作用，"交流合作提升平台"是"综合素质培养平台"和"专业素质培养平台"的有力补充和实现途径，是学生"两翼"能力的应用型人才培养的拓展。

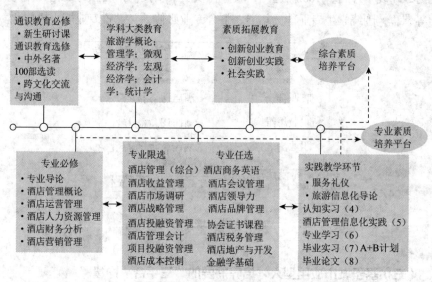

图3　"综合素质培养"和"专业素质培养"的课程支撑体系

## 三、基于场景的应用型人才培养实践教学体系

### （一）教学方法及创新

　　以"学习成果导向教育"（Outcomes-based Education，OBE）作为基

本教育理念，以"教学模式一体化，课程结构职业化"为大方向，改革教学模式，形成了"基于场景的模块化教学法"（Learning based on scenario，LBS）。

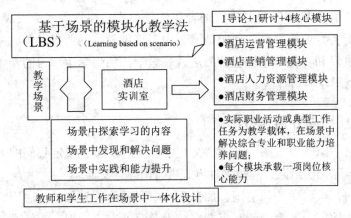

图 4　基于场景的模块化教学法

实训室是学生理论和实践相结合的主要阵地，是学生动手能力和创新能力培养的关键。"基于场景的模块化教学法"是学生专业能力和职业能力培养的改革和创新。旅游学院非常重视酒店管理实训室建设，建设酒店信息管理系统，商业能力塑造和心理测试软件系统，3D虚拟酒店实践系统，酒店前沿案例实验室，酒店运营管理系统等。教学过程中，教师和学生工作在场景中一体化设计，即通过学校实训室形成情景模拟，以实际职业活动或典型工作任务为教学载体，在场景中探索学习的内容、发现和解决问题，实现专业实践和能力的提升。

## （二）在竞赛中提升锻炼

我们积极组织学生参加各类课外活动和大赛，比如带领学生参加国家级行业技能竞赛、创业大赛以及"国家旅游日""旅游咨询服务"和"中网公开赛"等社会服务活动，提高学生利用知识分析解决问题的能力，社会服务效果良好。

### （三）高起点岗位实践，高素质职业技能训练

以校企合作方式将学生带入真实的酒店工作环境解决专业和职业能力培养。酒店管理专业与洲际酒店、香格里拉、喜达屋、万豪、四季等国际高端酒店管理集团保持着良好的合作伙伴关系。在学生职业发展过程中，我们除配备专业导师外，还聘请酒店中高管做学生的业界导师、邀请业界专家进讲堂和实施学生课程的酒店现场教学，加强学生学习的专业性和应用性，指导学生行业成才。

## 四、拓展境内外合作办学交流

北京"国际交流中心"和"文化中心"的定位，决定我们的人才培养必须走国际化的道路，通过多种方式进行国际化交流。

目前，旅游学院与美国、加拿大、中国台湾、爱尔兰、法国、澳大利亚等国（地区）的大学签有短期交换生及海外实习计划，为优秀学生创造海外交流机会；与国外知名高校推进"2+2合作"和学生实习实践项目，能够实现在国外知名品牌酒店实习；与洛桑酒店管理学院、中国香港理工大学酒店及旅游业管理学院、美国中佛罗里达大学酒店管理旅游学院、美国普度大学等开展国外短期交流项目、游学项目；与行业协会合作，实行专业任选课与美国饭店协会及中国饭店协会等机构的证书对接，学生经考核合格获得证书后，可获取同等于专业任选课的学分。

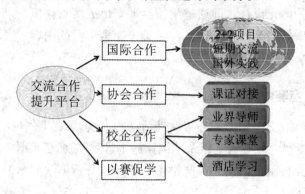

**图 5　交流合作提升平台的主要支撑点**

# 五、酒店管理专业应用型人才培养所需的师资队伍建设

## （一）专业教学团队建设

专业教学团队建设是人才培养目标实现的关键与核心，是课程建设的基础与保障。为推进人才培养模式改革，必须构建课程模式下的专业教学团队，发挥教学团队作用，推进课程建设。

为了更为有效地实施"一体两翼三平台"人才培养模式，酒店管理专业在课程团队建设中，采取每门模块课由 2 位专职教师和 1 位行业专家组成教学团队的方式，1/4 的课程内容由行业专家和专业教师在酒店现场讲授。

## （二）师资队伍培养与建设

旅游学院特别注重对师资队伍的培养和建设，积极推进教师职业生涯规划，鼓励和支持专业教师进行国内外访学和攻读学位，要求教师能够与企业、行业无缝接轨，进入企业、行业实践。学院教师多人先后到洲际、万豪等校外人才培养基地进行短期挂职、课程教学实验和参加企业组织的系列培训，与基地企业高管和专业技术骨干共同进行课程开发、管理和技术的创新，提高专业教师的行业实践能力，培养了一批具备理论教学和实践教学能力的双师型队伍。

学校城市型、应用型大学定位使得学院酒店管理专业人才培养方向和定位进一步明确。北京"四个中心"城市发展定位、京津冀协同发展、雄安新区的设置等国家重大战略的实施，为学院酒店管理专业发展提供了新契机和更为广阔的发展前景。

# 构建"外语＋旅游"应用复合型人才培养模式，培养首都旅游新业态外语人才

2015 年 11 月，中共十八届五中全会发布的《中共中央关于制定国民经济和社会发展第十三个五年规划的建议》明确提出大力发展旅游产业，提出"全域旅游"在未来五年将成为经济发展的重要引擎，旅游产业将作为国家重要的发展战略。2016 年 2 月，北京市政府《关于促进旅游业改革发展的实施意见》发布，该意见明确"十三五"时期是落实首都城市战略定位、加快建设"国际一流和谐宜居之都"的关键阶段，旅游业是经济社会发展的综合性产业，是符合首都城市战略定位的功能性产业，要充分发挥旅游业综合带动性强、就业拉动作用大、文化传播力强等特点，使旅游业在服务首都城市战略定位和京津冀协同发展大局中发挥更大作用。

## 一、首都城市战略发展，我校城市型、应用型大学定位与"外语＋旅游"应用复合型人才培养

首都城市发展的战略定位，为外语类人才培养提供了新方向。"外语＋"类的国际化旅游人才将是首都未来发展所急需的。

作为北京市属高校，北京联合大学立足于北京城市发展，以服务北京，办好北京人民满意的大学为己任，秉承"学以致用"校训，在应用型大学建设、发展应用型教育、培养应用型人才的理论和实践上有了多年的积淀，

逐步确立了城市型、应用型大学的办学定位。

旅游学院遵循北京联合大学的办学定位和办学目标，面向北京旅游产业国际化发展需求，确立"外语＋旅游"应用复合型人才培养模式，着力培养具有国际视野的高素质应用型旅游类人才。

## 二、"外语＋旅游"应用复合型人才培养模式的探索

旅游学院外语类专业以培养适应北京旅游产业发展需求的外语旅游人才为目标，以基于产出的教育模式（Outcomes-based Education）为依据，改革课程体系，构建了"外语＋旅游"应用复合型人才培养模式。

### （一）构建"外语＋旅游"应用复合型人才培养课程体系

英语专业创办于 1978 年，是北京联合大学旅游学院的重点建设专业之一。随着大旅游产业的发展，为适应旅游新业态对外语人才的需求，英语专业在秉承语言专业传统的基础上，依托旅游管理专业（国家级特色专业建设点、北京市重点建设学科、硕士学位授权点）的优势，以 20 世纪 90 年代美国基于产出的教育模式为基本理念，结合学校应用型城市型办学定位，对课程设置进行改革，开发出"外语＋旅游"应用型课程体系，构建"外语＋旅游"的应用复合型人才培养模式。

以旅游学院英语专业为例，该专业基于"外语＋旅游"的人才培养模式，开发了两大类课程群，即英语专业课程群和旅游文化课程群，凸显"英语＋旅游"的特色，强调中西方文化素质教育和跨文化意识培养，提高学生英语学习过程中的旅游职业能力的培养。这种具有扎实的英语语言基础和基本旅游技能的应用复合型人才的培养，能更好地顺应北京旅游业国际化趋势发展的需求（图1）。

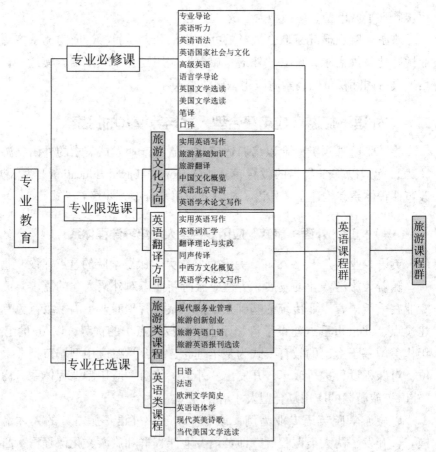

图1 "英语+旅游"特色课程群

## （二）建设"外语+旅游"应用复合型人才培养的"三维教场"

为了使学生尽可能地在真实或仿真的环境中学习，旅游学院外语类专业依托国家级实验教学示范中心的智慧化数字化教学环境，借助旅游景区的真实场景、实习工作的真实岗位，打造了虚拟、仿真和真实的"三维教场"。

1. 数字智能虚拟教场

外语类专业充分利用国家级实验教学示范中心的智能化实验室，将部分课程内容搬到实验室中，为学生提供仿真的教学环境。如《中国文化概览》和《北京英语导游》的部分授课内容（如西湖等景区）是在沉浸式互动实验室中播放 360° 环幕和 150° 4D 教学影片及课件进行的。

外语类专业还充分利用国家级实验教学示范中心的数字景区实验室，虚拟出游览线路和无法还原的景区。如数字景区圆明园没有遭到烧毁前的场景再现，可以使学生在《英语北京导游》课上，对圆明园景区的学习更为深入。安装有自助导游导览软件的 PAD，可以使学生通过 Wi-Fi 定位规划游览线路。

《专业导论》课在中国和世界旅游文化体验区进行。通过利用互动地球仪系统向学生展示世界城市的历史、文化、风光等信息，让学生了解世界著名旅游目的地的人文、历史、美食等信息。

根据不同的课程内容选择不同的教学场所，为外语类专业学生学习提供了全新的尝试，提高了学生的学习效果。

2. 景区模拟导游仿真教场

外语类专业《英语北京导游》《中国文化概论》等课程部分环节实施真实场景教学，如把学生带入颐和园、十三陵等景区，现场模拟导游，进行实地景点的英文讲解、导游知识、技巧、线路等培训。这样的教学方式，既激发了学生的学习兴趣，也使学和用有机融合在一起，为学生毕业后就业打下良好的基础（图 2）。

图 2 颐和园模拟导游教学

17

3.国际游轮实习基地实战训练

为了培养学生的实践能力，适应旅游行业的新业态，外语类专业与多家旅游类企事业单位开展产学研合作，进行真实工作场景教学，建立了多级别校外实践基地，包括首旅集团国家级大学生校外实践基地、港中旅酒店有限公司酒店实践教学基地、天津 Intercruises Shoreside & Port Services 邮轮母港实践基地。

天津 Intercruises Shoreside & Port Services 邮轮母港邮轮接待服务基地是英语专业学生集中的、大规模的新业态的综合实习实训基地。英语专业学生在此基地进行国际化服务实习。主要包括：英文系统证件查验、地勤指引、船上翻译、配合外籍船员工作、外宾送机服务等。从 2013 年至 2015 年，英语专业共派出 123 名学生，1012 人次进行邮轮接待实习工作，平均出勤率达高达 98.6%。真实工作岗位教学也使学生毕业论文的真题率逐年上升，2014 届学生选择实务专题毕业论文的比例达到 8%，实现了零的突破；2015 届学生选择实务专题毕业论文的比例为 12%，2016 届为 13%，其中 3 篇被评为 2016 届校级优秀毕业论文。与天津 Intercruises Shoreside & Port Services 的合作使学生了解到旅游业的新业态。在实践过程中，学生与他人沟通合作、管理协调、自我管理及处理突发事件的能力、工作责任心和团队荣誉感均有所提升。通过这种教学，使学生理论更好地联系实际，为将来更好地从事工作做好准备（图 3）。

图 3　邮轮实践基地学生实习

虚拟、仿真与真实的"三维教场"使学生学习内容更加贴近真实工作场景，提升了学生的实践能力，为未来就业打下了良好的基础。

## 三、"外语＋旅游"应用复合型人才培养成果

近年来，英语专业与多家旅游类企事业单位开展产学研合作，合作单位提供的真实岗位对学生的英语综合应用能力提出更高要求。对于英语专业的学生来说，实践项目使其在提升英语综合运用能力的同时，更能增强其对旅游业新业态的认知能力，提高了学生旅游业新业态的实践能力和就业能力。

通过实习，英语专业 2016 届 2 名毕业生被实习单位 Intercruises Shoreside & Port Services 和全球第二大邮轮公司皇家加勒比邮轮公司聘用，真正实现了实习与就业的良性对接。

近 3 年来，英语专业从事和旅游行业相关的毕业生的人数呈逐年上升的趋势。从 2014 年的 17.4%、2015 年的 20% 上升到 2016 年的 40.9%。英语专业为北京旅游业培养了一批又一批"外语＋旅游"应用复合型人才，他们服务于北京旅游业的各个领域，为北京旅游业的发展贡献着自己力量。

## 四、"外语＋旅游"应用复合型人才培养模式的师资队伍建设

为提升学生实践与就业能力，英语专业加强了双师型师资队伍建设，与多家企事业单位开展合作，选派教师到企业挂职锻炼，为教师专业发展提供了更为广阔的平台。

英语专业教师的科研以服务北京为宗旨，完成了多项横向科研课题，其中包括与北京市旅游发展委员会合作，形成的《2014 年度北京市旅行社发展报告》，与北海公园管理处共同完成的《北海公园：景区讲解服务品质提升与人才培养》课题，以及与顺义区政府合作进行的《北京市顺义区重点参观单位讲解词优化及其英文翻译》项目等。

学院成立了青年教师博雅研习营，定期举办研习活动，进行旅游新业态的科学研究、教研考察活动等。青年教师研习营研习活动使教师走出校园，走进成功旅游企业。教师通过访问、文化参观和专家讲座等多种形式，了解业界最新动态，把获得的最新信息反馈回教学，促进教学和科学研

究，以此实现自身的职业发展。

通过"请进来"的方式，聘请国内外名师和旅游业内专家进课堂，为青年教师搭建与名家面对面学习交流的机会，为青年教师开阔眼界和思路，创造更多更好发展空间。

在"请进来"同时鼓励英语专业教师"走出去"，多渠道提升自己的执教能力。支持教师到企业挂职，使教师们了解到旅游行业的新业态、新动向和新趋势，增强教师重视校企合作与社会服务的意识和能力。教师通过到旅行社等旅游企业实践，北京市旅游发展委员会等旅游行政部门挂职，参加凤凰环宇旅行社欧洲领队培训等方式，培养专业教师的行业实践能力，3 人获得北京联合大学"双师"素质教师资格证书。

随着科技的进步，社会在飞速发展，围绕着北京大旅游业的发展，结合我校城市型、应用型人才培养的定位，外语类专业人才培养也要不断适时而动，紧跟时代步伐。

# 增进多向交流、提升国际视野

## ——旅游学院应用型国际化人才培养理念与实践

### 一、旅游学院办学国际化道路溯源

大学国际化已不再是一种选择，而是一种必然、一种趋势。作为国内成立最早、办学规模最大、培养旅游应用型专业人才最多的高等院校，旅游学院在国际化办学道路上起步较早。

早在 20 世纪 90 年代，旅游学院就开始了国际化办学的道路，即开展了以服务北京市旅游行业，服务行业和业界为导向的国际合作项目的人才培训。

1996 年 3 月，旅游学院与法国克里西勒内奥佛莱旅游酒店管理学院签订互派实习生合作协议，开始了学院第一个学生国际合作项目。自此以后，旅游学院学生国际化培养逐步扩展到学历教育、短期游学、特色交流活动（如"中法餐饮文化节"）。到目前为止，学院与法方院校互派学生达 700 余人次，被双方教育主管部门誉为"中法学校合作"的典范。

国际化办学道路推动了旅游学院的教育教学改革。2003 年，旅游学院开办了应用法语专业，并以专业建设为契机，开展学分互认、学生海外实习、中法语言学习交流、"中法餐饮文化节"等项目，为学生和教师进一步国际化创造了条件。

## 二、应用型国际化人才培养探索

### （一）应用型国际化人才培养的理念

在"十一五"期间，旅游学院明确学院国际化发展目标，即坚持"走出去，请进来"，拓宽合作渠道，开展对外合作。经过近十几年的发展，学院目前与世界上多个国家和地区的旅游院校建立了合作关系，开展了教师互访、学生长短期交流、学历项目合作、学生海外实习、实践等方面的交流。

随着北京"四个中心"定位的明确，随着我校城市型、应用型办学定位的明确，旅游学院更加坚定了必须走人才培养的国际化道路。目前，学院各专业都有相对稳定的国际合作项目。学院每年派往境外交流、学习的学生达 120 余名，每年出访教师（不含访学人员）人数近 30 人次，标志着学院国际化道路日趋成熟。

### （二）应用型国际化人才培养的实践

1. 应用型国际化人才培养的模式

（1）互认学分模式的国际合作。自 2013 年起，旅游学院与澳大利亚格里菲斯大学商学院开展包括教师学术交流、学生交换等多项交流与合作项目。旅游学院旅游管理专业、酒店管理专业每年派出学生若干赴该校学习旅游管理相关课程，回国后互认学分。

2016 年，北京联合大学国际交流合作处、教务处依托北京市教委的外培项目选拔优秀学生到英国谢菲尔德哈勒姆大学进行为期一学年的学习与生活，双方互认学分。

（2）互认学历模式的国际合作。2007 年，旅游学院与日本大阪经济法科大学签订两校合作协议，开展第一个本科双学位合作项目，完成了两校日语本科教学学分互换工作。2008 年，学院选派 8 名学生赴日本攻读学士学位"2+2"项目。到目前为止，学院与日本合作院校已增加至十余所。"2+2"项目培养出来的学生动手实践能力更强，更能适应社会需求，日语水平明显提高，具有了更加自觉的团队协作精神，在择业中也具有更加明显的优势。

学院还与澳大利亚格里菲斯大学商学院开展了"2+2"国际合作项目。该校将对我院酒店管理、旅游管理、会展经济与管理三个专业前两年的课程与学分进行互认，我院学生只要雅思达到格里菲斯入学标准，就可在第三、四年进入格里菲斯大学商学院攻读学士学位，成绩合格后可拿到北京联合大学学士学位和格里菲斯大学学士学位。同时，该校可推荐学生进入澳大利亚其他知名大学攻读硕士学位。

（3）互设文化交流合作机构。2014年，旅游学院与波兰哥白尼大学开展师生交流合作项目。2017年，北京联合大学和波兰哥白尼大学在各自学校设立"中波旅游文化中心"，推动我校倡导建立的中国—中东欧"16+1"旅游院校联盟，开启了学校与东欧地区各国院校合作的新模式。

2. 应用型国际化人才培养的教师队伍建设

（1）发挥外籍教师作用，促进教学改革，带动专业建设。学院引进外籍教师方面本着为教学服务原则，在专业教师的遴选中，首选国外合作院校的旅游专业教师，利用他们在本国学术休假期间，来我院讲授专业课程。

（2）加强与外籍教师交流，进行科研合作，共同完成课题。通过来访教师访问带动学生"3+1"或"2+2"合作项目，例如与美国鲍林格林州立大学、澳大利亚格里菲斯大学、英国谢菲尔德哈勒姆大学交流项目通过两校教师的互访与合作，继而发展到学位交流项目，保证有更多的学生有机会赴国外继续深造，获得双学位的机会。在过去的四年中，学生参加学院、学校长期学历生项目达150余人次。教师访学人数达40余人。

## 三、应用型人才培养国际化的未来展望

近年来，中国逐渐成为世界瞩目的焦点，随着我国"一带一路"国家战略的实施，旅游学院的国际化办学方向更加明确。

### （一）加强拓展与"一带一路"沿线国家高校合作

2017年9月15日，由北京联合大学旅游学院发起建立的中国—中东欧"16+1"旅游院校联盟，在黑山第二届中国—中东欧国家16+1市长论坛期间隆重成立。联盟本着"相互尊重、平等互利、合作共赢"的原则，旨在通过建立中国与中东欧国家院校之间的合作伙伴关系，深化多方在旅游

及教育领域的交流与合作，包括成立旅游文化中心，举办旅游文化节，在旅游研究和培训、学生赛事和互访、国际学生学历教育、旅游目的地推介等领域开展项目合作。

目前，16+1旅游院校联盟成员有黑山下戈里察大学、地中海大学、黑山大学，波兰哥白尼大学，塞尔维亚贝尔格莱德旅游学院，波黑巴尼亚卡卢大学，马其顿圣奥赫里德克利门特大学（图1）。

图1　第二届"16+1"市长论坛——旅游教育联盟签约活动

随着中国—中东欧"16+1"旅游院校联盟成员之间的交流与合作日益密切，未来，合作院校数量、合作的内容等会进一步得到拓展。

## （二）充分发挥国际合作平台作用

将现有的单边合作机制，逐步扩大到实现双边、多边合作，借助政府、驻外使领馆，推动沿线各国实现旅游教育共同发展目标并形成协作机制。以学校为主要倡导者，组建旅游教育联盟，不断拓展旅游教育务实合作。

## （三）结合旅游专业特色，打造"北京游学"模式

目前，学院为国外学习进修的师生开展中餐制作、茶艺学习、旅游目的地实践活动等培训，为港、澳、台学生分别搭建了文化展示平台、国情教育平台等。

## （四）加强学院国际交流内涵发展

1. 搭建课程与教学国际化平台

课程与教学的国际化是大学国际化的核心部分。国际化过程中，基于我院生源特点，开设更多的全英文授课专业课，以满足国内外师生国际化交流需要。

做好课程建设的国际化衔接。引用、嫁接国际名校课程，建立与国际高校相接轨的课程体系（图2）。

**图2　法国教师讲授西餐工艺制作课程**

2. 继续扩大师生国际化交流规模

开展学生国际交流，拓宽学生发展渠道；扩大学院对外宣传，吸引更多国际学生来我校交流。

坚持每年派出专业骨干教师赴国外院校进行访学。助力教师了解国际学术研究发展，拓宽教师国际化发展视野，提升教师的语言能力、专业能力、科学研究能力，吸收各国院校专业建设先进理念，完善我们的人才培养，吸引国际学生来我校进行交流。

"路漫漫其修远兮，吾将上下而求索。"旅游学院的国际化发展，是学院几代人共同努力的结果，但我们要清醒地认识到，我们离真正实现教育教学、科研合作、教师学生、管理队伍等国际化仍有差距。我们将以城市型、应用型人才培养为核心，以特色专业为龙头，坚定走国际化的发展道路。

# 服务首都高端发展定位，培育城市应用型研究生
## ——旅游学院研究生产学研融合的特色教育之路

2015 年 8 月，国家颁布《京津冀协同发展规划纲要》，实施京津冀一体化大战略发展。为实施人文北京、科技北京、绿色北京的战略部署，北京确立了"全国政治中心、文化中心、国际交往中心、科技创新中心"发展定位。北京联合大学作为首都市属城市型、应用型的综合性大学，面对北京城市发展战略调整，必须坚持以服务首都、办好首都人民满意的大学为宗旨。

高等教育是北京城市现代化建设的重要引擎之一。服务首都建设和发展需求是北京联合大学承担的重要使命。在国家倡导大力建设应用型大学的背景下，北京联合大学的研究生培养也必须坚持服务于首都北京的城市战略发展需求，必须坚持学校城市型、应用型人才培养的定位。旅游学院旅游管理学术型硕士研究生的培养，紧跟首都城市战略发展和学校的办学发展定位，以面向旅游行业为特色，开创了研究生培养的产、学、研融合的教育之路。

## 一、旅游学院硕士研究生教育概况

北京联合大学自 1984 年设置工业企业管理本科专业起，现有管理类本科专业 11 个，在校本科生 6000 余名。2005 年，学校以"独立导师、联合

培养"方式与北京化工大学合作开办"企业管理"硕士研究生教育；2011年，学校获批工商管理一级学科硕士学位授权点，开设旅游管理方向的研究生教育。2012年，旅游学院开始招收旅游管理专业硕士研究生。经过5年的建设和发展，旅游管理学科成为与区域经济发展联系密切的特色学科。旅游管理专业现有在校研究生30余人，有学术型硕士研究生导师13名，其中教授10名。

## 二、旅游学院旅游管理专业硕士研究生教育的特色和优势

旅游学院研究生教育在北京联合大学城市型、应用型的办学道路上，有着独特的优势。

### （一）旅游学院旅游管理学科的师资

旅游学院旅游管理学科拥有雄厚的师资力量，现拥有专业教师135名，具有高级职称的占52.59%，具有博士学位的占45.18%。学科队伍结构合理，梯队健全，年龄结构呈现年轻化，45岁以下学术骨干占比60%，是一个富有朝气的年轻科研团队。

### （二）引领学术前端30余年的核心期刊《旅游学刊》

旅游学院旅游管理学科是北京市重点建设学科，旅游管理本科专业是我国最早开办的专业。学院主办的《旅游学刊》已创刊30年，是旅游学界业界公认的最具权威性的专业学术刊物，引领旅游学科研究风向，为研究生培养提供了广阔的视野和高水平的科研平台。旅游学院已连续7年举办中国旅游年会，年会期间，来自美国、澳大利亚、中国香港、中国台湾等国内外高校、研究机构和业界的专家学者做了主旨演讲和重要发言，为研究生提供了广阔的学术交流平台。

### （三）面向行业，服务首都的政产学研交叉学科的人才培养

旅游管理学科本身就具有学科交叉优势，有利于集中优势进行重大问题攻关。学院承接的国家科技支撑计划"博物馆文化旅游价值智能挖掘及展示技术研发与应用示范"等一系列重大项目，综合运用了物联网、云计

算、大数据技术，打造了智慧旅游优势学科方向，形成旅游信息化特色研究方向，有效带动了研究生科研水平的提升。

### （四）人才培养的多级教学科研平台

旅游学院现有旅游管理国家级特色专业、旅游管理国家级大学生校外人才培养基地、国家智慧旅游重点实验室等国家级人才培养基地和实验中心、北京市旅游应用型人才培养模式创新试验区等教学科研平台。

在城市型、应用型办学道路上，提高研究生教育质量是研究生教育的核心任务，是实现研究生教育内涵式发展的具体体现，是建设高等教育强国的基本要求。旅游学院旅游管理方向硕士研究生的招生规模稳步扩大，基本实现全部生源为一志愿上线生。学院严格把控毕业生"出口"关。多年来，研究生就业质量和用人单位满意度始终保持较高水平，就业率保持100%，为首都旅游产业发展培养了一批高级管理人才，形成了具有旅游学院特色的研究生产学研融合教育特色。

## 三、具有地域和行业特色的研究生产学研融合教育模式

### （一）服务京津冀，聚焦旅游产业发展中的实践问题

国家"十三五"规划明确提出大力发展旅游产业，在未来五年使旅游业成为经济发展重要引擎，旅游产业被上升为国家重要发展战略。北京市明确旅游业是"十三五"时期经济社会发展的综合性产业，是符合首都城市战略定位的功能性产业，要充分发挥旅游业综合带动性强、就业拉动作用大、文化传播力强等特点。首都北京旅游业的战略发展迫切需要大量具有创新创业精神、理论功底扎实，具有较强学术研究能力、能解决旅游产业发展、创新型科技企业成长等重要现实问题的高素质、应用型硕士人才。目前我国旅游管理学科的人才培养在旅游企业实践、企业创新创业管理等特色科研方向上的培养难以满足需求。围绕国家京津冀一体发展战略，服务京津冀区域，开展应用理论研究和技术开发研究成为旅游学院研究生培养和学科研究的方向。旅游管理方向硕士研究生毕业后，立足北京，在各区旅游管理行政部门或大中型国有旅游企业从事管理工作，为北京旅游产

业发展培养了一批具有高素质的旅游人才。

## （二）构建政产学研用相结合的学术研究与应用型高素质人才培养体系

旅游学院在研究生培养上以校企合作为重要抓手，依托教学单位、科研处、就业指导等部门，加强与政府、行业、企业合作，探索出"政院行企协同，学产服用一体"的办学模式。在研究生的培养过程中，实行学校与企业联合培养研究生，构建了政产学研用结合的学术研究与人才培养体系。校企合作，联合培养，使学院获得充足的研究生培养资金，并提高学院在行业中的知名度；联合攻关，解决生产过程中遇到的技术或管理难题，为企业培养符合要求的高层次人才。校企合作为研究生提供了理论与实践学习平台，提高了研究生的动手能力、综合分析能力和自主创新能力。

旅游学院与首旅集团、万豪酒店、全聚德集团等著名旅游企业建立了互利、长效的校企合作机制，与IBM成立了旅游信息化技术联合研发中心，与国家旅游局共建旅游信息化协同创新中心等，为研究生实践和导师科研工作的展开，提供了广阔的平台，为研究生就业奠定了坚实基础。

## （三）以科研任务带动理论实践，应用人才培养反哺科学研究

实践教学是研究生教育教学体系中的重要一环，尤其是在大力推行素质教育的今天，实践教学在检验理论知识，培养学生创造力、行动力和业务素质等方面，起着至关重要的作用。我校作为应用型大学，在应用型高端人才培养中，实践教学的作用更加突出。旅游学院硕士研究生专业课含有实践教学，在旅游资源规划等相关课程的授课中，学生在旅游规划公司，亲身体验编制旅游规划的过程。

随着我国研究生招生规模的持续扩大，研究生教育质量是否得到保障成为社会各界关注的焦点。旅游学院旅游管理学术型硕士研究生的培养，实现了教学科研良性互动发展，以科研任务带动人才培养，人才培养反哺科学研究。研究生积极参与国家科技支撑等重大攻关项目，实现了学生100%参与导师省部级以上课题研究，在锻炼自身科研能力的同时，带动实践能力的提升。科研论文发表是衡量研究生培养质量的一个重要手段，研究生科研论文的内容多来自于导师的科研课题。旅游学院在校研究生参与

导师科研课题 30 余项，获批学校研究生科研提升项目 10 项；先后在国内外期刊上发表学术论文 30 余篇，发表核心期刊论文 10 余篇。以科研任务带动高素质应用型人才培养的方式，提高了人才培养质量。

### （四）强化理论与实践应用，组建双导师联合培养

为满足旅游行业产业链长、涉及学科门类多等对复合型人才的基本要求，学校从与北京旅游相关的企事业单位聘请了 20 余位企业高级管理人员作为学院硕士研究生企业导师。在开展联合培养过程中，以学生行业从业所需的复合知识、能力、素质要求为导向，组织校内导师与旅游企业专家共同组建了校外跨企业的校企联合导师队伍，实行研究生培养双导师制。学校导师根据行业发展方向把握人才培养方向，引入行业导师以满足高层次应用型人才对综合能力素养的融合要求，企业导师提供行业实践、运营管理等实践指导，并通过有效参与培养方案制订过程，保障整个培养过程的实践与应用特色。通过科学合理的组织架构和责任分工，导师团队充分整合了学校教学、科研与企业生产技术等校内外教育资源，使学生得到全面、综合的学习成长。

### （五）建立跨学科、交叉科研创新平台，探索跨学科人才培养

随着现代经济社会的快速变化和发展，为了培养符合社会需求的新型研究生，必须对研究生的培养机制进行革新，打破学科割据、各自为政的局面，遵循创新型人才成长的规律和特点，逐步培养符合时代需要的复合型跨学科的综合型人才。探索跨学科的研究生培养机制是我国实行科教兴国战略的重要探索之一。

旅游学院在探索应用型硕士研究生教育的道路上，面向京津冀区域旅游发展实际需求办学，办学定位具有明显的地域性和行业性；旅游学科建设具有行业、职业的定向性和地方性特点，在培养目标上以培养适应京津冀区域旅游行业建设和科技进步的应用型管理人才为主，在探索北京人民满意的应用型大学发展道路上，旅游学院研究生教育紧扣时代主题，针对区域旅游经济发展的变化及时进行调整，根据北京城市旅游发展战略规划，确立自己的办学定位，在建设产学研结合的研究生教育工作中，结合北京

旅游产业发展的最新热点，如智慧旅游、生态旅游、景区规划、人流监控等方面，应对旅游企事业单位提出的要求，组织研究生在导师的指导下开展应用型研究，解决当前地区急迫的旅游发展问题，同时培养能服务于新社会的优秀管理人才。

目前，旅游管理与软件工程学科合作，建立跨学科的教学资源共享机制，建立跨学科、交叉科研创新平台，设置了合理的跨学科研究生的课程，开设了智慧旅游课程，提高研究生跨学科研究能力，以智慧旅游和旅游信息化作为自己的特色学科研究方向，鼓励研究生在交叉学科课题的申请与联合攻关。

栉风沐雨，砥砺前行。在把北京建设成为"全国政治中心、文化中心、国际交往中心、科技创新中心"的进程中，北京联合大学旅游学院研究生教育面对新形势、新挑战，立足城市型、应用型大学定位，在课程体系、实践教学方法、师资队伍建设等方面提高自身竞争力，探索出了一条具有旅游学院特色的研究生产学研融合教育之路，使学院在激烈的研究生教育竞争中具有优势，为建设新北京、培养一流的旅游管理人才贡献力量。

# 创建中国全聚德订单班，开展"蓝色之路"培养计划

2011年10月26日，《新京报》刊载了《北联大31学生尝鲜"职教分级"全聚德员工受聘当"导师"》的标题新闻，报道内容为"北京联合大学旅游学院'2011级旅游管理专业全聚德班（职业分级）'31名学生，成为北京职教分级制改革的第一批受益者""全聚德8名员工受聘成为'导师'"，这标志着中国全聚德（集团）股份有限公司与北京联合大学旅游学院人才培养合作进一步深化。

## 一、立足服务首都企业，产学研合作基础稳固

2007年，学院成立了由旅游企业、政府主管部门、学院领导及相关专家组成的"产学研合作指导委员会"，构建起全方位体现、全过程实践、全员性参与的"产学研一体化"人才培养模式，以"产学"合作模式培养旅游应用型人才，服务于首都旅游产业。

2006年以来，学院与全聚德集团先后开展了"多层次培训""高级研修班""项目研究""企业高管进课堂"等多项合作，为校企合作订单培养建立了良好的基础。

## 二、订单培养启动"蓝色之路"战略合作

2011年，在学院与中国全聚德（集团）股份有限公司合作5周年之际，双方启动了校企人才培养的深度合作，签订了酒店管理专业订单班校企合

作协议，联手创建"北京联大旅游学院全聚德餐饮管理学院"，实施了"蓝色之路"培养计划（图1）。

图1 全聚德订单班校企合作签约仪式

按照"面向企业需求，掌握餐饮管理知识、熟悉企业运营规范，具有良好职业素质和能力，满足企业发展需要的高素质应用型人才"的目标要求，实施"蓝色之路"培养计划的订单班学生接受学校与企业的"双主体育人机制"培养，即学院与全聚德集团共同为学生定制个人职业生涯发展规划，双方导师共同授课。学习期间，"订单班"学生执行全聚德集团奖学金激励机制，顶岗实习及就业由全聚德集团统一安排。

按照全聚德集团企业经营产业链条的人才需求标准，订单班采用校企量身打造的"423"教学模式，即设计服务技能、营养配餐、餐饮管理、餐饮创意4个模块，采取校内实习与企业顶岗实习相结合的"2个实践循环"模式，形成学校、企业和社会进行考核的"3个考核层次"。单一课程考核采用国家职业技能考核方式（理论＋实践）。综合性、设计性课程考核由任课教师和企业导师组成的考评委员会进行命题和考核。"423"教学模式培养的学生更符合企业的需求。

## 三、校企合作订单培养人才的成效

北京联合大学旅游学院与中国全聚德（集团）股份有限公司已连续7

年校企合作订单培养人才。"蓝色之路"人才培养计划的实施，企业导师参与人才培养，使学生的理论基础更牢，实践能力更强，进入工作角色的时间更快，真正实现学校人才培养与企业需求的"无缝对接"。这一校企合作的人才培养模式得到了企业的高度认可。

7年来，旅游学院已经为全聚德集团培养学生近200名，为全聚德集团所属企业提供了大量专业技术人才和管理人才，成为全聚德集团最主要的人才储备库。

校企合作订单班对于探索学校人才培养与企业人才需求"无缝对接"的合作模式，推进校企深度合作，探索应用型人才培养起到了重大推动作用（图2）。

图2　全聚德订单班学生企业实践

## 四、从"蓝色之路"到应用型本科人才培养的升级

2017年3月，教育部印发了《关于公布2016年度普通高等学校本科专业备案和审批结果的通知》，公布了2016年普通高等学校本科专业备案和审批结果，北京联合大学旅游学院新增烹饪与营养教育本科专业（属于工学门类），该专业已于2017年秋季招生。这使得旅游学院本科专业数量增至6个，专业结构更加合理，专业设置更加优化。

新增烹饪与营养教育本科专业是在旅游学院和全聚德集团烹饪与营养

高职订单班基础上申报的。订单班人才培养模式的探索、人才培养方案的细化、师资队伍建设、实验室设备开发、社会对订单班人才的认可为烹饪与营养教育本科专业申报奠定了良好的基础。烹饪与营养教育本科专业的增设既是北京对城市型、应用型人才需求的体现，也是旅游学院多年校企合作的结晶。

# "智慧景区设计"开辟旅游实践教学新篇章
## ——国家级实验教学示范中心的建设

"第一次体会到了智慧旅游的概念。""以前还没有想过旅游行业还有这么多高科技。""通过智慧酒店平台的学习，提高了我们酒店经营管理的能力。""对我们以后的专业学习和工作来说，都是非常有帮助的。"……这是旅游学院 2015 级旅游管理系学生参加完北京联合大学国家级实验教学示范中心开设的实践课之后的感受。

## 一、国家级实验教学示范中心建设

### （一）中心建设思路和规模

北京联合大学旅游学院旅游管理专业是国家级特色专业，也是北京市重点学科。随着新时代旅游行业的大发展，在国家旅游局"十二五"规划政策指引下，在北京联合大学校党委支持下，2011 年，学院根据旅游行业对复合应用型旅游人才的需求，坚定要进一步拓展并提升旅游类学科和专业建设，建设适应高素质旅游专业人才培养和学科建设发展所必需的平台——旅游实践教学中心。

中心建设是以"学科交叉为支撑、学生发展为主体、开放共享、实践育人"为宗旨，以"现代信息技术与旅游教学深度融合"为理念，以实现沉浸体验、虚实互补、项目设计、科研成果反哺等实验教学方法为目的，把旅游文化、现代信息技术和经营管理等知识与能力培养融入实验教学，确立"面向旅游全产业链、产学研合作开发、智慧景区模式设计"的建设思路，搭建集教学、科研、创新、创业于一体的综合型实践平台。

中心位于学校综合实训楼，是国内唯一的智慧景区实验教学基地，实验室面积超 3000 平方米，建有各具特色的高端一流旅游专业实验室 25 个，开设智慧圆明园、数字颐和园、长城漫游等 90 余门旅游实践课程，每年完成 10 万人次以上的实践教学工作任务（表 1）。

表 1　22 个专业实验室 +3 个体验区名称

| 旅游文化展示交互实验室 | 数字景区体验室 | 日本文化茶室 |
|---|---|---|
| 旅游信息管理实验室 | 智慧景区管理实验室 | 日本文化和室 |
| 智慧旅游实验室 | 虚拟（高尔夫）体验实验室 | 外语同声传译实验室 |
| 旅游产品创意策划实验室 | 沉浸式互动实验室 | 酒店前沿探索实验室 |
| 旅游资源开发与规划实验室 | 健康旅游体验实验室 | 虚拟酒店及沙盘演示与交互实验室 |
| 旅游市场分析与投资实验室 | 景区规划沙盘实验室 | 食品营养分析实验室 |
| 展览模拟实验室 | 旅游文化展示长廊 | 酒店管理实验室 |
| 视频会议模拟交互实验室 | 世界旅游文化体验区 | |
| 虚拟滑雪体验实验室 | 中国旅游文体体验区 | |

## （二）开创"智慧景区"建设模式

旅游实践教学中心成为国内最具影响力的旅游类实践教学中心，在于中心创新性地对实验教学环境进行规划设计和智能管理，引入"智慧景区"模式，参照真实景区环境，运用现代虚拟现实、人机交互、传感等信息技术，通过旅游情景数据资源库把旅游目的地场景及真实旅游活动过程进行功能分区和游览线路设计，然后进行模拟。如在中心出入口、通道、实验室安装了信息采集系统，配置了人脸识别系统、报警与语音安全提示系统，可自动发布语音安全提示，实时、分段统计进出人数，并将其转化为"客流""密度""效率"等统计数据显示在 LED 屏上。这种"实验场地即景区"的设计模式实现了实验场地的充分利用、智能手段的高度集成、景区活动的全面覆盖，提供了智慧景区规划、设计、运行、经营、管理、服务全流程的高端实验环境，使学生在虚拟仿真的实验教学场景中，感受到真实的景区环境中学习实践，有效提高学生学习积极性和综合实践能力。

### （三）与时俱进，合作开发建设

中心利用行业特色和自身优势，在自主研发的基础上，推进与兄弟院校、科研院所、行业企业、地方政府及国外机构的深度融合，构建旅游科技产品研发"资源共享、合作育人、合作共赢"的新模式与新机制。通过校内、校际、校企协同创新，研发了4D"虚拟太空漫游"和"深海探险"等多个旅游实验教学系统与相关资源；与北京天文馆、北京科技馆共同攻关，实现了"360度全景多通道展示系统"，为沉浸式互动实验室提供了有力的技术支持；为配合2022年冬奥会，与企业合作共建虚拟滑雪系统，为休闲体育专业培养高素质滑雪管理人才。

## 二、覆盖全产业链的旅游实验教学体系构建

### （一）"三平台""四层次"的教学平台与实验模块

新的实践教学平台需要新的实践教学内容和规划。为满足旅游行业与文化产业、信息产业等大旅游产业融合发展所需的人才培养需要，支撑北京联合大学"大旅游"学科交叉人才的培养需要，中心以知识为基础，以能力为本位，以素质为核心，遵循实验教学规律和人才成长规律，深化旅游类专业教学改革，提出"面向旅游全产业链，产学研合作开发，智慧景区模式设计"的实践教学建设思路，构建了完整的符合教育规律的分层递进的"三平台"和"四层次"旅游实践教学体系，以实现集教学、科研、创新创业于一体的综合型实践模式。

"三平台"即旅游管理与信息化平台、旅游文化与展示平台、酒店与餐饮管理平台；"四层次"即基础性实验、专业性实验、综合设计性实验、创新性实验。依托"三平台"构建"四层次"的实践教学环节，实现高端旅游人才培养。"三平台""四层次"实践教学体系的建设改变了过去实验教学内容局限于旅行社、酒店、景区等单一领域的情况，把旅游实验教学内

容扩展到旅游全产业链，涵盖了创意、设计、策划、开发及旅游新业态管理等。

### （二）以旅游信息化为目标的实验课程开发

中心围绕"三平台""四层次"实践教学体系先后开发《智慧旅游导论》《现代科技与旅游》等多门新型实践课程，从而完善基础实验课程、专业实验课程、综合设计实验课程和创新实验课程。这四类课程涵盖了文化体验、专业实验、虚拟仿真、协同创新等上百个实验项目，培养学生人文科学素养，专业能力的熟练运用，旅游全产业链各环节的处理，旅游行业发展前沿的研究能力。

## 三、实现教学与科研的助推和反哺

旅游实践教学中心既是学生实践能力培养的摇篮，也是教师做科研的平台。教师的科研成果提升教学深度，开拓教学广度；学生实践能力的提高是助推教师科研的动力。

旅游实践教学中心面向学院所有师生开放。教师在实验教学过程中，将科研成果与实验教学相结合，实施了科研成果反哺教学的方法，以成果为基础，优化实验教学内容，改进实验教学方式，促进由"知识传授"到"知识创新"的提升。教师也可把在研的项目引入教学，依托中心的实验室，带领学生按照项目任务书要求自主筹划、分工完成项目任务，教师对项目推进情况进行指导和评估。学生在教师的研究中得到锻炼提升，在项目成果中感受到行业、学科发展的前端，高屋建瓴。教师在教学中完成了科研，实现了科研成果的转化，使得教学科研相互助力、相互推进。

## 四、良性循环的成果与效应

通过深化实验教学改革和创新，中心确立的"三平台、四层次"实验教学体系得以贯彻落实，实验课程体系不断得到完善，极大地提升了高端旅游应用型人才的培养质量，取得了显著的实验教学效果和丰硕的实验教学研究成果。教师依托中心资源开展科学研究，硕果累累，师资队伍得到极大的提升。

## （一）对外影响

中心在实验平台建设与管理、实验教学体系构建与实验教学方法改革等方面的成果，得到教育部、北京市教委与旅游相关部门领导的充分肯定。

中心开拓探索的沉浸体验、虚实互补、项目设计、科研成果反哺等多种教学新方法，推动了实验教学方法的改革和创新，提高旅游人才培养的质量和水平。在业界和学界引起广泛关注。中心与国内、国际旅游相关院校开展广泛的合作交流，使中心的实验平台建设成果与经验得到相关院校的借鉴与推广。多次接待国内外高校、行业、企业、社会团体等参观，三年来，共有 8000 余人次前来交流学习。

## （二）师资培养

创新型的旅游实践教学方法取得了明显的教学效果。近年来，学生积极参加各种课内外实验课程、实验活动，组建创新团队，学生在人文素养、综合设计能力、创新创造力方面得到显著提高。

## （三）教学效果

2016 年，北京联合大学旅游实践教学中心被教育部批准为国家级实验教学示范中心。在 2013 年至 2014 年期间，近 200 人次学生依托平台以团队或个人形式参加全国、省市的各类竞赛 70 余项，获得国家级一等奖 6 项，国家级二等奖 6 项，国家级三等奖 7 项，国家级银奖 3 项，国家级铜奖 7 项，省部级一等奖 5 项，市级各类奖项 20 项，获奖率达到 77%，在全国同类院校中名列前茅。

## （四）科研效益

教师依托中心资源设备开展科学研究，目前，获得国家级科研立项 3 项、省部级 4 项。

按照国家级实验教学示范中心建设的标准要求和学校的规划目标，将中心打造成具有"先进的实验教学理念、先进的实验教学体系、先进的实验教学方式方法、先进的实验教学队伍建设模式、先进的仪器设备配置和安全环境、先进的实验教学中心建设和管理模式、先进的实验教学信息化水平、突出的建设成果与示范作用"的国内具有较大影响力和示范效应的旅游实验教学中心，为高等院校深化教育教学改革进行积极探索，做出应有的贡献。

# 助力城市型、应用型育人体系，落地服务北京的办学理念

## ——旅游学院国家、市、校三级校外人才培养基地建设

　　产学研一体化办学是旅游学院落实北京联合大学城市型、应用型办学定位的具体实践。多年来，旅游学院与多个企业开展了人才培养、科学研究和社会服务等方面的合作。围绕研究生、本科生教育，旅游学院与首都旅游集团建设了国家级大学生校外人才培养基地，与洲际酒店共建了北京市级大学生校外人才培养基地，与多家企业建立了校级校外人才培养基地。这些校外人才培养基地的建设，见证了旅游学院的发展，落实了学校服务北京，办好北京人民满意大学的办学目标。

### 一、首旅集团国家级大学生校外人才培养基地

　　北京联合大学旅游管理校外实践教育基地是我校与国内一流旅游企业集团——首旅集团经过多年协作建设、不断开拓创新，共同打造的旅游管理校外实践教育平台。基地不仅为学校实践教学提供保障，同时践行高校社会服务功能，在深化现代实践教育理念，完善实践教育模式，锻炼实践教学师资队伍，实现企业人才优化储备，提升企业管理水平等方面不懈努力并取得良好效果，努力成为在国内具有引领示范作用的实践教育平台。

**（一）首旅集团与旅游学院合作互助 30 年**

北京首都旅游集团有限责任公司是 1998 年年初经北京市政府批准成立并授权经营管理的市属国有资产大型集团公司，由海内外近 300 家控股参股企业和 1600 多家成员企业构成，是中国综合实力最强的旅游服务业企业集团之一，位居中国企业 500 强。作为首都现代服务业支柱的首旅集团，所属企业历史悠久、品牌资源丰富、产品链条完备、产业集群发达。涵盖"首旅建国""全聚德""东来顺""燕莎""古玩城""康辉""神州""首汽"和"首旅股份"等十大主导品牌，经营范围覆盖酒店、旅行社、餐饮、景区、会展等业务，形成国内成网、国际成链的现代化战略格局，与北京联合大学旅游学院所属学科专业和国际化发展完全对接。

北京联合大学与首旅集团保持着长期稳定的合作关系。从 1985 年起，双方就学生实习、产学研工作开启合作；2009 年，学校与首旅集团合作申报，获批"北京市级大学生校外人才培养基地"；2013 年，获批成为"国家级大学生校外人才实践教育基地"。

结合首都"国际一流旅游城市"和"中国特色世界城市"建设需要，北京联合大学旅游学院与首旅集团以"博识雅行、学游天下"的旅游管理人才培养理念，以"产教结合、实践育人"为教育理念，学练融合、学游互动、协作创新，联合培养具有国际视野和创新精神的高素质城市型、应用型旅游管理人才。

理念需要制度保障。校企签订了长期合作协议《北京联合大学—北京首都旅游集团有限责任公司战略合作协议》，共同制定了《北京联合大学旅游学院校外人才培养基地建设规划》《北京联合大学旅游学院校外实践教学基地管理办法》等有关实践基地的文件和管理办法。

理念需要管理落实。双方成立专职的实践教育基地办公室，负责策划组织高水平的人才培养合作教育。

**（二）基地 30 年的建设成效**

基地的目标是依托旅游产业，面向高端现代服务业，建设成具有示范性、辐射性、有长效机制的国内一流的合作共赢的旅游校外实践教育基地。

1. 合作出版旅游业发展前沿案例

自 2014 年起，旅游学院与首旅集团等合作单位开始协作出版"中国旅游业发展理念与前沿实践丛书"。双方通过产学合作的方式，研究旅游行业与教育和国家政策，实现服务首都，服务社会。2015 年 4 月，中国旅游业发展理念与实践前沿丛书的第一辑《文化创意与景区发展》和第二辑《现代服务管理：战略、运营与技术》陆续由中国旅游出版社出版。内容涉及国内 11 个省（自治区、直辖市）的 23 个景区发展案例，如北京颐和园、深圳欢乐谷、安徽黄山、云南丽江、成都宽窄巷子等，有 40 余名景区高管、旅游教育、研究者（包括港台专家）参与策划；以首旅集团为业界典型，分析了如中青旅、华侨城、洲际大中华区、万达旅业、艺龙、去哪儿等企业高管与专业人员的前沿理念与"落地"实践。

丛书融合产学优势，体例创新，案例典型前沿，内容丰富，数据翔实，可供学习、借鉴，探讨性较强。出版至今，广受旅游学界、业界人士、学员的积极评价。

2. 合作进行高端培训

2014 年 10 月，旅游学院与首旅集团合作实施面向教师的"能力助推"高端培训班。整个培训历时 3 个月，60 余名学员参与，授课达 104 学时。学员包括首旅品牌管理部总经理、首旅培训中心主任、培训中心教学部经理、首旅建国人力资源总监、燕莎商城总经济师等集团高管 10 余人。

首旅集团国家级大学生校外实践教育基地建立了国家级实践基地教学指导委员会，完善了双方对口联系等工作机制。通过"请进来、走出去"等各种方式，融通校企资源，搭建合作平台，培养师资队伍，直接服务学生的实习实践和就业等，取得了积极的成果。

## 二、洲际酒店北京市级大学生校外人才培养基地

北京联合大学旅游学院酒店管理专业始建于 1980 年，主要是面向首都北京酒店行业发展需求开设的专业，是国内较早筹办酒店管理教育的院

校。1984年，洲际酒店集团在华第一家酒店——北京丽都假日酒店开业，为中国酒店业树立了标杆。作为中国改革开放大环境下共同建立起来的高校酒店管理专业和酒店企业，双方在发展上有着互补的助力和合作的共赢点。

### （一）首家国际酒店集团与我校的世纪教育合作

作为进入中国市场的第一家国际酒店集团，30年来，洲际酒店集团在中国市场取得了骄人的成绩，截至2014年年底，洲际酒店集团在大中华区已拥有近200家开业酒店，另有180家酒店在建，成为大中华区最大的国际酒店集团。作为中国酒店业最大的国际雇主，洲际酒店集团在国内创造了巨大的就业机会，目前拥有6万名员工，并计划在2015年之前新增约3万个就业岗位。集团在发展人力资源上所做的贡献深受业界认可，屡获"最佳雇主"称号。洲际集团于2006年在中国成立的洲际酒店集团英才培养学院迅速发展，目前，已遍布全球37个国家。

2000年，北京联合大学与洲际酒店集团下属酒店签订实习协议，把洲际酒店集团作为校外人才培养基地，开始合作培养应用型酒店管理人才。2010年6月，学校与北京金融街洲际酒店签订战略合作框架协议。2012年12月，学校与洲际酒店集团分别签订战略合作框架协议和人才培养意向书。双方在人才培养、教师企业挂职锻炼，企业派遣管理人员到学校培训学习等多方面开展了一系列合作。

### （二）多样化的校企合作模式

1. 合作培养人才——设立"洲际英才班"

洲际英才班在育人模式、教育管理等方面与高校专业教育有着不同的创新点。一是在不同年级中筛选优秀学生组成虚拟的班级组织；二是根据在校学生的特点校企共同研究制订培养方案，共同协商设计课程体系，统一调配酒店师资，由企业高管定期、分模块传授酒店业的前沿实战技能；三是洲际集团根据业务发展的需求，进行新课程开发，适时推出新课程，提升育人效果，体现校企协同创新方向和优势（图1）。

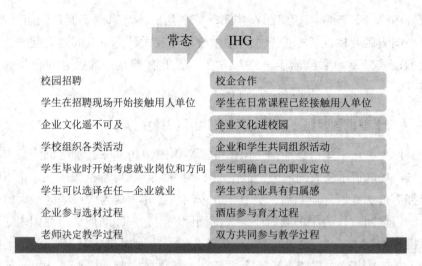

**图1 洲际英才班与一般校企合作优势示意图**

2. 合作建设师资队伍

洲际酒店集团为学校教师的实践能力提升提供多样培训形式。一是开设合作发展专题，邀请学校教师参加，分享最佳实践方式、探讨解决合作发展中存在的问题，协商推进校企工作；二是学校专业教师入职酒店，挂职于各部门，参与实际运营，提升教师专业实践能力，带动酒店教育的提升；三是邀请教师参与酒店技能竞赛，带动教师深入感受企业文化等。

3. 合作开展科学研究

学校与洲际酒店集团合作开展科学研究，双方共同研究产业发展的热点、前沿问题，如酒店行业发展的趋势、洲际酒店集团经营中遇到的实际问题等。洲际酒店集团为教师挂职、开展课题研究提供丰富的行业资讯、酒店数据等。

在基地建设过程中，学校为洲际酒店集团培养和输送人才，提供管理咨询、在职人员培训等服务，为洲际酒店集团发展提供智力支持。洲际酒店集团协同学校培养人才，为学校人才培养和实践育人能力提升提供行业保障。

### （三）基地的组织管理及运行模式

作为一个北京市属综合性大学与国际化的酒店集团合作建设的人才培养平台，双方建立了完善的组织管理体制确保平台建设。双方共同选派高层领导组成校外人才培养基地管理委员会，进行基地建设的规划，由双方中层部门领导成立基地管理办公室，具体实施基地建设。由直接项目实施者组织项目实践小组，协商项目的执行，确保基地各种项目的贯彻实施和运行。2015 年，基地的建设成果得到北京市教育主管部门的首肯，洲际酒店集团校外人才培养基地被授予"北京市级校外人才培养基地"称号。

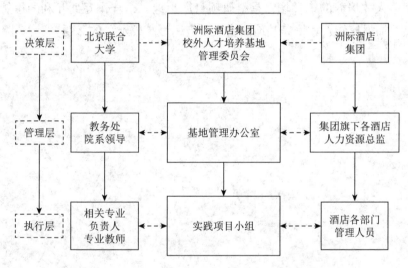

图 2 洲际酒店集团校外人才培养基地组织架构图

### （四）基地建设的深耕展望

作为与国际化的酒店集团合作建设的校外人才培养基地，该基地是我校城市型、应用型人才培养孵化场，是我校国际化人才培养的对接窗口。

基地加强组织合作建设，发挥"产学研合作指导委员会"的作用，完善校企双方负责人对基地建设有关问题的研究和协商会议制度；提升学院人才培养与首都企业人力资源战略切合程度，让未来的合作计划更具前瞻性；推广洲际英才班模式，落实城市型、应用型人才培养，宣传和扩大双方的品牌影响；制订适应企业英才培养的方案；制定师资培养的长远规划，落实学校中青年教师到企业挂职锻炼计划，提高其实践能力与实践教学水平；落实对企业高管人员的培训，达到合作共赢。

## 三、其他覆盖北京和行业的校外人才培养基地

我校作为北京市属综合性大学，确立了城市型、应用型的办学定位，更需要加强校外人才培养基地建设，落实服务北京的办学目标。

总之，作为学校教学改革和学科建设的一个校外人才培养示范基地是应用型人才培养的练兵场，是科研项目产生地，是合作互助互利的思想交汇点，加强校外人才培养基地建设，是应用型高校永久的话题。

# 校企合作助力大赛 项目孵化支持创业

## ——旅游学院城市型、应用型学科竞赛体系

学科竞赛是在紧密结合课堂教学的基础上，以竞赛的方法，激发大学生理论联系实际，提高自身的实践和创新能力，以培养大学生的专业学习兴趣、创新意识的活动。作为应用型大学，学科竞赛是检验学生实践能力的一种有效方式，在竞赛中寻找差距，检验不足，发现优势。打造互联网＋旅游模式的全国大学生旅游创意大赛是北京联合大学旅游学院落实学校城市型、应用型人才培养的又一重要举措。

### 一、政产学研多方助力的高起点学科竞赛平台

北京联合大学作为北京市属综合性城市型、应用型大学，立足于北京，确立了服务北京的办学理念，秉承"学以致用"的校训，积极推动学校各学科开展学科竞赛。

旅游学院借助首都北京未来城市发展战略规划，把旅游业作为北京建设"国际一流的和谐宜居之都"的支柱产业和京津冀协同发展的纽带产业。借助北京的地域优势，在学校党委的支持下，依托自身学科专业建设的历史和发展，积极主动向教育部高校旅游管理类专业教学指导委员会提出打造全国性的旅游类学科竞赛。2015年7月，以"移动互联＋旅游创意"为主题的全国大学生旅游创意大赛开始启动。2016年4月，该大赛得到教育部高校旅游管理类专业教学指导委员会的认可，成为其承认的旅游管理类唯一的全国性赛事。

作为国家级赛事，本学科竞赛得到全国各省市旅游类院校的积极响应，三届赛事汇集了来自全国 60 余所院校的 160 多支参赛队伍。

本赛事活动的评审专家分别来自教育部高校旅游管理类专业教学指导委员会、南开大学、中国科学院、国家旅游局、共青团北京市委员会、北京立根集团有限公司、北京天使舱投资管理有限公司、中青旅、全景客等高校、科研院所、政府和企业。评委专家有教育界的专家学者、有业界的精英领袖、有政府和科研机构权威。该项赛事得到业界、教育界、政府、协会的各方支持，实现了政产学研的多方联合助力。

## 二、学生创新创业的孵化器

"互联网＋"的时代，旅游学科也不再是传统吃、住、行、游的简单模式。云计算、物联网、大数据、智连网使旅游业进入数字化和信息化的时代。

北京联合大学旅游学院组织的"移动互联＋旅游创意"为主题的全国大学生旅游创意大赛不仅是锻炼学生的专业能力，还要提升学生的现代互联网和文化结合能力，既要有现代信息化意识还要有较高的文化素养、创新意识。

以"移动互联＋旅游创意"为主题的赛事活动，突出体现旅游业与信息产业的深度融合。大赛成果形式为具有旅游创意的新颖、实用、个性的智能手机应用程序（APP），通过研发应用程序，培养大学生创新意识、设计能力、创业能力和团队合作意识，提升旅游业产品设计水平。

创新与创业结合学科竞赛活动，吸引了北京的"互联网＋"旅游企业的目光。北京立根集团有限公司、北京天使舱投资管理有限公司共同与学院签订"移动互联＋旅游创意"全国大学生旅游创意大赛校企合作协议。根据协议，自 2016~2018 年，北京立根集团有限公司每年将为全国大学生旅游创意大赛提供赛事赞助，并提供孵化基金 100 万元。三方共同设立孵化平台，孵化优秀参赛作品，使全国大学生旅游创意大赛成为大学生创新创业活动的有效载体。

为了让参赛选手能以更专业、高技术的水平参赛，北京联合大学旅游学院特聘请新浪公司的高级程序架构师举办共 40 学时的赛前 APP 应用开发培训班，对 APP 移动应用相关的新技术、APP 创意来源、应用生产步骤、Android 编程语言等参赛选手特别关注的知识点均有详细讲解。

## 三、落实"学以致用"的学科竞赛平台

北京联合大学旅游学院作为我国最早建立的专门培养旅游管理高级人才的学院，面向首都旅游产业，着力培养实践能力强，具有高度社会责任感，广阔的国际视野和较高文化素养的城市型、应用型旅游管理人才。

在建设有国家级实验教学示范中心、国家级特色专业、国家级优秀教学团队、行业顶尖的学术期刊、国家和市级校外人才培养基地以及北京市级人才培养模式创新试验区等质量工程建设项目支持下，本项学科竞赛硕果累累。

旅游学院旅游实践教学中心代表队的《旅游"字"慧产品创意空间》APP 获得赛事一等奖。

这是涵盖北京联合大学"学以致用"理念的成果。团队作品以汉字文化传递为内涵开发设计各种旅游文化产品创意输出平台及 APP 设计。作品主要分为三个部分，分别是汉字文化展示平台、旅游产品设计平台和旅游创意交易平台。

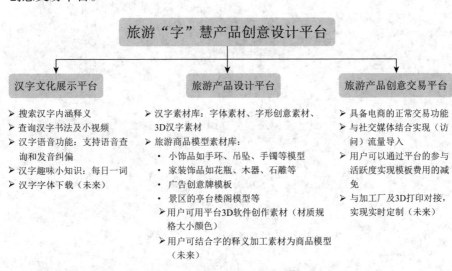

图 1　获奖作品——旅游"字"慧产品创意设计平台

51

作品可以使中小学生或者外国汉语文化爱好者通过这一功能随时释义、读汉字，让使用者正确读汉字。作品体现我院学生能够利用现代互联网技术结合自己的专业特点和社会生活需要进行创新、创意，进而为他们的未来创业奠定基础。这正是我校注重学生实践能力和文化素养相结合的城市型、应用型人才培养的一种实践。

# 着眼城市型、应用型大学建设，构建"双师型"师资队伍

北京联合大学依据首都北京未来城市发展战略规划，秉承服务北京的办学理念，确立坚持走城市型、应用型大学的办学之路。办好城市型、应用型大学需要一支既有高学术水准又有较强的社会实践和应用能力的"双师型"教师队伍。

依据我校的办学发展定位，旅游学院围绕北京市旅游业行业发展所需要的旅游专业人才培养目标，深化教育、教学改革，加强学科基础建设和教师队伍建设。通过强化教师培训、优化激励机制、开展企业行业实践等手段，不断加强"双师型"师资队伍建设，提升我院的办学水平。

我院在教师职业生涯规划中以提升教学能力、科研能力和社会服务能力为目标，围绕行业来加强"双师型"教师队伍建设，积极组织有针对性的专业化和行业特色的项目培训。

## 一、依托学科专业的行业特色，校企合作培训"双师型"教师

旅游学院的学科专业与旅游行业结合紧密，具有鲜明行业特色，建设"双师型"师资队伍是我们必然的选择。城市型、应用型大学的人才培养目标决定了学院的发展离不开与行业、企业的合作，要实现教师实践能力的有效提升，政校企合作是最为有效的实现途径。

### （一）与行业企业交流合作，培训教师

2014 年和 2015 年，旅游学院连续两年与首旅集团合作，以首旅集团旗下京伦酒店、诺金酒店、建国饭店、民族饭店、兆龙饭店、北京国际饭店等近年实际案例，对我院餐饮管理系餐饮服务与管理和酒店管理两个专业的教师进行实践培训，通过与酒店各层级管理人员的研讨交流，专家授课，实地考察等形式学习首都北京现代酒店管理理念和方法，提升了教师的行业认知和实践执教能力。

另外，学院每年都组织教师尤其是青年教师利用寒暑假到企业实践，参加"企业化教学"培训，加强教师实践能力培养。近三年来，学院组织了 50 余名教师赴洲际酒店集团、全聚德集团、首旅集团等知名企业参加中短期专业培训，强化了教师操作技能，提高了教师行业职业素养（图1、图 2）。

**图 1　酒店管理专业教师实践培训**

**图 2　餐饮服务与管理教师专业培训**

### （二）举办"旅游新视野高级研修班"

2016 年，旅游学院针对首都北京城市发展定位和北京市旅游行业发展规划，邀请北京市旅游发展委员会副主任于德斌，国务院参事室交流合作司司长孙维佳，品橙旅游网总裁、创始人王琢博士等业内专家举办了"旅游新视野高级研修班"专题师资培训班。

专家们针对北京现状和未来旅游行业的发展，围绕首都旅游大产业链的布局，为我院教师进行了详尽的讲述。一系列生动的案例和翔实的数据，极大开拓了我院教师的行业视野。通过参观旅游新业态，教师了解了旅游行业目前的发展趋势和前沿理论，专业水平和实践能力得到显著提升（图3）。

图3 旅游新视野高级研修班

### （三）完善教学环境建设，倒逼教师提升教学能力

2015 年，旅游学院积极与企业行业合作，建设了餐饮管理实践教学中心、酒店管理实践教学中心，完善了旅游实践教学中心，打造了智慧旅游国家重点实验室。为教师实践能力可持续性提升提供了重要的保障，学院教师能够充分利用实践中心的现实场景以及企业化特征进行教学实践，有效提升了自身的实践能力。

学院依托与首旅集团共建的国家级大学生校外实践教育基地以及北京市级校外人才培养基地，通过教师指导学生实习实训实验、参加实践锻炼的过程，促使教师在实践中发现问题、思考问题、解决问题。教师的交流合作、自我学习、思维创新等能力得到了充分锻炼，实际操作能力与示范指导能力、实践反思总结能力与实践创新能力得到了有效提升。

## 二、在科学研究和对社会服务中培养教师职业能力

作为高校，除承担人才培养职责外，还有科学研究和服务社会的职责，并实现在科学研究中锻炼教师队伍，在社会服务中锻炼教师职业能力的良性循环。

### （一）在科学研究中锻炼教师队伍

近几年，旅游学院师资队伍建设有着显著的效果。学院教师中的领军人物严旭阳、张凌云、黄先开、刘啸、石金莲、孙梦阳、张金山、刘建国、李飞、彭霞、李新等学界、业界知名教授在科学研究上获得了一系列国家级课题。这些领军人物在课题研究中，带领研究团队深入行业企业调研，与行业企业探讨，积累了大量的职业经验。

2017年，受北京市旅游委的委托，学院开发了《数说旅游》项目，项目吸收青年教师加入，项目由最初的七个板块扩大到十几个板块，随着覆盖面的增加，教师对行业的了解越发深入，在研究中提升了对旅游行业的深度认知。

### （二）在社会服务中锻炼教师职业能力

旅游学院作为北京联合大学的特色学院之一，秉承学校城市型、应用型的办学思路，立足学科专业为社会做好服务，在社会服务中锻炼教师。

2014年5月，学院两支教师队伍参与并协助北京2022冬奥会申办委员会完成了住宿主题的策划和答辩工作，项目组负责人丁于思老师所带两支队伍的工作得到了冬奥申委领导及北京市旅游委领导的高度认可。

汤利华、李柏文、曾博伟等老师先后为国家旅游发展建言献策，参与撰写了国家《"十三五"旅游业发展规划》、北京市《"十二五"旅游人才规划》。于平、张金山、石金莲等教师与其团队分别完成了《北京市餐饮业经营规范》《海淀旅游公共服务体系规划提升》《基于张家界景区的实时互动管理系统项目》《黄河石林景区规划》《西双版纳旅游规划》《九寨沟旅游规划》等项目。我院教师在完成社会服务中，组建了教师团队，在社会

服务项目中，深入了解行业所需，在解决地方和企业的发展问题时，积累了大量的真实案例来提升自己的教学和科研能力。

## 三、强化政府学校合作，提升教师实践能力

学院每年都组织教师，尤其是新入校年轻教师和青年骨干教师，到政府部门及行业协会挂职。2011年以来，共派出32名青年教师赴国家旅游局、北京市旅游委、东城旅游委等政府部门挂职锻炼，参与了国家全域旅游示范区创建、国家和北京市"十三五"旅游业发展规划编制，以及京津冀旅游区、长江黄金旅游带、丝绸之路旅游带等的相关规划评审和管理工作。

通过挂职锻炼，教师们进一步解放了思想、更新了观念、拓宽了视野、丰富了知识，实际工作能力和政策理论水平都得到了较大提高，理论联系实际、解决复杂问题的能力也得到了进一步增强。

## 四、完善激励机制，提升"双师型"教师

高校专业技术职称是教师学术技术水平的综合反映。在教师培养上，学院根据专业建设的需要，有目的地输送一批中青年骨干教师外出进行学历完善与专业进修，提高教师的核心能力。

学院定期开展"双师素质"教师教学基本功和职业技能竞赛，并积极选派技能高手参加行业技能大赛，对成绩突出的教学能手、技能高手、专业带头人进行表彰奖励，激励"双师型"教师进一步成长。

转变教师评价考核机制，将行业挂职、企业实践、专利发明等纳入教师考核范围。通过考核内容的转变引导教师向"双师型"转变，提高"双师型"教师比例。把教师的实践教学、学生实践水平纳入教师的考核体系，教师企业行业实践可以折抵部分教学和科研工作量，在业绩考核等方面向"双师型"教师倾斜。

学院在教师专业技术职务聘用上，对已具有本专业或相应专业非教师系列技术职称资格的教师予以优先聘用。学院对取得"双师型"资格的教师优先提供出国培训、进修、项目开发补贴等相关待遇；为参加"双师素质"考试、培训、职称评定提供必要的条件，对取得"双师"资格证书的教师，根据不同类型给予一定的奖励；对取得"双师"资格的教师，在职

称评聘、评优、提拔使用等方面予以优先考虑。

## 五、创新人才引进模式，拓宽"双师型"教师来源渠道

旅游学院不仅重视教师学历，还重视教师的实践能力，根据学科专业建设需求，主动到企业、行业单位、同类高校中引进学院急需的高层次人才，以编制、福利、待遇等优惠条件吸引高层次人才，充实学院的师资队伍。

学院一方面与学校沟通，向上"要政策"，从国家旅游局、山东省旅游局、北京市餐饮协会等单位引进经验丰富的行业精英充实到学院师资队伍中来；另一方面，通过聘请行业、大中型企业中专业技术强、实践经验丰富，掌握行业前沿技术水平的技术人员到学校担任外聘教师、客座教授、特聘教授等方式，丰富学院"双师型"师资队伍来源，如聘任洲际酒店、世界中国烹饪联合会、全聚德集团、北京饭店、西苑饭店等一大批业内知名企业的高级技师和管理人员担任学院兼职教师，进一步扩大了学院的兼职教师比例。三年来，学院累计聘任了百余名兼职教师，这些实践经验丰富的兼职教师迅速改变和充实了学院的师资队伍结构，为学院教师和学生提供了来自行业、企业一线的前沿理论和实践经验。

第二篇

# 科学研究："上能着天""下能立地"

# 旅游行业权威期刊，引领学术研究前端

《旅游学刊》（TOURISM TRIBUNE）创刊于 1986 年，是由北京联合大学旅游学院主办，国内外公开发行的旅游学术期刊（月刊）。《旅游学刊》秉承前沿、理性、责任的办刊宗旨，立足于中国旅游发展实践，紧跟国际旅游研究动向，力求学术性、权威性和前瞻性，及时反映我国旅游学术研究的最新成果和旅游业实践的新问题，推动中国旅游研究理论的现代化、研究内容的本土化、研究方法的规范化，为中国旅游学术研究和旅游业的发展提供借鉴与启示。

2011 年以来，为了适应我国经济的快速增长、旅游业的蓬勃发展和旅游研究的新进展，《旅游学刊》明确提出了"国际化提升战略"，进一步加大与国际学术刊物接轨的力度，坚持不收取版面费，全面实行同行专家匿名评审制度，按国际惯例聘请国内外知名专家组成编委会，在编委中增加了活跃在国际学术圈的华人学者，并聘请了一批国际知名外籍学者担任学术顾问，指导刊物的发展，保障刊发论文的质量和学术规范，进一步提升《旅游学刊》的国际影响力；探索数字出版、网络营销的新途径，利用新媒体推广《旅游学刊》品牌形象；通过举办有影响力的全国性的学术会议引领旅游学术研究，促进我国旅游学科的不断完善，为旅游学界提供一个更加国际化、规范化、高层次的学术交流平台，同时为学校、学院发展搭建桥梁。

## 一、30 年辛勤耕耘，铸就业界学术权威

《旅游学刊》是北京大学图书馆《中文核心期刊要目总览》的核心期刊（1992、1996、2000、2004、2008、2012、2014 版）；南京大学中国社会科学研究评价中心《中文社会科学引文索引》（CSSCI）来源期刊（2000—2017 年）；中国社会科学院文献计量与科学研究评价中心的《中国人文社会科学核心期刊》（2004、2008、2013 版）；中国人民大学书报资料中心的"重要转载来源期刊"（2003—2017）；武汉大学中国科学评价研究中心评选的"RCCSE 中国权威学术期刊"（2009—2017）。

根据我国学术期刊的发展现状和实际需要，国家社科基金开展社科类重点学术期刊首批资助（试点）工作，2012 年 7 月，《旅游学刊》成为第一批国家社科基金资助学术期刊。2012 年至 2016 年，《旅游学刊》连续 5 年考评优良，连续获得资助。

2012 年 12 月，《旅游学刊》入选中国学术期刊电子杂志社、中国科学文献计量评价研究中心与清华大学图书馆首次发布的"中国最具国际影响力学术期刊"（人文社科类）。此后，2012 年至 2017 年，《旅游学刊》连续 6 年获得"中国最具国际影响力学术期刊"称号。

2013 年 4 月 17 日，《旅游学刊》荣获由北京市旅游委和北京市人力社保局主办的第十四届"首都旅游紫禁杯"集体奖。这是北京市旅游行业唯一一项全业态评选表彰，代表了北京市旅游行业的最高荣誉。

2014 年 10 月，以《旅游学刊》为依托的中国旅游研究院旅游学术评价研究基地揭牌。"旅游学术评价研究基地"计划完善我国旅游学术共同体成果评价方法，面向国际旅游学界推广中国的研究成果，同时作为中国人民大学"复印报刊资料"《旅游管理》的学术支持单位。

2014 年 11 月 22 日，中国社会科学院中国社会科学评价中心发布《中国人文社会科学期刊评价报告（2014 年）》，《旅游学刊》被评为中国人文社会科学权威期刊，也是人文地理学唯一一本权威期刊。

## 二、品牌会议，引领学术

从 2011 年开始，《旅游学刊》每年举办"中国旅游研究年会"，邀请有

关单位领导、国内外著名旅游专家，读者、作者共聚一堂，秉承年会"前沿·理性·责任"的永久主旨，对旅游学术研究的前沿关注进行展望，探讨旅游发展中理论与实践相交融的关键问题，分享旅游研究的最新成果，引领中国旅游学术研究，共商中国旅游及旅游研究的未来发展之路。目前，学刊年会已经成为旅游学科国内号召力最强的品牌学术会议，也吸引了越来越多国际学者的关注，成为国内外旅游学术交流的重要平台。

2011年5月，《旅游学刊》中国旅游研究年会在北京会议中心召开，来自全国旅游学界、业界的知名专家、学者和全国各旅游院校的师生300余人参加了此次年会。本次年会开始首次评选《旅游学刊》年度优秀论文。

2013年10月，《旅游学刊》中国旅游研究年会重点关注世界旅游目的地的建设与管理、地域性与旅游可持续发展以及资源枯竭型城市的旅游发展。来自全国各高校的代表共300余人，包括来自美国、英国、加拿大、澳大利亚、中国香港等国内外著名学者40余名，《旅游学刊》引领业界走向国际化。

2014年10月，《旅游学刊》中国旅游研究年会关注旅游产业发展面临的新常态、新时代、新期待，《旅游学刊》被赞誉为在旅游研究的理性回归中起到了构建学术交流平台的重要作用，引领业界关注旅游领域的公共服务问题、旅游与城镇化、旅游对生态环境的影响、市场化背景下旅游中小企业的发展、大数据与智慧旅游和旅游开发中的社会公平，探讨新常态下旅游研究面临的新课题和旅游业发展的新机遇。

2015年10月，《旅游学刊》中国旅游研究年会紧跟国家战略发展，关注"十三五"旅游统计改革与创新和"一带一路"国家战略与国际旅游发展，以及旅游对中国经济、就业的新影响等理论与实践相交融的前沿问题。年会设立"旅游研究终身成就奖"，北京联合大学旅游学院刘德谦教授荣获首届《旅游学刊》"旅游研究终身成就奖"。

2016年10月，《旅游学刊》中国旅游研究年会首次增设英文论坛，标志着《旅游学刊》的国际影响力正在逐步增强。

## 三、聚焦国家行业大政方针，汇聚智库名家建言献策

《旅游学刊》的名牌栏目"中国旅游发展笔谈"多年来聚焦旅游业发展

的焦点和热点，组织了许多在学界、业界有广泛影响的专题讨论，为旅游业发展提供智库参考。

2012年，《旅游学刊》邀请旅游界和法学界的专家学者对《旅游法（草案）》进行研讨，为《旅游法（草案）》的完善建言献策。2013年，《旅游学刊》组织法学界专家学者对《旅游法》进行专题解读，宣传普及《旅游法》。

自十八大以来，旅游业成为国家"一带一路""互联网+""生态文明建设"战略的重要支撑。

2014年，《旅游学刊》紧跟国家政策前沿，学刊专刊增设"京津冀旅游协同发展"笔谈，邀请京津冀三地的旅游专家和学者进行讨论，以期为实践提供一些可借鉴的观点和思路。

2016年，《旅游学刊》围绕"国家全域旅游示范区"项目，增设2期"全域旅游"笔谈，探究全域旅游与传统旅游和小旅游发展，带动和促进经济社会协调发展的新理念、新模式。

学刊关注点不仅仅在国家大政方针和行业的动态发展，《旅游学刊》也是高校人才培养和学科组织建设的研究平台，随着行业发展和学科建设需要，旅游管理升级为一级学科势在必行。2016年，《旅游学刊》特增设1期的"旅游管理一级学科建设"笔谈，推动旅游学科的建设和高端人才的培养。

## 四、开展国际研究合作，融入全球学术交流

2012年，《旅游学刊》改版，从封面到内页融入了更多国际化元素。为了方便国际学者进一步了解《旅游学刊》，做了国际化的规范要求，并向30余家国外著名旅游学术期刊定期赠送《旅游学刊》，把学刊引入国际学术期刊领域，建立国外旅游学术研究交流通道；2015年学刊向30余家国外高校图书馆和旅游类院校赠送《旅游学刊》，把《旅游学刊》推荐到国际高校领域。

2013年起，为进一步扩大《旅游学刊》的国际影响力，编辑部以"中国旅游发展笔谈"栏目为突破口，邀请学术委员（编委）担任特邀责任编辑，面向国际广泛约稿，并进行中英文发刊，来自英国、加拿大、美国的

教授、学者为学刊提供了专稿，一年总共发表 72 篇笔谈，其中有 21 篇是海外学者的文章，为国内旅游研究者提供了新的视野、借鉴和思考。

2014 年，《旅游学刊》完善了百度百科、维基百科《旅游学刊》中英文词条，确保从 Google 和 Google Scholar 可以搜索到《旅游学刊》论文的中英文摘要，每隔两期向海内外专家、作者和读者通过 E-mail 推送学刊的封面推荐文章，方便海外学者引用。

《旅游学刊》与 SSCI 刊物 Tourism Management 建立了国际合作关系，选取《旅游学刊》刊发的优秀论文进行英文专刊转载刊发。2016 年，《旅游学刊》首批提交的 8 篇优秀论文英文版通过专刊形式刊登在 Elsevier 网络平台，专刊名称为"中国旅游研究（Chinese Tourism Research）"。Tourism Management 的主编 Chris Ryan 教授撰文对专刊与合作项目进行了介绍，并对所选文章进行了评价。

2016 年，《旅游学刊》与 CNKI 签订双语出版协议，从 2016 年起每期精选 5 篇文章翻译成英文在其双语平台推出，纸刊与英文网络出版两步走，进行英文网刊与纸刊出版相结合的探索，促进中国旅游研究走出去。

## 五、开创数字媒体窗口，建立新型传播渠道

迄今为止，《旅游学刊》先后被中国知网、龙源期刊网、万方数据、中文科技期刊数据库、CEPS 中文电子期刊网等权威数据库收录。

2011 年 6 月，《旅游学刊》被国际著名出版公司 EBSCO 的 Hospitality & Tourism Complete 数据库收录，该数据库汇集了多种国际知名旅游学术期刊。

2015 年，《旅游学刊》在加入各种权威数据库、创建中英文网站、开通官方微博的基础上，又开通了微信公众号，通过新媒体平台挖掘、提升学术期刊内容，增加传播渠道，使高深的学术问题变得通俗易懂，更便于传播，进一步扩大品牌影响力。《旅游学刊》官方微信，除了推送主办的会议日程、会议报名、发布会议相关报道外，还定期推送学刊目录、笔谈以及书评、封面文章的研究心得即"佳文速递"，策划推出不同时期相同研究主题的专栏文章即"专题聚焦"，创办微信"学刊小店"，方便订阅和学术会议注册。

　　根据 CNKI 提供的"《旅游学刊》发行与传播统计报告"，机构用户达3236 个，分布在 20 个国家和地区；个人读者分布在 26 个国家和地区。其中，海外机构用户达 92 个，我国港、澳、台用户占大多数，包括香港科技大学、香港理工大学、香港大学、香港公共图书馆、澳门科技大学、台湾大学、台湾辅仁大学、台湾"中央研究院"等，共 61 个；其他国家用户中，包括美国国会图书馆、普林斯顿大学、麻省理工学院、芝加哥大学、英国牛津大学、比利时鲁汶大学、法国国防部、日本国会图书馆、韩国庆熙大学、三星经济研究院、新加坡南洋理工大学等共 31 个。

　　风雨春秋三十载，作为国内学术权威期刊，《旅游学刊》引领行业的研究发展，引领研究机构的热点探索，引领高校的学科建设和人才培养。随着旅游行业国际化趋势，成为引领世界旅游研究的权威期刊是《旅游学刊》下一步发展的方向和目标。

# 建言首都城市规划，献策智慧旅游发展

为建设"人文北京、科技北京、绿色北京"，迈向世界城市的行列，2010 年，北京市召开了第十届世界旅游旅行大会，确立了打造国际一流旅游城市、把旅游业建成重要的支柱产业的发展目标。

2011 年 8 月，为贯彻落实《国务院关于加快发展旅游业的意见》和《北京市人民政府关于全面推进北京市旅游产业发展的意见》，在"十二五"期间，努力将旅游业培育成首都经济的重要支柱产业和人民群众更加满意的现代服务业，北京市人民政府召开旅游产业发展大会，推动"十二五"时期首都旅游业大发展，加快北京国际一流旅游城市建设。

北京联合大学作为首都市属综合性应用型高校，以面向北京，服务北京，培养适应北京发展的应用型人才，办北京人民满意的大学为目标。

旅游学院紧紧围绕服务北京、服务社会的办学理念，立足于北京旅游发展实践，紧跟国际旅游研究动向，把握国内外旅游学术研究的最新成果和旅游业实践的新问题，推动北京旅游产业和旅游教育的发展。基于北京市旅游业发展新目标的提出，受北京市旅游发展委员会委托，旅游学院举办了首都旅游发展论坛。

## 一、为北京"建设国际一流旅游城市"建言献策

2011 年 1 月，北京联合大学在北京市旅游发展委员会支持下，协同北京市社会科学界联合会、北京旅游学会共同主办了第一届首都旅游发展论坛。

国家旅游局、教育部、北京市教委、北京首旅集团、北京市社会科学

界联合会、北京市旅游发展委员会、国内旅游界的知名专家学者、在京高校师生代表300余人参加了论坛。

论坛围绕北京"建设国际一流旅游城市"主题，针对北京旅游发展问题进行讨论、解读，期望能够为北京旅游业的发展提供方案支持，为政府决策提供服务。

论坛聚合首都旅游界研究资源，研讨北京旅游发展所面临的重大理论和现实问题，推动理论工作部门和实际工作部门之间的联系，在政府、学界、社会之间搭建交流平台，促进学术研究成果更好地服务政府决策与社会需求。

北京联合大学确立了瞄准北京世界城市目标，加快推进首都现代化建设的进程中，搭建好理论界和实务界关于首都旅游发展的对话平台，使之成为推动首都建设国际一流旅游城市的重要学术阵地，更好地为北京的建设和发展贡献智慧力量。

首届首都旅游发展论坛会聚了北京大学、中国社会科学院、南开大学、北京交通大学、中央民族大学、北京第二外国语学院等国内知名高校的学者和来自中国旅游研究院、中国旅游文化资源开发促进会、中国旅游协会、中国旅游报社等知名行业和企业代表。旅游学院刘德谦教授、张凌云教授、宁泽群教授等作为论坛对话嘉宾，为北京旅游业的发展建言献策（图1）。

图1  第一届首都旅游发展论坛

## 二、搭建品牌学术交流平台，推动首都旅游产业发展

2012 年 5 月，第二届首都旅游发展论坛举办，来自国内高校、理论界、著名企业代表及高校相关专业师生共 350 余人参加了论坛活动。

本次论坛以"服务首都旅游发展"为宗旨，以"融合·创新·提升"为主题，研讨北京旅游发展所面临的重大理论和现实问题，并推动理论与实际工作部门之间的联系。论坛研讨成果在《旅游学刊》发表，促进了学术研究成果更好地服务政府决策与社会需求。

北京联合大学与国家旅游局、北京市旅游发展委员会合作共建研究中心，与北京社会科学界联合会共同成立研究基地，依托《旅游学刊》的品牌影响，把"首都旅游发展论坛"及"中国旅游研究年会"打造成为旅游界的品牌学术活动，服务北京乃至全国的旅游业发展（图 2）。

图 2　第二届首都旅游发展论坛

## 三、立足"京津冀一体发展"，服务于国家与社会需求

2013 年 6 月，第三届首都旅游发展论坛成功召开。来自国家旅游局、北京市旅游发展委员会、河北省旅游局、首都各大高校、北京旅游业界嘉宾等共 200 余人参加会议。论坛围绕"京津冀旅游经济圈建设"主题展开讨论和交流，扩大了论坛在全国范围内的影响力（图 3）。

图 3　第三届首都旅游发展论坛

2014 年 10 月，第四届首都旅游发展论坛紧密结合国家新出台的《国务院关于促进旅游业改革发展的若干意见》，以“旅游改革：新机遇　新格局　新常态”为论坛主题，在积极推动京津冀旅游协同发展等方面展开讨论。国家旅游局、全国各地高校和科研机构以及大型旅游企业集团等各方代表 200 余人参加了本届论坛（图 4 ）。

图 4　第四届首都旅游发展论坛

## 四、围绕北京城市功能定位调整，引领学术科技前端

2014 年 2 月 26 日，习近平总书记视察北京并发表重要讲话，明确了

北京作为全国政治中心、文化中心、国际交往中心、科技创新中心的城市战略定位，提出了建设"国际一流的和谐宜居之都"的目标，指明了新时期北京发展的方向。

2015 年 10 月 25 日，第五届首都旅游发展论坛以"首都旅游：互联网＋旅游"为主题，以服务北京疏解非首都功能，推进首都旅游业提质、增效、升级为目的，论坛围绕运用互联网推动旅游业产品业态创新、发展模式变革、服务效能提高，推动在线旅游平台企业的发展壮大，整合上下游及平行企业的资源、要素和技术，形成旅游业新生态圈，推动"互联网＋旅游"的跨产业融合等方面展开讨论（图 5 ）。

"互联网＋"、首都旅游、智慧旅游大数据、微服务、微产品等旅游发展新关注点成为论坛热点。百度、Google、去哪儿网等互联网企业与旅游学者共话。

北京联合大学建成的国家级实验教学示范中心受到广泛关注，成为各行各业人士谈论的焦点。旅游学院发起的"移动互联＋旅游创意"2015 年全国大学生旅游创意大赛获奖作品受到与会专家、学者和企业家的高度赞誉。

图 5　第五届首都旅游发展论坛

2016 年 11 月，第六届首都旅游发展论坛以北京城市功能调整和京津冀协同发展、建设宜居城市为时代大背景，以"旅游与休闲，提升生活品质"为主题展开讨论。2020 北京·平谷世界休闲大会执委会参与协办。

各级政府旅游主管部门、北京旅游学会会员单位及来自全国高等院校、科研机构以及大型旅游企业集团，新华社、人民网、中国网、中国旅游报社等媒体机构代表 300 余人出席论坛，旅游卫视进行了现场直播。论坛已成为国内知名的学术交流平台，受到国内学者、部分政府机关领导、企业高管的高度重视（图 6）。

图 6　第六届首都旅游发展论坛

2017 年 11 月，以“长城·旅游”为主题的第七届首都旅游发展论坛成功举办。论坛会聚北京政界、学界和业界的专家们共同来探讨长城旅游、长城文化带建设等问题，深入挖掘区域文化遗产整体价值商讨办法，为首都旅游业的快速发展出谋划策，为北京“四个中心”的建设凝智聚力（图 7）。

图 7　第七届首都旅游发展论坛

经过 7 年的发展，北京联合大学旅游学院举办的首都旅游发展论坛充分发挥出了首都旅游发展智库和国家旅游业发展智囊的作用。

# 世界旅游强国的科学内涵与评价体系构建

## 一、项目类别

国家社科重点项目

## 二、项目负责人

张凌云，现任北京联合大学旅游学院副院长，教授，《旅游学刊》执行主编。

### （一）主要学术履历

1983 年从华东师范大学地理系毕业后，考入南开大学经济研究所攻读旅游经济硕士研究生，1986 年获经济学硕士学位，同年留任南开大学旅游学系，先后任南开大学旅游学系副教授、《中国旅游报》编辑和记者、中国国际旅行社总社市场部副部长、北京第二外国语学院旅游发展研究院院长等职，曾赴英国萨利大学短期访问研究。

### （二）主要研究领域

旅游经济、旅游地理和旅游管理。

### （三）主要学术兼职

对外经济贸易大学博士生导师、西南财经大学博士生导师、东北财经大学旅游与酒店管理学院客座教授、重庆师范大学旅游学院客座教授、中国旅游研究院学术委员、中国社会科学院旅游研究中心特约研究员、北京市哲学社会科学规划办公室、北京旅游发展研究基地副主任、《旅游科学》学术委员、人大报刊复印资料《旅游管理》学术顾问等。

### （四）主要学术成果

主持和参与了国家旅游局中国旅游业发展"十一五""十二五"旅游发展规划；主持国家旅游局重点科研攻关项目"世界旅游强国内涵及指标体系"；2012 年主持国家旅游局《"中国优秀旅游城市目的地评选标准"研究》和《建设国家智慧旅游试点城市工作导引》两大课题；主持起草了多部旅游业国家标准、行业标准和地方标准；在 SSCI 和 SCI 期刊发表 5 篇论文（其中 3 篇为通讯作者），在中文核心期刊和 CSSCI 来源期刊上发表了学术论文 60 余篇，出版了专著、译著和教材等 40 余部。

### （五）主要获奖荣誉

曾荣获 2009 年度北京市教工委科技先锋先进个人、2010 年度和 2012 年度国家旅游局学术成果论文一等奖、国家统计局"第十届全国统计科学研究优秀成果奖课题论文三等奖"、北京市统计局"北京市第十届优秀统计科研成果评比课题特等奖"。

### （六）前期相关研究成果的社会评价

与申报课题相关的前期研究，并获得有关社会评价的有：

（1）主持的"中国建设世界旅游强国的内涵及指标体系研究"，全文收入在国家旅游局编《中国旅游业发展重大课题调研成果汇编（2005 年度）》（中国旅游出版社，2006）

（2）承担的北京旅游发展委员会课题"北京建设国际一流旅游城市研究"成果被北京市政府研究室推荐给主管市长，成为市政府创建北京国际一流旅游城市的决策依据和参考。

（3）承担北京市统计局和北京市旅游局（现更名为北京市旅游发展委员会）"北京旅游附属账户（卫星账户）研究课题"，成果《北京旅游附属账户（BJ-TSA）编制理论与实践》（担任第一执行主编）获得国家统计局"第十届全国统计科学研究优秀成果奖课题论文三等奖"、北京市统计局"北京市第十届优秀统计科研成果评比课题特等奖"。

（4）以第一作者撰写的《北京旅游业在建设世界城市中的优势与不足——北京与巴黎等世界四大城市发展差异比较分析》一文被人大复印资料《旅游管理》2011 年 01 期全文转载。

（5）以第一作者撰写的《旅游景气指数研究回顾与展望》一文，被人大复印资料《旅游管理》2010 年 02 期全文转载。

## 三、项目研究团队

本项目团队主要成员有 5 名，其中，4 人具有博士学位，1 人博士在读；教授 1 人，副教授 2 人，讲师和助教各 1 人；除 1 人在北京体育大学工作外，其余 4 人均为北京联合大学旅游学院教师。团队成员研究专长涉及数量经济旅游统计、旅游信息化、智慧旅游、旅游公共政策、旅游经济和旅游管理。

## 四、项目研究简介

### （一）研究现状与选题意义

1. 国内外研究现状述评

（1）本课题国内研究现状

"旅游强国"这一概念源于我国本土。联合国世界旅游组织（UNWTO）在其《1996 年度世界旅游业发展报告》中预测："到 2020 年，中国入境游客达 1.37 亿人次，超过法国和美国，成为全球第一旅游目的地国家。出境旅游达 10 亿人次，列世界第四。"尽管世界旅游组织后来不断地对全球旅游业发展趋势预测值进行修正，但这一结论始终没有改变。在中国业已成为世界旅游大国时，也清醒地认识到旅游大国，并不等于旅游强国。2000 年，时任国家旅游局局长何光晖在 2 月 14 日《瞭望新闻周刊》上撰文"国家旅游局提出二十年建成世界旅游强国"，这是在媒体上首次提出我国建设世界旅游强国的战略目标。后又被写入国家旅游局《中国旅游业发展"十五"计划和 2015 年、2020 年远景目标纲要》。但在政府文件中，并没有给出世界旅游强国的学术定义和科学内涵。为此，国家旅游局曾下达了"中国建设世界旅游强国的内涵及指标体系研究"课题，时任国家旅游局副局长顾朝曦率课题组主要成员专程拜访了世界旅游组织位于西班牙马德里的总部以及法国、奥地利旅游局，就世界旅游强国内涵与国际同行交换了意见和看法，但也未达成确切和一致的意见。在这一课题成果中，对于"世界旅游强国的内涵和指标"提出了宏观指标（行业规模、行业效益、旅游促销、国际化程度）、微观指标（企业平均获利能力、大型旅游企业及旅游上市公司相关经营和财务指标）、行业管理指标（标准化管理、安全管理、人力资源管理、政策支持、科学研究）共 3 个一级指标、11 个二级指标、65 个三级指标构成的指标体系（张凌云等，2006）。

　　总体而言，目前国内对于"旅游强国"的概念内涵和评价体系研究文献数量很少，其他较有影响的文献和报告见参考文献，其中主要的学术观点和意见有下列几种：①旅游强国区别于旅游大国主要体现在国际竞争力、增长方式、国际化、自然和人文环境以及区域发展的均衡性等方面（魏小安等，2003）；②旅游强国主要体现在产业素质、市场开拓能力、开放意识、基础设施、整体竞争力等方面（刘细平等，2008），以及在旅游市场、产业规模、产品结构、设施配套、产业形象、行业管理等方面（范业正，2002）；③旅游强国应该是旅游服务贸易中具有很强的国际竞争力，即可以通过构建国际市场占有率等相关指标评价体系来测度（张百珍，2012）；④旅游强国的建设应该充分利用产业环境、旅游资源、市场空间以及产业基础等四大优势（邵琪伟，2005 年 4 月 19 日在青海旅游发展大会上的发言）。

　　（2）国外与本课题类似的研究现状

　　国外没有所谓的"世界旅游强国"这一概念，即使像美国《财富》杂志每年评选的"世界 500 强企业"（原文是 World's Largest Corporations）其实是中文约定俗成的"误译"，正译应为"世界 500 大企业"。事实上，这个排行也只是依据经营收入这一单项指标来排序的。联合国世界旅游组织（UNWTO）每年主要也是按旅游接待人数（或收入）来排序的。只有大（规模性指标）没有强（质量性指标）的排序。但作为旅游目的地国家（地区）的"强弱"属性，可以看作是一个国家（地区）综合性的旅游竞争能

75

力。从这一视角看，迈克尔·波特（Michael E. Porter）著名的国家竞争优势的钻石模型（Diamond Model），对于构建"旅游强国"理论体系具有一定的指导意义。

目前国际上较权威的"旅行和旅游竞争力指数"（Travel & Tourism Competitiveness Index，TTCI）排行榜，是由位于瑞士的世界经济论坛（World Economic Forum）的两位专家珍妮弗·布兰凯（Jennifer Blanke）和西娅·基耶萨（Thea Chiesa）在其主编的《旅行和旅游竞争力年度报告》（The Travel & Tourism Competitiveness Report）中提出的（该报告为双年刊，单年出版）。编委来自 130 多个国家（地区），中国的专家来自国家发改委经济体制与管理研究所和天津财经大学。

"旅行和旅游竞争力指数（TTCI）"旨在对各项因素和政策进行衡量，以便于促进各国旅行和旅游行业的发展，使其更具竞争力。TTCI 是在三个大的变量类型基础上进行编制的，三大分类指数是：监管架构；商业环境和基础设施；人力资源、文化资源和自然资源。

第一个分类指数主要包括与政策相关的因素，这些通常是在政府的权限范围之内；第二个分类指数主要包括与每个经济体商业环境和硬件基础设施相关的因素；第三个分类指数主要包括"软实力"方面的人力资源、文化资源、自然资源。而这三大类指数又被分为 14 个具体的指标。但其中多数数据来源于"高管意见调查（Executive Opinion Survey）"及其他途径。因限于篇幅无法将其计算方法做更详细的介绍，按照这一方法计算出的 TTCI，可以作为旅游强国（地区）参考。从世界经济论坛近三年的《旅行和旅游竞争力年度报告》中计算的 TTCI 看，在 130 多个国家中，我国的排序逐年提前：2007 年居第 71 位，2008 年第 62 位，2009 年列 47 位，2011 年提前到 39 位，但仍在 30 名之后，以这个排序规则看，我国居世界旅游强国仍然非常遥远。

从上面对国内外研究现状的综述可看出，在国内学者研究中，"中国建设世界旅游强国的内涵及指标体系研究"是同类研究中，体系较为完整，涉及因素较多、较全面的成果，不足的是对于资源和环境等软实力（soft power）和巧实力（smart power）等因素几乎没有涉及，此外，对于信息通信技术（ICT）重视不够，只是包含在基础设施中，没有单独列出。

世界经济论坛的 TTCI 似乎更倾向于软实力和巧实力，对于旅游产业和旅游市场规模等旅游业重要经济指标都不涉及，很难完全以 TTCI 来测度和评价"旅游强国（地区）"。此外，TTCI 的一些数据来源于世界经济论坛参会的"企业高管意见调查"，有东道主因素，很难做到客观公正。2011年和 2009 年的 TTCI，不仅东道国瑞士都位列第一，而且相邻的德国、法国、奥地利都分别列在第 2~4 名。

## （二）选题价值和意义

（1）2009 年国务院 41 号文件将旅游业定位于"国民经济战略性支柱产业和人民群众更加满意的现代服务业"，将发展旅游业上升到国家战略层面，而认清旅游强国的科学内涵有利于明确旅游业发展的方向和目标；

（2）由于旅游业是文化性很强的经济产业，也是经济性很强的文化产业。旅游业具有综合性强、交叉性广和渗透性深的特点，研究旅游强国的科学内涵有利于旅游业与相关产业的融合发展，有利于产业转型升级、转变增长方式、促进社会进步和文化"走出去"战略的实施。

（3）探索和构建一个既符合我国国情，又不与国际规则相冲突的旅游强国测度和评价体系，有利于在国际旅游学术圈内发出"中国声音"和掌握应有的"话语权"。

## （二）项目研究的对象及主要内容

1. 项目研究的主要内容

（1）构建旅游强国的理论支撑体系，科学界定旅游强国的定义、内涵与实质。从旅游学理论、比较优势和竞争优势理论、区域经济学理论、产业组织与结构理论、产业生态学理论、经济强国理论、世界强国理论等，形成旅游强国内涵与评估理论基础与分析框架。以旅游竞争力模型、旅游卫星账户体系为切入点深度剖析世界旅游强国的科学内涵。

（2）构建"全球旅游市场与宏观经济运行数据分析与决策支持平台"。在已有的全球 120 多个国家和地区旅游业发展和旅游市场海量数据基础上，广泛收集世行、国际货币基金组织、世贸组织、联合国各专业组织、欧盟、经发组织等国际性组织和其他全球性专业协会发布的经济、社会、文化和环境的统计数据，搭建以国内外旅游市场、经济等主题数据仓库为基础的旅游数据中心。

（3）研究旅游强国的测度和评价方法，寻找出合适的评价因子和权重。通过与 TTCI 的比较研究，一方面对应旅游强国内涵的属性映射出一级指标，另一方面通过基于数据仓库的数据挖掘算法进行影响因素分析、关联度分析对指标进行细分、验证和调整，形成二级指标；通过旅游卫星账户的方法确定各指标的贡献度作为权重。最终以指标体系为依据进一步解释旅游强国的科学内涵。

（4）编制旅游强国指数，并对排序的结果进行解读和分析，给出建设旅游强国的方向和路径。基于形成的旅游强国评价指标体系，分析我国建设旅游强国存在的差距、问题和原因，提出我国旅游产业的新型发展模式和建设路径。

2. 项目研究基本观点

（1）旅游强国的科学内涵应与经济建设、政治建设、文化建设、社会建设、生态文明建设的"五位一体"总布局高度契合，旅游业是践行"五位一体"最直接的载体。

（2）旅游强国的经济属性应充分体现"经济强劲、均衡且可持续增长"的国际共识。因此，在规模、质量、效益、速度和可持续等多个维度都要有所体现，既要有数量指标（如总量指标），也要有结构指标（如人均指标）；既要有静态指标（如年收入额），也要有动态指标（如年增长率）。

（3）旅游强国的指标尽可能采用可量化、可测度、可获得、可核查的，以减少主观性，增强科学性。

## （三）项目研究所具备的基础和有利条件

本课题组成员为高校专任教师、政府机关政策研究人员等，具有较充分的科研时间，课题组所需的资料准备充分，数据完善，基础工作扎实。课题负责人主编的《世界旅游市场分析与统计手册》（中国旅游出版社，2008）和《世界旅游市场分析与统计手册（第二版）》（旅游教育出版社，2012），两册共收集了全球 120 多个国家和地区 1999~2009 年期间旅游业发展和旅游市场的海量数据，2400 多个统计图表。为了更加有效地处理和分析这些海量数据,课题组成员目前正在以此数据资料为基础构建"全球旅游市场与宏观经济运行数据分析平台"。此外,本课题组所在的单位——北京联合大学旅游学院,与对外经贸大学合作建有旅游信息化研究基地(博士后流动站)、北京市社会科学与自然科学协同创新研究基地——北京旅游信息化研究基地也在我院落户,我院还是国家旅游局智慧旅游系列国家标准和行业标准的起草单位,旅游信息化研究基础实力雄厚,在信息化人才、设施设备和系统开发等方面具有明显的优势,上述这些资源和条件都为本课题的研究提供了坚实的基础。

### (四)项目研究的思路及方法

*1. 聚类—层次分析法*

在评价因子的分类定级中,应用类型学研究方法,即从"归纳"到"演绎"进行指标的聚类分析,并借用层次分析法的原理,对同类指标进行分层定级。

*2. 定性—定量分析法*

借鉴旅游卫星(附属)账户的方法,以质性研究确定评价因子的"属性",用计量模型给出各评价因子的等级和权重。

*3. 数据挖掘技术*

应用数据挖掘技术对数据库中的海量数据进行聚类分析、关联分析、异常分析、时间序列分析,对指标进行聚类筛选、建模与假设、验证与预测等。

### (五)项目研究的创新点

1. 研究内容创新,本课题构建的"旅游强国测度和评价体系"中选取的多维评价因子较已有类似成果涉及面更广更全,融合旅游竞争力与旅游卫星账户的创新视角,丰富了旅游强国的理论内涵。

2. 研究手段创新,采用基于旅游主题数据仓库的数据分析。课题所采用的数据来源于"全球旅游市场与宏观经济运行数据分析平台"的数据仓库模型,保障了数据来源的权威性、全面性,以及数据指标体系、元数据体系的统一性、规范性。

## 五、项目研究的最终成果及获奖情况

目前，本项目的最终成果正在修改中，尚未结题。本项目在研究过程中，以国家社科基金重点项目（13AJY016）资助发表了以下学术论文（以及奖项）：

（1）张凌云，兰超英，齐飞，吴平. 近十年我国旅游学术共同体的发展格局与分类评价——基于旅游学术期刊论文的大数据的视角 [J]. 旅游学刊，2013，28（10）：114-125.（本文获国家旅游局 2015 年度优秀旅游学术成果学术论文类二等奖。此外，本文应邀译成英文在国际旅游学术权威期刊《Tourism Management》2017 年第 58 卷上发表）

（2）张凌云，齐飞，吴平. 近十年我国旅游学术共同体成果的 h 指数测度与评价 [J]. 旅游学刊，2014，29（6）：14-23.

（3）张凌云，齐飞，黄晓波，黄玉婷，张雅坤. 2003-2014 年我国旅游学术期刊和学术论文评价 [J]. 旅游学刊，2013，28（10）：114-125.

（4）张凌云，金洁，魏云洁，孙业红. 中国旅游研究的国际影响力分析——基于 2001-2014 年中国学者旅游类 SSCI 论文统计分析 [J]. 旅游学刊，2015，30（12）：85-100.（本文被《人大复印报刊资料·旅游管理》2017 年第 1 期全文转载）

（5）乔向杰，张凌云. 我国国际旅游收支逆差的成因研究 [J]. 经济研究参考，2015，2663（31）：76-84.

（6）乔向杰，张凌云. 旅游恩格尔系数的概念辨析和理论探讨——兼与孙根年、刘思敏等先生商榷 [J]. 人文地理，2016，31（2）：24-28.（本文被《社会科学文摘》2016 年第 6 期全文转载）

（7）张凌云，乔向杰，黄晓波. 中国学者在世界旅游研究中的影响与贡献——基于 2005—2015 年 ScienceDirect 文献统计数据 [R]//2015—2016 年中国旅游发展分析与预测（旅游绿皮书），北京：社会科学文献出版社，2016：69-87.

# 文化旅游资源挖掘与体验式平台研发与示范

## 一、项目类别

国家科技支撑计划项目

## 二、项目负责人

黄先开，管理学博士，教授，博士生导师。主要研究领域为计量经济学、旅游管理和高等教育管理，目前主持一项国家科技支撑计划项目和一项国家自然科学基金项目。在《管理科学学报》《中国高教研究》和《中国大学教学》等国内外刊物发展论文50多篇，出版专著6部，获国家级教学成果二等奖两项，北京市级教学成果一等奖四项。

## 三、项目研究团队

本项目40名研究团队成员分别来自北京联合大学、首都博物馆和北京网智天元科技有限公司，其中教授7人、副教授10人、讲师23人。具有博士学位人员比例达50%以上。

# 四、项目研究简介

## （一）项目研究的对象及主要内容

1. 研究对象

本课题以首都博物馆、河南宝丰清凉寺汝官窑遗址博物馆、山东枣庄市博物馆等为对象，进行文化旅游资源挖掘与体验平台研究。主要实现以下目标：

（1）充分挖掘我国文博旅游资源的文化内涵和旅游价值，研究人机交互及智能挖掘技术，实现文博旅游文化与科技深度融合，以高新技术创新旅游资源的体验与展陈方式，提升游客的切身体验，赋予游客精神愉悦和心灵提升，并融文博历史的教育于潜移默化之中。为旅游文化提供新颖高尚的文化产品展示与娱乐设备，引领旅游文化与科技融合新业态。

（2）通过构筑博物馆大数据资源平台，实施多博物馆资源与展示平台标准化与信息集成，采用智能挖掘技术挖掘分析多博物馆的游客兴趣、鉴赏和消费模式，通过互联网、移动互联网和移动智能终端等传输渠道，开发文博内容的多维立体展示、智能交互体验与营销信息推荐服务，实现博物馆文化智能挖掘与游览体验系统。

（3）建立文博旅游的文化与科技融合示范基地，以点带面形成示范并向全国辐射推广。

2. 课题主要研究内容

课题以智能化的信息技术和博物馆大数据资源平台为支撑，以文物实体与虚景结合为游客提供全方位、超时空的博物馆文化旅游体验，开发一个博物馆文化智能挖掘与游览体验系统，并选择 1 个以上博物馆（首都博物馆、河南宝丰清凉寺汝官窑遗址博物馆或山东枣庄市博物馆）做应用示范，具体包括：1 个博物馆文化智能挖掘与游览体验系统，2 个行业信息标准规范化草案，3 个系统平台，突破 4 项关键技术，获取 5 项创新知识产权。重点研究以下内容：

（1）次博物馆资源数据文化内涵及旅游价值数据标准研究，研究并形成具有博物馆文化内涵与旅游特色的数据信息标准规范草案。具有旅游价值与文化内涵知识的在线智能挖掘；游客行为的数据获取及游客行为的智能分析；挖掘的评价指标与决策支持研究，智能挖掘系统平台开发与应用示范。

（2）博物馆旅游文化营销、推广展示与集成平台的开发

智能化博物馆旅游文化展示平台集成标准化规范研究，并形成多博物馆集成的接口技术信息标准规范草案；多博物馆无缝智能集成的关键技术研究；移动互联网络、智能终端的访问博物馆展示与营销服务的关键技术研究；智能化博物馆旅游文化营销、推广展示综合集成平台开发与应用示范。

（3）智能感知与虚拟游览系统平台的开发

文物智能感知及响应技术研究；跨平台、多语言交流导游技术研究；虚拟博物馆旅游与交互体验关键技术研究，博物馆智能感知、旅游路径导航关键技术研究；博物馆互动游戏与体验文化营销研究；旅游路径自助导航系统平台开发。

## （二）项目研究的技术难点和问题分析

1. 博物馆旅游模式创新与文化价值的智能挖掘

由于博物馆众多、特色各异、文化内涵丰富，如何挖掘博物馆各自的特点和蕴含的文化价值，提出既适合旅游开发的创新模式，以充分反映出博物馆社会价值、资源价值以及经济价值，更好保护博物馆的资源，是必须研究的重要内容，也是必须要突破的关键技术。

待解决的问题是，博物馆服务语义字典、文化内涵与旅游价值智能数据收集挖掘技术、基于游客特征和行为的用户偏好分析与建模、博物馆旅游品牌营销、旅游服务推荐算法等，是研究的难点。

2. 多博物馆旅游与文化展示平台的标准化关键技术

博物馆数据共享的标准化接口设计是实现跨区域、跨部门、各博物馆之间的系统集成的关键，是研究的重点之一，需要攻克多系统、多功能、多角色、多层次、多级权限技术，实现各博物馆之间的无缝集成。利用博物馆行业中文分词与博物馆知识库，实现博物馆知识自动检索、分类，为建立适合多维展示系统的数字化博物馆资源中心、实现博物馆知识的智能查询提供支撑。待解决的关键难点问题包括：基于元搜索和语义字典的博

物馆旅游服务在线信息精准搜索、知识自动检索和分类集成。技术难点的核心是多博物馆数字媒体资源集成平台的海量信息储存、组织、交换、共享、融合方法与技术。

3. 基于智能终端定位的远程网络平台博物馆展示技术

利用互联网、移动终端、智能定位、云平台支撑等，建立可以集成各类资源和应用，并提供一体化服务的数字博物馆旅游展示服务系统，实现信息资源集成。智能手机和 iPad 等相关终端系统等不断更新换代，对技术要求和规范标准也需要不断跟进。对于新技术的出现和更迭，需要做好预先的判断和相应的知识培训；需要对潮流技术进行深入了解。文物智能感知与响应技术是一个重要的技术难点。

## （三）项目研究的课题技术方案

课题从公众的游览角度出发，采用旅游消费中的"体验消费式"，以"六元五化"手法，即"视、听、行、知、购、娱"六元和"特色文化主题化、服务个性化、需求便捷化、系统集成化、体验互动化"五化，基于博物馆的分层次数据资源整合与业务整合，使用智能机器人挖掘技术挖掘博物馆藏品的文化内涵与旅游价值，使用图像识别、移动智能终端等智能感知技术、虚拟现实技术、多路叠加技术和互动体验技术等新技术，开发数字博物馆集成、检索与展示系统，从互联网、移动网络、智能终端等多种媒体方式为参观者提供超时空的新媒体的博物馆知识检索与展示服务，从而提升游客游览和观赏博物馆的品质，多渠道展示博物馆文化价值。

1. 课题设计体现博物馆旅游"六元素"创新模式

旅游六要素中包含"吃、住、行、游、购、娱"。

（1）构建博物馆旅游"听"元素

表面看来，博物馆所展示的是沉寂的"死"的文化具象，但这些静止的文化实物完全可以在博物馆的工作人员特别是科研队伍的努力下挖掘其文化内涵，通过构建语音讲解导航系统展示给游客。

（2）构建博物馆旅游"视"元素

博物馆简介、展品说明、导览系统，博物馆中充满了大量静态的文字、图像需要游客去研读。冰冷的文字配合冰冷的展品很难激起游客的认知欲，而长时间的阅读、听更会造成游览疲劳，严重降低游览体验。3D模拟动画、情景展示空间、卡通形象导示系统等影像、模拟场景等多元"视"元素对文字说明的替代将大幅减少游客文字阅读数量，让游客在轻松、愉悦、动感的环境中了解博物馆展品。

（3）构建博物馆旅游"行"元素

借助博物馆导航定位、导游系统，对旅游者进行线路导航，通过热点激化，可为游客通过视听元素讲解博物馆馆藏品历史背景、文化内涵，每件展品的精彩知识，比如它们在何时代产生，出自谁人之手，是否曾属于某个重要的历史人物，或在历史中有何重要意义，以引发参观者各种丰富的联想。此外，还可以为旅游者提供博物馆的周边环境、卫生间的位置、餐区信息和博物馆纪念品信息等。

（4）构建博物馆旅游"知"元素

当前市场收藏越来越热，参与收藏的人越来越多，但了解收藏以及考古知识的人却很有限。博物馆需要通过智能化的手段为游客提供多渠道检索与归类博物馆文化、历史和知识，既普及知识，又满足了大众对收藏和历史文化的求知需求；同时，游客可以从博物馆走出去，在家即可感受的博物馆文化价值。

（5）构建博物馆旅游"娱"元素

作为社会教育机构的博物馆与满足观众的娱乐性需求之间是一种既对立又统一的关系。博物馆展览在满足人们理解世界、解释过去和现实、探索未来的学习过程中，也要满足游客在博物馆体验中的娱乐需求。因此博物馆需要依托新一代互联网技术和网络展示手段，提供生动多样、互动性强的虚拟博物馆旅游，增强线上内容与线下活动相结合的旅游与文化展示互动体验，实现如智能虚拟导游、互动游戏、互动体验等娱乐活动。

（6）构建博物馆旅游"购"元素

博物馆具有开发旅游纪念品的优势，以其收藏的丰富多彩的历史文化资源为依托，开发生产的纪念品具有实用、欣赏和收藏价值，彰显历史文化的个性，能激发人们求购的欲望和吸引大众，带来丰厚的经济回报。同时，为了更好实现"购"的元素，需要构造多渠道的博物馆营销平台，更好地推介博物馆文化价值。

2. 课题设计体现博物馆旅游的"五化"手法创新

在课题设计上博物馆集成、检索与展示系统将体现博物馆的内容主题化、展示个性化、系统集成化、搜索查询智能化和游览体验互动化。

（1）博物馆系统设计体现文化主题化

好的主题是迈向体验之路的第一步，也是最关键的一步。主题化展览在传统的博物馆中已经有所体现，但完全可以做得更好。因此，项目将通过现场实地考察、座谈、问卷调研、网络检索数字博物馆等多种方式调研博物馆的各个藏品，充分挖掘博物馆中基于每一个系列展品独特的历史背景，提炼一个能够吸引观众的体验主题，能够使观众在难忘的体验中受到历史的熏陶，做到寓教于乐。

（2）博物馆系统设计体现用户的个性化

系统将分析社会公众的信息获取、接收习惯和对复合信息的接收效果，建立统计分析模型。在已有成果的基础上，分析和提取博物馆的历史、艺术和科学价值信息特征，提炼多维博物馆展示的方法，打造以观众为本的博物馆在线展示。由封闭逐步向互动、开放的动态形式转变。通过一系列充满人文情趣的设计理念，把历史、文化等专业知识通俗化，在遵循科学性的前提下，挖掘陈展的趣味性，达到寓教于乐的目的，为不同用户设计不同的个性展示系统。

（3）博物馆系统设计体现体验互动化

玩，是体验式消费的重要环节。博物馆怎么"玩"，怎么与游客互动，是关系到提升游客文化兴趣的重要问题。项目将设计博物馆互动环境，例如，当前比较典型的互动模拟考古，在一个模拟考古区内用虚拟工具进行一系列考古发掘，成功以后，可以获得一定的积分或奖品，这种模拟发掘能够提升游客对于考古的兴趣。此外，多方互动是博物馆开发潜在游客、增加额外收入的重要途径，同时也可以借鉴互动游戏作为销售纪念品的重要渠道。

（4）博物馆系统设计体现知识的获取智能化

博物馆展品都是劳动的结晶，但我们需要了解的不仅仅是这些"结晶"，更是隐藏在这些结晶背后的生产生活和劳动，以及丰富的文化内涵。项目将通过机器人智能搜索集成和知识本体分类技术，通过网络在线为用户提供丰富的文化知识。

（5）博物馆系统设计系统体现集成化

通过互联网标准化关键技术集成已有的博物馆系统，为新的博物馆提供标准接口，建立多层次博物馆集群系统，以延伸博物馆的传播范围。现代社会是一个网络时代，网络已影响到各行各业及每个家庭，充分利用计算机技术、网络技术，为大众提供相关的各种资讯，是博物馆调整服务方式、延伸文化休闲服务功能的良好平台。项目将发挥现代传播网络的巨大作用，通过网上发布博物馆知识、展览资讯、本地区历史文化介绍及网上办展的形式扩大传播的辐射范围，使博物馆能够跨地域发挥作用，让更多的人能够通过网络了解博物馆的展览内容，获取各种知识。

## （四）项目研究的创新点

1. 基于网络智能机器人的深网文物数据智能挖掘分析

网络智能机器人，内置多种网页浏览器的模拟器，用户只需点击鼠标进行选择，不但可以灵活定义网页中要采集的任意内容（如文字、图片），而且可以完全模拟用户浏览操作网页的所有步骤（如输入注册信息、循环、翻页等），并自动形成一个网络智能机器人，实现智能博物馆的自动采集集成。网络智能机器人可以批量运行于分布式环境下，采集的结果可以存放在任何类型的数据库中。采用网络智能机器人聚集博物馆数字媒体资源，基于多维数据分析与行为模型，进行多层次价值挖掘模型，提供便捷化、个性化与主题化的博物馆旅游文化服务。

2. 基于旅游大数据理论、本体知识库的统一文博门户智能搜索无缝集成

基于海量的互联网百科知识库中的旅游信息，构建超大规模旅游大数据、本体知识库，支持数据库、互联网、文件系统、内容管理系统等多种数据源统一智能搜索；搜索方式除了涵盖传统的关键字、布尔表达式、字段匹配搜索等外，还支持概念搜索，训练搜索，搜索导航，搜索聚类，能对用户搜索偏好和对结果拟合度的选择进行学习，以提高搜索结果的准确度和价值。采用多维多层次的展示技术和基于网络智能机器人的智能博物馆数据集成技术，实现多博物馆数据无缝集成。

3.基于移动终端的博物馆智能感知游览体验互动服务

实现博物馆文物的全方位智能感知，提供超时空博物馆游览互动体验服务。以互联网、移动终端网作为支撑、以构建多层博物馆数据中心为核心，通过互联网平台、虚拟现实技术、移动网络技术作为系统平台，从互联网、移动网络和智能终端等多种方式为参观者提供超时空展示服务出发，重点研究多渠道的数字博物馆展示与营销平台；分析智能移动终端的特点，形成远程网络、移动网络在线展示与营销平台，并提供示范服务。

# 逆城市化过程中的城乡时空置换以及低碳休闲旅游养老利用机制研究

## 一、项目类别

国家社科基金一般项目

## 二、项目负责人

刘啸，教授，博士，高级经济师，高级景观规划师，国家 5A 级景区评审专家库成员。中国旅游战略规划研究中心主任，智慧旅游团队负责人，北京市中青年骨干教师。主要研究领域为旅游心理、旅游规划、低碳旅游、旅游养老、国家地质公园、矿山公园等。

## 三、项目研究团队

课题组的成员学科背景互补性很强。9 名成员中有 5 名博士、1 名在读博士、3 名硕士。团队成员研究领域涉及地学、生态学、市场营销、管理学、投资分析、数学和智慧旅游。

## 四、项目研究简介

### （一）项目的选题背景及意义

本项目研究是根据城市发展过程中所出现的典型现象为背景，研究的内容具有广泛的社会价值和意义。

1.城市化问题亟待解决

雾霾、缺水、交通拥挤已经成了全国城市化的通病。"雾霾"已波及 25 个省份，100 多个大中型城市。钟南山就曾明确指出，PM2.5 的增加与人的呼吸系统疾病密切相关，有统计数据表明，北京地区的肺癌发病率，近 10 年增长 40%。马云说，相信十年后三大癌症将困扰中国每个家庭。缺水，全国有 420 多座城市供水不足，其中 110 座严重缺水，缺水总量达 105 亿立方米；此外城市空气、噪声、垃圾等污染问题；人文关怀缺失，生活和生态空间狭小；交通拥堵现象已经成为城市的顽疾；研究表明大城市上班族亚健康状态的员工占比高达 48%，北京达到 75.3%。

2.城市化空化使大城市的集聚效应失去意义

1982~1990 年间，北京市全市人口增长率为 17.2%，其中内城区人口的增长率为 – 3.28%，而近郊区的人口增长率为 40.46%。广州、沈阳、大连、苏州、杭州、重庆等市中心都有不同程度的人口外迁。

3.乡村资源浪费严重

一是村庄房屋空置率居高不下。地处胶东半岛的乳山是山东省 30 强县市之一，乳山市政府开展的农村住房调查显示，与南部沿海多数村庄大约 10% 的房屋空置率相比，北部内陆山区经济薄弱村的空置率在 26% 左右，部分村庄的空置率甚至在 40%~50%。全市农村空置房（宅地）达 30704 栋，占空置房总数的 75%。据对北京市门头沟区潭柘寺镇王坡村的调查，原村里有 800 多人，现在长期居住的不到 300 人；二是空心村综合整治潜力超亿亩。2012 年 3 月，中国科学院地理科学与资源研究所对山东、河南等地 4.6 万宗宅基地、6500 余农户调查发现，农村宅基地废弃闲置量很大，打谷场、村边林、取土坑塘等村庄附属用地粗放、利用效率极低，整治可净增耕地 13%~15%。经综合测算与评估表明，全国空心村综合整治潜力可达 1.14 亿亩。

4.逆城市化理论亟须建立

中国是不是也要走国外先城市化后逆城市化的路子，既是一个现实问题同时也一个重大的理论问题。如果我们也盲目地这样走必然会造成巨大的浪费。城市居民逆向迁移机制是中国逆城市化的核心问题，通过对它的研究，可以预测今后不同城市类型居民的逆向迁移趋势、辐射范围，以便合理开发和保护乡村现有自然资源、人文资源，避免盲目跟风地开发。

## （二）项目研究的相关述评

虽然一些学者在城市化的源头、新型城市化模式和智能化城市等问题的研究中对农村闲置资源的利用问题做了不少非常有价值的探索，但随着近几年我国逆城市化现象的不断出现，从逆城市化的角度探讨这一问题就成为一个急迫而重要的课题，随着研究的深入将有助于对城市化的源头研究提供一种新的理论范式。

1. 国外逆城市化提出很早，国内研究刚刚开始

埃比尼泽·霍华德（Ebenezer Howard）1898 年发表了名为《Tomorrow: A Peaceful Path to Real Reform》一书，提出了著名的"田园城市（Garden City）"理论，被认为是最早提出逆城市化思想的研究者。真正意义上的"逆城市化"出现在 1970 年后的美国，并被美国地理学家波恩 1976 年命名。日本战败后的经济高速增长都受益于城市化和发展大城市的战略（佐藤城，2011，凤凰网资讯）。1973 年，日本城市化水平达到 71%。随后，一些人开始从他们居住的大城市迁出，回到了传统的农社，这导致了大城市中心城区人口减少的空洞现象，也就是国际上的"逆城市化"现象。

在中国逆城市化研究刚刚开始。就在各地如火如荼地推进新型城镇化建设之际，一些地方出现了原有城市户籍人口希望换成农村户籍的疑似"逆城市化"现象（柯敏，2012）。随着我国城市化进程的不断加快，大城市交通堵、就业难、房价高、看病贵等"城市病"问题越来越突出，在一些地方出现了城市人口向农村或者远郊转移的现象，如"逃离北上广""非转农""城转农"，等等（王军，2013）。在集聚经济的作用下，城市的土地和劳动力要素供给增长缓慢，其相对价格上涨；密集使用相对价格较高的要素的产业，成为城市中的比较劣势产业，被迫逐渐转移出城市（陈明生等，2010）。要积极有效应对"逆城市化"和"滞后城市化"现象，户籍制度改革要解脱依附于户口的诸多利益（陈雪娟，2013）。成都市逆城市化趋势发展目前给城市边缘区域及郊区带来了承接人口转移和产业转移的发展机遇（贺业贵，2011）。逆城市化只是一种局部现象，中美两国的城市化进程均未发生逆转（张准，2012）。

不难看出中国的逆城市化研究尚在"有无"的讨论当中。

2. 一些城市郊区已经自发地开展一些有益的探索

何斯路，距离义乌市区 20 公里，只有 370 户人家的小村子，可这两年来自俄罗斯、乌克兰、马来西亚、韩国不同国家的外籍商人，却把家安在了这里。原因是通过建何斯路村网站、开通村主任博客、把村里的房屋外墙给美院学生当画布、举办村庄酿酒节、筹办农民会所、在村里搞美食街、联合 8 个村庄种薰衣草、举办孩子暑假夏令营、建立村功德银行。村里原先每公斤 5 元的黄酒，卖到了每公斤五六十元还供不应求，土豆、萝卜、番薯、毛芋、花生、玉米等土特产品，都成了游客的最爱。目前，每亩薰衣草有 10000 元的收益，并且已与周边的 8 个村签约，将建成整片的 3000亩以上的薰衣草种植基地，然后进行深加工，形成集种植、加工、销售为一体的现代农业企业。把何斯路打造成旅游、养老、休假一条龙服务，集居住、餐饮、娱乐于一体的特色村，才是他们的下一步目标。

北京密云的薰衣草园、上海市奉贤现代农业园区、广州市增城朱村街等既为城市居民提供了良好的休闲娱乐场所，也使当地农民实现了增收。2012 年朱村街累计实现工业产值 64.09 亿元，实现农业产值 89232 万元，农民人均纯收入达 8015 元。

何斯路的幸福密码、密云薰衣草的花香、上海奉贤的订单式生产、广州朱村的生态新城，都尝到了借助大城市人们对自然生态的觉醒带来的机遇，但是这些仍然是一种没有理论、没有系统的探讨，还没有真正认识到逆城市化的必然。

### （三）项目研究的对象及主要内容

本项目研究的主要内容分为三个部分：

1. 城市居民逆向迁移机制的研究

该研究通过抽样调查方法，了解一线、二线和三线城市居民以旅游休闲为目的的逆向迁移行为，即不同经济实力和需求的城市居民逆向迁移的动因、方式和距离等问题，并建立基于 GIS 的经济—地学扩散模型，如城市趋向于旅游城市的迁移、城市趋向旅游景区的迁移和城市趋向郊区农村的迁移，其中重点是城市趋向郊区农村的迁移研究。

本研究在这部分特别注重不同的城市经济发展类型、市民消费心理以及心理预期对市民逆向迁移居住（休闲旅游）的影响。

2. 城乡空房的旅游价值评估与时空置换研究

由一部分城市居民率先逆向迁移到乡村置业和农村空闲的房屋。这些房屋属于产权房。这种产权房有两个特点：一是分散和缺乏管理；二是房屋主人只是短期居住。如果引入"产权酒店"和"分时度假"的概念，利用这些房屋在时间上的再分配，就可形成供更多人休闲度假的利用和"第三方管理"的休闲旅游资源。这种资源的特点是产品利润与边际成本（效益）相关，而对于休闲度假旅游者来说与机会成本相关。在此基础上，通过计算机仿真模拟，对这种休闲旅游资源的价值进行评估。同时，这种休闲旅游资源如何提高其吸引力，提高其利用价值，突出其自身的特色，增强对城市居民的吸引力。

3. 低碳和谐休闲旅游养老社区的建立模式研究

城市居民和农村居民合住在一起，必定形成一种新型的社区。这种社区现在是极为不成熟的，因为它们目前还没有像城市那样完备的配套设施和政策的扶植。为了避免这种无序的发展造成对环境再次破坏和出现政策扶植的真空区，我们引入低碳旅游的理念和技术，如绿色能源（包括太阳能、风能、地热能、沼气）、节水技术、液态污染零排放和固态垃圾回收等技术的应用，研究以环境保护为主，多元文化融合为根本，引导乡村居民保护好自然环境和民俗文化，以政策扶植为保障，建设低碳和谐休闲社区，以实现资源可持续利用。

## （四）项目研究所具备的基础和条件

目前我们已经建成了 10 个实验室、2 个研究基地、8 个研究所、2 个人才培养基地和 3 个研究中心。

10 个实验室：2012 年我校开始建设了面积 15000 多平方米的实验大楼，其中分给旅游学院的是面积 1800 平方米的，投资 2 亿多元的实验室。其中包括旅游创意策划沙盘室、旅游创意策划制图室、旅游产品开发影视制作室、旅游虚拟体验中心、旅游管理与运行质量评估室、旅游项目等级鉴定室、旅游信息发布中心、旅游预测中心、旅游新技术实验室、旅游电子商务实验室。

2个研究基地：城市可持续发展研究基地和休闲服务标准化科研基地。

8个研究所：已经建成了旅游研究院，下设旅游规划研究所、旅游信息化研究所、休闲与生活方式研究所、旅游环境与公共服务研究所、旅游统计与预测研究所、旅游产业研究所、休闲与旅游标准化研究所、文化与遗产旅游研究所8个研究所。

2个人才培养基地：旅游信息化人才培养基地、首都集团人才实践教学基地。

3个研究中心：旅游信息化研究中心、北京旅游环境与公共服务研究中心、北京旅游市场国际化研究中心。

北京联合大学还有北京学研究基地，可供我们研究使用。在北京市南郊还有150平方米的低碳实验室。

### （五）项目研究的思路及方法

1. 基本观点

一是不能容许中国的城市化问题到了无以复加的情况下再依靠自然协调来实现逆城市化。

二是以国外的百分比标准衡量中国的城市化问题不科学，中国城市化应该定一个上限。

三是要以业缘引导逆城市化，本研究的重点是集中在乡村旅游。

四是与城市化相比逆城市化是抗引力方向的，必须借十八大的农村土地流转契机创造激励机制。

五是利用低碳旅游的理念和技术，建立低碳和谐休闲社区，提倡多元文化的交流与融合，以达到旅游资源的可持续利用。将产业、扶贫与旅游进行有机结合，为郊区脱贫致富、民俗文化的保护寻找真正的出路。

2. 研究思路

本课题研究从社会系统的视角出发，以中国城市化进程中城市居民逆向迁移（逆城市化）为研究对象，依据现代城市化、逆城市化和产业集聚理论，主要采用实证调查、文献研究、实验研究、计算机仿真模拟等方法。从实践研究入手，选定试验城市和地点，建立数据库，研制和筛选各种成熟模型；探讨建设新的模型；总结推广，并形成中国式逆城市化理论。

为了提高本研究的工作效率，在研究技术线路上，特别注重试验的设计方案和数据的获取方法，以提高试验结果的真实可靠性。

（1）经济—地学数理模型试验设计：a.影响因素：地域差异；城市规模，经济实力，城市压力，居民偏好；b.设计要求：比较递增或递减试验，可辐射范围试验；c.试验城市（地）选择：一线城市北京、上海、广州，二线城市石家庄、长沙、西安，三线城市榆林、常德、信阳，旅游城市三亚、青岛、蓬莱，农村北京市郊区、上海市郊区；d.初步方案：北京、上海、广州城市居民逆向迁移横向比较研究，一线、二线城市居民逆向迁移纵向变化研究，以一线、二线城市为中心城市居民向周边（郊区）迁移辐射范围的研究，以农村为吸引力中心的影响力研究。

（2）计算机仿真实验：对于分散在旅游城市、旅游景点和农村的城市居民物业和空置的房屋，可视为一种优良的旅游资源来管理，如第三方时权管理法，其产生的边际效益和机会成本可以采用计算机仿真的方法，来评估这种巨大潜在价值（详见图1）。

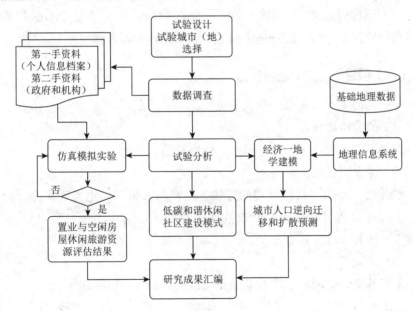

图1　研究技术线路示意图实验

3. 研究方法

（1）实证研究法：本研究将采用调查研究法、实地研究法和统计分析法等多种方法来获取数据和分析数据。调查研究法与一般的市场问卷调查有所不同，特别注重参与调查人员的真实合作程度，以获取样本的有效数据。在获取第一手资料的同时，也收集和整理二手资料，这些资料主要包括：区域的经济发展、城市建设、交通、环境、资源、居民收入等数据。同样，实地研究以旅游城市、旅游景区和城市郊区的私人业主为主，获取个量数据，以达到抽样样本数据的真实可信的目的，并以此将建立经济—地学模型。

（2）成本核算法：将主要采用经济学中的边际成本（效益）和机会成本的计算方法，评估旅游资源价值。

（3）仿真模拟法：利用计算机能产生与实际效果相当数据的办法，在改变模型变量和参数的基础上，由计算机产生随机样本，来模拟实际的情况，并与实际数据比对，来检验模型的正确性。

（4）地理信息系统（GIS）和定位系统（GPS）：建立基于 GIS 和 GPS 试验地理数据库，为经济—地学模型、吸引力模型建模做好准备。

## （六）项目研究的计划及安排

1. 研究的重点、方法及研究基地

（1）研究旅游重点

养老、老年人需求、养老模式、低碳旅游。

（2）课题完成的方法

本课题主要采取目标管理的方法，经费和人员都以论文完成为分配依据。本课题设指定性课题和开放性课题两种。指定性课题主要为子课题，共设 5 个；开放性课题设 1 个。

（3）研究基地

研究基地分全国面上调查基地和北京重点调查基地两部分。

面上调查研究基地，包括西安、湖南、杭州、海南、上海、广州、南戴河、石家庄、长沙及部分三线城市，如榆林、常德、信阳、三亚、青岛、蓬莱等。

北京重点调查基地，包括朝阳区大屯路街道办事处、望京养老院、阳光养老院、顺义养老院。

（4）时间安排

北京周边调查在 2014 年 10 月至 12 月进行；外省市调查在 2015 年 1 月至 10 月进行。

（5）调查对象

调查对象包括群体对象（社区、大屯社区老年人）、典型案例（选择 10 个典型案例进行跟踪调查）、政府机构（国家老龄委、民政部；北京市老龄委、民政局；朝阳区老龄委、民政局；大屯路老龄委、民政局）、养老机构（阳光社区、何斯路、乳山）、具有可发展为养老基地的乡村（门头沟王坡村、顺义、平谷、怀柔等若干）。

2. 子项目的设置

（1）国家养老政策和战略研究

研究内容包括：国家医疗、环境、保险等政策法规、土地和老年人资产处置，如国家养老政策、养老地产、养老产品、养老学会、养老社区建设的标准。

（2）老年人需求和支付意愿调查研究

研究内容包括：老年人需求和支付意愿调查，如生理需求、生活需求（消费需求、养老最理想的生活模型）、医疗需求、社会需求（养老社区建设的标准）。

（3）养老模式研究

研究内容包括：中国目前的养老模式评述，国外养老模式评述，未来可能的养老模式探讨，旅游养老模式探讨。

（4）城乡空间互换可行性和驱动力研究

研究内容包括：旅游城市、旅游景区和城市郊区的私人业主为主，建立经济—地学模型。闲置资源价值评估，建立基于 GIS 和 GPS 试验地理数据库，为经济—地学模型、吸引力模型建模。

（5）低碳及度假机制研究

（6）休闲养老低碳旅游研究（开放性课题）

**（七）项目研究的创新点**

本研究将我国逆城市化、国民休闲计划和创建低碳和谐休闲社区统一起来进行考虑，将几个不同领域的问题统一在"时空置换"上，即迁移和旅游都是以人力—物力时空置换的方式，提出了"中国城市化的一种新范式"，是地学理论在旅游、社会和经济方面的应用，也是人文地理的一种实践检验。

实践上的创新，一是以一种业缘引导逆城市化，尤其是以旅游休闲，以农村空房的再利用作为突破口；二是统筹城乡资源；三是利用低碳技术；四是合理利用逆城市化趋势，建设节约型社会、和谐社会和低碳社会。

# 跨境游客往来便利化的制度性障碍分析及对策研究

## 一、项目类别

2016 年国家社科基金青年项目，项目编号：16CGL030。

## 二、项目负责人

张金山，产业经济学博士，副教授，主要研究城市发展与旅游经济、跨境旅游合作、旅游规划、旅游房地产等，曾经在国家旅游局政策法规司、北京市旅游委行业监督管理处以及焦作市旅游局等政府机关挂职，在《旅游学刊》《经济管理》《环境保护》《中国旅游报》《中国旅游绿皮书》《北京旅游绿皮书》等发表与旅游发展相关的文章 30 余篇，主持国家社科基金一项，负责或参与国家发改委、中国社科院、国家旅游局、北京市旅游委等部门纵向或横向类科研课题 30 多项，负责或参与西双版纳州、湘潭市、阜新市、长株潭城市群、通州北运河等区域或跨区域旅游规划项目累积达 40 余项。

## 三、项目研究团队

本项目研究团队有 6 人，年龄在 24~34 岁，其中有 3 名博士、2 名在读博士、1 名硕士，分别来自北京联合大学旅游学院、国家旅游局政策法规司和中国社会科学院研究生院，研究专长涉及出入境旅游发展与政策、旅游服务贸易、边境旅游发展、中俄跨境旅游合作、旅游产业经济和旅游管理领域。

## 四、项目研究简介

### （一）项目的选题背景及意义

当前，我国的对外开放已经全面步入贯彻"一带一路"战略和自由贸易区战略为主导的新阶段，贸易结构不断从货物贸易向服务贸易转型升级。游客跨境流动是以人员的相互往来为主要表现的服务贸易形式，国外游客入境相当于货物和服务的就地出口，国内游客出境相当于货物和服务的进口。当前，旅游服务贸易进出口均位列各服务贸易子项中的最大部分。十八届三中全会提出要加快沿边开放步伐，允许沿边重点口岸、边境城市、经济合作区在人员往来、旅游等方面实行特殊方式和政策。十八届五中全会提出发展更高层次的开放经济。2016 年 1 月，国务院发布《关于支持沿边重点地区开发开放若干政策措施的意见》明确要求破解体制性障碍，出台有利于促进游客跨境往来的新政策。

我国边境地区及与之接壤的周边国家旅游资源丰富、异域风情浓郁、民族风情浓厚，依托边境城市发展的出入境旅游有着巨大的吸引力。然而长期以来，沿边城市的对外开放工作，主要围绕货物往来而开展，以此为出发点签署的双边口岸、交通运输协议以及外交、公安、交通、海关、口岸管理、旅游、检验检疫等部门建构的系列制度在保障游客往来便利化方面存在很大缺陷，将游客交往限定在非常狭窄的领域、空间和时间范围之内。在新的开放背景下，研究跨境游客往来便利化，对于促进与周边国家民间交往，经略周边，扩大沿边对外开放水平，促进旅游服务贸易自由化和做实"一带一路"战略等方面具有重要意义。

### （二）项目相关的研究述评

跨境游客往来，在我国一般称为边境旅游。为全面规范边境旅游的开展，1996 年 3 月，国家旅游局等部门制定的《边境旅游暂行管理办法》将边境旅游界定为经批准的旅行社组织和接待我国及毗邻国家的公民，集体从指定的边境口岸出入境，在双方政府商定的区域和期限内进行的旅游活动。国内学者的一些研究，主要集中在边境旅游的作用，边境旅游发展战略，黑龙江、辽宁、广西及西部地区等沿边地区边境旅游发展的现状、发展思路以及边境旅游联合营销等方面。曾经发展的边境旅游，在实践过程中还包括国内旅游者没有跨出国门而在边境地区的旅游活动，而本研究的跨境旅游，重点强调的是国内外游客在边境地区的出入境。

我国开展的边境旅游，在国际上，一般被称为跨境旅游。国外有关跨境旅游的研究，主要集中在跨境旅游合作、欧洲跨境旅游合作、跨境旅游影响、跨境旅游管理、美国和加拿大边境旅游资源管理、加拿大跨境旅游分析、边境地区跨境游客的流动等方面。国外有关跨境旅游或者涉及跨境游客往来的相关研究提到的一些促进游客跨国流动的做法值得参考。由于跨境旅游的开展与国家的对外开放程度和政策、出入境管理以及与周边国家的关系紧密相关，当前不论是国内还是国外相关领域的研究，缺乏结合中国当前的对外开放新背景以及从制约跨境旅游开展根本原因的制度性因素的分析。

### （三）项目研究的对象及主要内容

本课题研究的最终问题是跨境游客双向往来的便利化，可以从不同的层面进行分解。

第一，从研究的主体来说是跨境旅游的游客。这里的研究主体既包括中国公民的出境，也包括接壤国家的入境游客或者通过接壤国家入境的第三国旅游者。根据《中华人民共和国护照法》，中国公民因旅行目的出境需要持普通护照，一般来说首先获得对方国家的签证；根据《中华人民共和国外国人入境出境管理条例》，接壤国家的入境游客或者通过接壤国家入境的第三国旅游者是指通过我国普通签证类型中的 L 字签证或者是团体 L 字签证的入境旅游者。

第二，从研究的地理范畴来说是跨越陆地国境线的游客。中国有 14 个陆上邻国，陆地边界线总长度为 2.2 万多公里，跨境旅游的开展，东北和西北方向上主要涉及中俄、中朝、中蒙、中哈等国之间；西南方向上主要涉及中老、中越、中缅等国之间，特别是在西南方向上，除了与直接接壤国家之间的跨境游客往来之外，伴随中国—东盟自贸区升级版建设、大湄公河次区域合作以及泛亚铁路开工建设，人员往来需求不断上涨，还涉及与新加坡、泰国、马来西亚、印度尼西亚、柬埔寨等东南亚国家之间的跨境游客往来。

第三，从研究的客体来说是制约游客跨境旅游的制度性因素。这些制度性因素既包括双边制度性因素，比如双边签证协议、双边口岸管理协定、双边交通运输协定等；也包括单边制度性因素，比如我国的 ADS 管理制度（Approved Destination Status）、边境旅游管理办法、边境旅游项目审批制度以及对方国家有关跨境旅游者的管理规定。这些制度性因素涉及的管理部门，既包括国家层面的外交、公安出入境管理、公安交通管理、交通运输、口岸管理、旅游等部门，也包括边境城市的相关部门，边境城市的相关部门往往根据自身以及对方国家的国情等情况，出台更加具体的管理办法。

### （四）项目研究的重点及主要目标

新制度经济学代表人物科斯认为制度决定着经济绩效，诺斯认为制度制造了人们在政治、社会或经济方面发生交换的激励结构。本课题研究的重点就是那些制约游客双向跨境往来的制度性因素，将那些层层叠叠甚至相互交织的制度性因素进行系统的梳理，以便清楚现有的各类制度性因素对游客跨境流动造成不便影响的方面或环节，结合国家实施"一带一路"战略和大力推动沿边开放和人员往来便利化的新要求，最终的任务或目标是明确需要打破或改革的体制性障碍，结合与毗邻国家的外交关系等实际情况，提出创新体制机制进而能够有效实现跨境游客往来便利化的对策建议。

游客要实现跨境旅游，一般需要经过"成为中国公民出境旅游目的地—申请签证—口岸通关入境"三大环节，游客跨境旅游模型如图 1 所示。

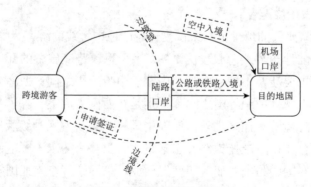

**图 1　游客跨境旅游示意**

　　围绕游客跨境旅游的三大环节，这些制度性因素可以概括为四大类，分别为出入境旅游管理方面、口岸管理方面、签证管理方面以及交通运输管理方面。影响跨境游客往来的主要制度性因素如表1所示。

　　第一，在成为中国公民出境旅游目的地环节，受制于ADS管理制度、边境旅游项目审批制度等，比如根据我国的规定，对方国家只有申请成为中国公民组团旅游目的地，中国公民才能组团前往旅游。第二，在申请签证环节，双方是否给予签证待遇，比如缩短签证时间、延长签证时效、减免签证费用以及给予口岸落地签待遇、免签待遇等将对游客的跨境旅游的便利性产生直接影响。第三，在口岸通关入境环节，根据组团游客或者散客的不同，需要办理不同的通关手续。游客跨境旅游，从交通方式上来说，需要通过陆地边境线上的公路口岸、铁路口岸、港口口岸或航空口岸进出境，因此与对方国家签订的双边口岸管理协定、双边交通运输协定以及国家有关口岸管理的规定对游客出入境的便捷性有着重要影响。特别是近些年，在中俄、中越、中老等边境地区的自驾车跨境旅游需求日益高涨，而有关自驾车游客的管理或制度安排尚属空白（表1）。

表 1　影响跨境游客往来的主要制度性因素一览

| 制度性因素 | | 具体内容 | 涉及部门 | 说明 |
|---|---|---|---|---|
| 出入境旅游管理方面 | ADS管理制度 | 一个国家要成为中国公民组团出境旅游目的地，需要首先向我国提交申请，然后经国务院批准，双方国家的旅游主管部门签订备忘录等程序才能正式启动。 | 外交、旅游等部门 | 截至目前，已有越南、缅甸、尼泊尔、巴基斯坦、俄罗斯、老挝、蒙古国、朝鲜、哈萨克斯坦9个接壤国家正式成为中国公民组团出境旅游目的地 |
| | 边境旅游项目审批制度 | 《边境旅游暂行管理办法》《中俄边境旅游暂行管理实施细则》 | 公安、旅游、外交等部门 | 各边境城市要开展边境旅游项目只有经过审批才能开展 |
| | 异地办证试点制度 | 实施异地办证地区的公安机关出入境管理部门可为参加边境旅游的非边境地区组团游客签发边境旅游出入境证件 | 公安、监察、旅游部门 | 从2009年3月开始，公安部门已经验收三批异地办证试点城市 |

续表

| 制度性因素 | | 具体内容 | 涉及部门 | 说明 |
|---|---|---|---|---|
| 口岸管理方面 | 双边口岸管理协定 | 比如《中华人民共和国政府和俄罗斯联邦政府关于中俄边境口岸协定》《中华人民共和国政府和老挝人民民主共和国政府关于边境口岸及其管理制度的协定》等 | 外交部门、口岸管理部门 | 除了印度、不丹、阿富汗之外，中国与11个路上邻国均已签署边境口岸及其管理制度的协定 |
| | 口岸开放规定 | 国务院《关于口岸开放的若干规定》 | 口岸管理部门 | |
| 签证管理方面 | 双边互免签证协定 | 已与朝鲜、老挝、俄罗斯等10个陆上邻国签证有互免签证协议 | 外交部门 | 这些互免签证的类型主要为外交、公务等方面 |
| | 互免团体旅游签证 | 《中华人民共和国政府和俄罗斯联邦政府关于互免团体旅游签证的协定》 | 外交部门、旅游部门 | 只有与俄罗斯签订有互免团体旅游签证协定 |
| | 我国签证管理制度 | 比如《中华人民共和国出境入境管理法》《中华人民共和国外国人入境出境管理条例》等 | 国务院、外交部门 | 外国游客入境旅游，一般都需要办理签证，中国的签证管理非常严格 |
| 交通运输管理方面 | 双边交通运输协定 | 比如《中华人民共和国铁道部和哈萨克斯坦共和国交通部国境铁路协定》《中华人民共和国政府和老挝人民民主共和国政府汽车运输协定》 | 交通运输、铁路、民航等部门 | 运输协定主要包括汽车运输协定、铁路运输协定、航空运输协定和通航运输协定，已与12个陆上国签订各类运输协定 |
| | 我国交通运输管理 | 比如《中华人民共和国道路交通安全法》《中华人民共和国机动车驾驶证管理办法》、公安部《临时入境机动车和驾驶人管理规定》 | 交通运输、公安部等部门 | 近些年自驾车游客跨境旅游需求日益高涨，这对跨境国外车辆的管理提出了新的要求 |

## （五）项目研究的思路及方法

为全面了解影响跨境游客往来的相关制度性因素，本研究需要建立在扎实的实地调研、系统的制度性文件梳理等基础性工作之上，在此基础上进行分类、归纳和总结，最后提出促进跨境游客往来便利化的对策建议。

本研究的思路框架如图2所示。

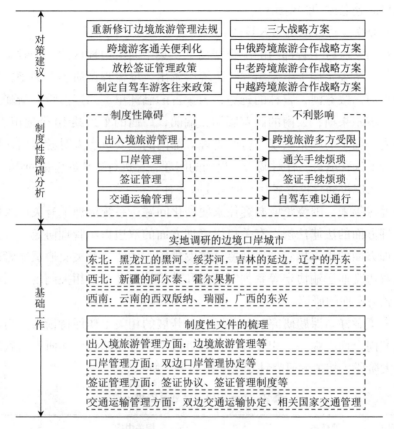

图2　研究的思路框架阐释

## （六）研究计划及安排

为了做好本课题研究，在实地调研、文献梳理等方面已经开展系列前期工作。

1. 重点口岸城市的实地调研

近三年来，先后对云南的瑞丽、腾冲、西双版纳，内蒙古的满洲里、二连浩特、珠恩嘎达布其，辽宁的丹东等口岸城市进行了实地调研。其间还与沿边城市的旅游、公安、外事、出入境、边防、海关、交通运输、口岸管委会等部门开展广泛的座谈。先后参加从丹东赴朝鲜以及从西双版纳磨憨口岸赴老挝的跨境旅行。

2. 分发《边境旅游出入境流程调研表》

在国家旅游主管部门的配合帮助下，集中向沿边地区的 6 个省（自治区）的旅游委（局）下发填写《边境旅游出入境流程调研表》的函，黑龙江的黑河、绥芬河，吉林的延边，内蒙古的满洲里、二连浩特，新疆的阿勒泰、霍尔果斯，云南的西双版纳、瑞丽，广西的东兴共 10 个地市（州）旅游委（局）的政策法规、行业管理等部门的主要负责人对游客出入境流程进行了认真填写。针对调研表提到的问题，又进行连续的电话回访。

3. 梳理影响跨境游客往来的制度性文件

近些年来，围绕跨境游客往来便利化问题，系统梳理了有关出入境旅游管理方面的法律法规、有关口岸管理方面的双边口岸管理协定、有关签证管理方面的出入境管理以及签证签发规定和做法、有关交通运输管理方面的双边交通运输协定等系列制度性和政策性文件，对相关制度性因素进行了较为全面的研读。

为了做好本课题研究，与前期已经开展的相关工作保持衔接，力争使该研究向全面、纵深、相关政策建议可落地的方向拓展，本研究大致划分为三大阶段，相关的研究计划及安排如表 2 所示。

表 2　下一步研究计划及安排一览

| 时间段 | 主要任务 | 相关内容 |
|---|---|---|
| 2016.3~12 | 进一步补充调研、实地访谈等 | 1.对云南西双版纳、广西东兴、黑龙江黑河、吉林延边等重点地区，对中老、中越、中朝俄等有关跨境旅游合作、金四角旅游圈、中朝俄国际旅游合作区等建设情况进一步进行实地调研。<br>2.积极参加国家发改委西部司、外交部边海司、国家旅游局政法司、公安部出入境管理局、交通运输部等涉及跨境游客往来相关政策制定部门的研讨会。 |
| 2017.1~2018.3 | 参与跨境旅游合作方案的制订 | 2016年1月，国务院发布《关于支持沿边重点地区开发开放若干政策措施的意见》提出研究发展跨境旅游合作区以及探索建设边境旅游试验区的政策框架要求，国家旅游局以及相关部门已经将发展跨境旅游合作区列为重点工作，配合相关部门工作，积极参与中越、中老、中俄朝等跨境旅游合作区建设方案的制订和实践。 |

续表

| 时间段 | 主要任务 | 相关内容 |
|---|---|---|
| 2018.4~11 | 撰写研究报告、修改并定稿 | 在多方调研、访谈以及参加跨境旅游合作区建设方案制订的基础上，撰写本课题的研究报告，征询专家意见并修改完善定稿。 |

说明：有关时间段的划分是大致的安排，在具体研究过程中不排除根据相关部门的工作安排而灵活调整。

## （七）项目研究的创新点

本课题是一项应用性和针对性非常强的研究，创新点主要集中在：

第一，研究内容创新。本研究系统地梳理了影响跨境游客双向往来的各项制度性因素，明确了影响游客跨境流动的各类体制机制障碍。

第二，应用实践创新。本研究紧扣十八届三中全会以及十八届五中全会有关扩大沿边开放，推动人员往来便利化的要求，与国务院最新发布的《关于支持沿边重点地区开发开放若干政策措施的意见》中有关旅游、外交、公安、交通运输等部门的要求和工作内容紧密衔接。

通过对影响跨境游客往来制度因素的梳理，形成的主要观点及结论体现在：

第一，各边境地区组团游客出入境的方式大同小异，目前国内组团游客出境旅游的空间和时间依旧被限制在非常狭窄的范围内。国内团队游客是否可以前往对方国家旅游，需要看对方国家是否开放成为中国公民组团旅游目的地；非边境地区国内团体游客的便捷出境，受制于边境口岸城市是否开展异地办证试点；组团游客出入境是否需要签证，受制于双边签证协议和对方国家的签证管理制度。

第二，双边之间的散客往来，除了那些签订有互免签证协议的国家及对应的互免签证类型之外，其他情况都需要办理相应的签证，现有法律使我国的签证制度的管理置于非常被动的位置。

第三，双边之间的自驾车游客往来，仅有个别地区的开放，这与自驾车跨境旅游需求不断高涨的情况不符；国外自驾车游客入境，同样需要办理一系列的手续，当前还只是一些零星的个案情况。

## 五、项目研究的最终成果及获奖情况

本研究的最终成果为研究报告，包括影响跨境游客往来的各类制度性障碍分析、创新体制机制的对策建议以及中俄、中老、中越的跨境旅游合作战略方案。成果用途主要体现在两方面：

第一方面，为外交、公安、旅游、交通运输等部门制定有关跨境旅游合作的政策提供依据和参考。

第二方面，为西双版纳、东兴、黑河、延边、满洲里、阿尔泰等地区希望开展的中老、中越、中俄朝、中蒙的跨境旅游合作和跨境人员往来便利化的实践提供依据和参考。

# 让国际游客依然青睐中国
## ——我国入境旅游内生增长机制及对策的相关研究

## 一、项目类别

国家社科基金一般项目

## 二、项目负责人

孙梦阳，女，教授，管理科学与工程博士，硕士研究生导师。研究领域为旅游目的地营销、游客行为分析、旅游服务贸易，主持国家级及省部级课题 6 项，参与省部级课题 5 项，出版著作 2 部，发表高水平论文多篇。

## 三、项目研究团队

本项目研究团队有教授 2 人、副教授 4 人、博士 6 人，团队平均年龄 38 岁。

## 四、项目研究简介

改革开放以来，我国入境旅游业取得令人瞩目的成绩。但自 2011 年开始，我国入境旅游市场由多年上升发展转入了低迷态势。从入境旅游市场规模、市场变动、市场结构以及客源市场集中度四个方面的时空对比，放在全球对比的视角下，对我国入境旅游近 10 年的总体情况进行全面、多维度而客观的判断。以此为基础，从政策与体制、产品与服务、市场、品牌建设以及营销推广等层面为中国提出境外宣传推广的新模式和新思路。

### （一）项目的选题背景及意义

当今世界，旅游业逐步在服务业中占据主导地位，已经成为许多国家经济增长最为迅速的产业之一。尽管受到汇率、石油、安全和安保问题等影响，2015 年全球国际旅游市场依旧表现强劲，出现自 2010 年以来的第 6 个连续上涨年，年增长速度达 4.7%，国际游客人数达到 11.86 亿人次。全球前往境外旅游目的地的过夜游客比 2014 年增长 5200 万人次。

改革开放以来，我国入境旅游业取得令人瞩目的成绩。据联合国世界旅游组织统计，我国自 2010 年开始已成为世界第三大旅游目的地国家。

在全球国际旅游市场表现良好、亚太地区入境旅游发展潜力巨大的背景下，我国的入境旅游市场却出现了令人"担忧"和深思的现象：从 2011 年开始，我国保持多年升势的入境旅游市场开始出现拐点，入境旅游人数连续 4 年下滑。而亚洲其他一些重要的旅游目的地却保持着快速增长，如日本、泰国和印度。

本次研究的焦点：与旺盛的出境旅游市场相比，作为国际旅游服务贸易两翼之一的入境旅游总体规模的下滑原因是什么；从市场结构的角度来看，我国的入境旅游市场结构是否合理；我国的主要入境客源市场有哪些，这些市场的重要程度如何；主要客源市场的游客行为模式如何，如何进行市场细分，是否能有针对性开展入境旅游市场的海外推广等一系列的问题。让国际游客继续青睐中国的重要因素是本研究课题关心的焦点问题。

### （二）项目研究的对象及主要内容

1. 国际比较视角下的我国入境旅游市场时空演变特征

基于文献研究与获得数据完整性，本研究从国际视角对比分析中国入境旅游市场的时间与空间特征。

有关国际比较的样本旅游目的地选择，主要有从市场份额、著名的媒体推荐、样本洲际分布和旅游统计数据可比性的角度，最终选定的样本国家为：中国、美国、西班牙、英国、土耳其、日本、泰国、新加坡、新西兰、印度尼西亚，共10个国家；限定的研究时间区间为10年期限，即从2005年开始，至2014年截止。

通过从入境旅游市场规模、市场变动、市场结构以及客源市场集中度四个方面的时空对比，放在全球的视角下，对我国入境旅游近10年的总体情况有了更加全面、多维度而客观的判断。

第一，我国入境旅游人数处于全球第一梯队，呈现波动上升的状态。2005年以来，我国入境旅游人数总体规模在5000万~6000万人次，世界旅游组织年度报告显示，中国一直是全球十大旅游目的地。受全球经济危机的影响，中国与其他旅游目的地一样，在2008~2009年出现了一次比较明显的总量下降，出现了超过200万人次的下滑；2013~2014年，再次出现一次小幅度的下滑，呈现下挫触底状态；2015年重拾升势，我国入境旅游开始步入稳步增长的新常态。

第二，我国入境旅游外汇收入处于全球前列，呈现稳定增长的状态。2005年以来，我国入境旅游外汇收入在300亿~600亿美元。世界旅游组织年度报告显示，中国入境旅游外汇收入一直处于世界前五位。

总体来看，入境旅游人数与入境外汇收入是呈现正比相关的。在这10年间，除了2008~2009年的小幅下挫之外，入境旅游外汇收入处于稳定上升阶段。2005~2008年，中国入境旅游外汇收入快速发展，先后突破了300亿美元和400亿美元；在2008年出现短暂下挫，增长速度放缓外，2012年突破了500亿美元大关。

第三，我国入境旅游年际变动比较稳定，入境旅游外汇收入变动幅度大于人数变动。从入境旅游人数与外汇收入的变动来看，无论是年度变动率还是年际变动，从2005年以来的10年间我国入境旅游客流量变动强度较小，客流年际增长缓慢。与泰国、日本和印度尼西亚等亚洲的重要旅游目的地相比，我国入境旅游客流增长波动较小，人数年际平均变动为3.07，属于一个缓慢发展的市场；10年间我国入境旅游资金量变动强度不大，资金流年际增长稳定，与泰国、印度尼西亚和新加坡等重要旅游目的地相比，我国入境旅游资金量处于一定幅度的增长状态，收入年际平均变动为 7.58，变动幅度大于人数变动。

总体来看，与泰国和印度尼西亚等快速增长的旅游目的地相比，我国入境旅游规模变动较小，入境旅游人数与入境旅游外汇收入年际平均变动在 3%~8% 之间，处于全球重要旅游目的地的中下游的位置，入境旅游处于发展缓慢的阶段。

第四，入境游客洲际分布相对均衡，洲际客源距离衰减效应相对较弱。入境旅游存在着旅游流距离衰减效应，即旅游地游客人数随旅行距离增大而减小的现象。因此，从入境游客洲际分布来看，各旅游目的地的入境游客主要来自其所在的大洲。与其他旅游目的地一样，中国所在的亚洲是其入境游客重要的客源地，对亚洲的客源市场依存度最高，超过 60%。事实上，各旅游目的地在其所在洲存在着明显的"近邻"高度依存度，对其距离相对较远的大洲的入境游客吸引力下降。与本文对比的其他旅游目的地相比，除了亚洲之外，中国入境游客来自欧洲以及美洲均超过 10%，客源比重合计超过 30%，比重相对比较高。可见，中国在不同的洲际客源市场的分布上相对均衡，中国在欧洲和美洲的具有一定的知名度和市场吸引力。

第五，入境客源国之间存在规模差异，与其他旅游目的地相比差异相对合理。旅游服务贸易作为经济活动和经济现象之一，由于资源禀赋、区位条件、基础设施和政治文化等因素的差别，存在着发展过程中的区域不平衡分布，这种区域旅游规模差异是不可避免的一种现象。深入分析入境旅游客源国之间的旅游规模差异，对有针对性地引导海外营销与旅游服务提升非常有价值。本文利用标准差和变异系数对 10 个旅游目的地所有的客源国的入境旅游规模进行了差异分析，结果显示，与其他旅游目的地一样，中国入境客源国之间存在规模差异，但处于中下水平，规模差异相对合理。

第六，入境旅游首位客源国顶端优势不明显，主要客源市场相对多样与稳定。中国首位客源市场顶端优势程度不显著，不存在着明显的首位顶端集聚现象，即第一客源市场的市场份额不存在明显的优势与集聚性，中国对第一客源市场不存在明显的依赖性。通过计算前 5 位、前 10 位和前 15 位客源市场的市场份额，可以发现中国入境客源市场与其他旅游目的地相比，具有主要客源市场相对分散与多样化的特征，10 年间前 5 位客源市场的集中度为 50% 左右，前 15 位客源市场的集中度为 80% 左右，这样的主要客源市场结构对于我国入境旅游的稳定发展与市场拓展非常有利。

第七，我国入境旅游客源市场集中度偏低，入境旅游客源国来源分散且相对稳定，越来越均衡，有利于主要旅游客源市场的确定。我国入境旅游客源市场集中度位列第七，10 年来客源市场集中度均大于 20，相对较低，我国入境旅游客源市场分散程度与稳定性较高。与美国、英国、西班牙、印度尼西亚、土耳其与日本等 7 国游客集中度下滑一致，我国入境旅游客源市场集中度 10 年来持续降低，客源市场分散程度与稳定性趋高，有利于主要入境旅游客源市场确定和旅游宣传以及服务。

第八，入境游客出游目的较为多样化，来华度假休闲这一目的不具有突出优势。从世界旅游组织及各国公布的入境游客出游目的来看，度假休闲、商务旅游与个人其他目的是促使国际旅游的三大动机。与对比样本旅游目的地相比，来华游客相对均衡地分布在这三大动机中，度假休闲占 44%，个人其他目的占 33%，而商务与专业旅行占 24%，这一市场分布结构与美国和英国相近。而以旅游资源禀赋作为支撑的度假休闲市场中，中国并不具有突出的优势（44%），位列 10 个对比旅游目的地的第八位，仅比英国（38.7%）和新加坡（36.3%）具有微弱优势。而在以商务旅游为主的商务与专业旅行市场中，中国却与英国和新加坡位列前 3 位，仅低于这两个旅游目的地不到 2 个百分点。

2.基于内生增长的我国入境旅游市场的海外推广策略

旅游目的地的海外推广是一个复杂、系统而长期的过程，基于对国内旅游主管部门、海外驻华旅游局或代办处、海外旅行商、国内地接社以及来华入境游客和在华留学生的充分调研和第三方对北京海外品牌影响力的评价，未来中国旅游可以从以下五个层面开展海外推广工作。

（1）政策与体制、机制层面

签证手续复杂、费用高是当前阻碍海外游客来华旅游的主要因素之一，因此，争取更宽松的签证便利政策是当务之急。从落地签的角度考虑，制定更好的签证便利政策。同时，简化签证办证手续，调整办证费用等。

设立专门的海外推广机构，强化入境旅游推广营销，在主要客源城市设立办事处或者营销中心，或者通过代理机构，负责当地市场的宣传推广，推动中国海外营销的专业化和市场化运作。

改进预算与奖励机制，激发入境旅游营销潜力。遵循海外旅游市场运行规律，提前一年对下一年度的市场营销推广进行规划，并制定预算。奖励机制方面，建立产业重点扶持基金，对入境市场做得好的企业进行奖励，优化奖励支持政策，在事后奖励基础上增加事前营销活动支持。

（2）产品与服务层面

针对散客、自助游游客，打造更好的惠民产品，如推出针对入境游客的 city pass、景点与公交套票、公交专线旅游套票和电话卡等，将惠行旅游产品与机场、火车站的旅游咨询中心进行整合，为境外游客提供更便利的出行服务。

针对团队游客，进一步优化入境旅游产品，让更多的海外旅行商参与线路设计，推出更多符合入境游客偏好的产品。此外，利用智能化技术，开发多语言版中国旅游 APP，使外国游客能够畅游中国无障碍。

服务质量提升方面，通过建立奖励机制，提高导游的积极性和服务的主动性，推动服务质量的提升；同时出台全国性措施，提高涉旅企业的地位和待遇，形成涉旅行业岗位培训制度，保证旅游接待产业后续人才的供给以及总体的质量提升。

（3）市场层面

定期评估并分级客源市场，发掘海外新兴市场。综合现有的数据及旅游业界的反映，对中国入境旅游市场进行分级，根据市场的重要性，投入不同时间、精力和费用，制定不同的营销推广策略，并以此分级为基础作为旅行商和海外媒体选定的依据。

　　根据现有入境客源情况和未来的发展趋势，选定以中老年为主的团队游客、以中青年为主的自助游客和商务游客作为重要海外目标客源群体。除此之外，会奖旅游群体、海外留学生群体、赛事活动群体和外交人员群体等均可作为目标群体。

　　（4）品牌建设层面

　　开启中国品牌重塑工程，建构多维度中国新形象。中国旅游在海外市场并不缺乏知名度和影响力，而是缺乏能够具体转化的旅游吸引力，因此，未来的中国海外品牌建设着力从三个方面展开：第一，聘请顶级的公关咨询团队，为中国策划设计相对稳定的品牌形象；第二，针对不同级别的地域市场，逐年推出不同的主题；第三，针对不同类型的客源群体，有针对性地强化中国多维特色。

　　加强媒体常态报道，建立危机公关机制，加大中国常态媒体的新闻报道。在与媒体良好常态合作的基础上，通过专业公关机构，针对海外游客心目中对中国的消极印象，如雾霾、政治因素等，进行专业公关，通过正面的新闻稿件，抵消负面报道，逐渐改变中国的负面形象。

　　（5）营销推广层面

　　①熟知海外旅行商的运营节奏，提高品牌宣传效果和正面积累效应。旅行商的运营一般遵循一定的规则与节奏，主要涉及以下环节：产品测试沟通、产品上架销售、产品推广促销、产品成型送客以及成熟成为常态产品。要想更好地发挥中国海外旅游推广效果，需要熟知海外旅行商的运营节奏，关注海外游客的决策模式，为海外旅行商提供市场推广的资料与便利，以此提高海外宣传的实效。

　　②创新并整合海外推广渠道，构建良性的宣传渠道与互动平台。目前海外市场营销面临着旅游信息沟通不畅的问题，未来的营销推广活动应当挖掘不同海内外机构的宣传优势，通过整合与合作，开发多种海外推广渠道，实现良好的定期海外宣传，搭建旅游官方组织与海外渠道的互动平台。

　　可以整合的海外推广渠道包括国家机关驻外机构、海外的华人机构与组织、海外华人企业以及重要客源市场的新闻媒体。采用定期举办不同主题的交流活动、中国传统节日的团聚与交流、海外国家传统节日时设计与中国文化有联系的节目和活动。

③契合海外推广侧重点及游客特征，有计划地开展事件营销。以"巩固传统市场、开拓新兴市场、培育潜在市场"方针为指导，结合各地旅游主管部门每年海外营销的工作重点，在充分了解海外游客需求及偏好的基础上，有计划地在重要客源市场及潜在客源市场开展事件营销，将中国旅游中具有话题感、显著性、趣味性和高参与度的事件进行营销，增加海外媒体的曝光度。

④精选主要客源市场的海外旅行商，构建网状的中国旅游产品销售体系。通过精选海外旅游商、整合营销、搭建对接平台与渠道等不同的角度，全面建立起网状化的海外产品销售体系。

精选100家海外旅行商。在一级市场、二级市场和潜在市场，按照5：3：2的比例，精选100家有实力的海外旅行商，既包括传统的旅行商，也包括著名的OTA。向精选的旅行商提供信息与销售支持，特别是旅游推广的政策与信息。

### （三）项目研究的重点及主要目标

1. 重点

我国入境旅游的出口地理分布及变动的动态趋势和特征，通过横向国际比较和纵向历史数据，分析我国入境旅游的现状及趋势；多学科交叉的研究方法提炼我国入境旅游的内生增长趋动的要素；在（2）的研究基础上，构建内生增长式的发展机制及路径。

2. 主要目标

构建我国入境旅游结构性分析的评价方法和国际对比指标；提炼我国入境旅游外生需求下的内生增长关键要素，据此提出我国入境旅游内生式增长的发展路径、政策建议、市场战略以及提升对策。

## （四）项目研究的思路及方法

1. 研究思路：

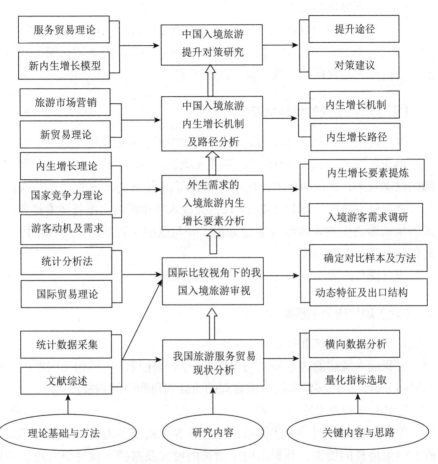

2. 研究方法

（1）实地调查和资料分析相结合

选取国内 10 家国际旅行社进行实地调研，对 20 名资深从业者进行专家访谈，对 800 名入境旅游进行外生需求的内生增长要素进行问卷调研，获得一手数据。

（2）专题研究和系统研究相结合

坚持中国新常态经济下的可持续发展的科学发展观，对入境旅游评判问题以及内生增长要素进行科学细致的专题研究，同时结合国际、经济和社会的全面发展来进行系统分析，提出内生增长式的入境旅游发展对策。

（3）静态分析与动态分析相结合

不仅考虑静态的我国入境旅游近10年数据和10个国家入境旅游数据，同时还要动态地分析出境旅游现实问题和发展趋势，将入境旅游与出境旅游的协同变化与发展综合性、动态性地考虑。

## （五）项目研究的计划及安排

准备阶段—2015.7~2015.12：进行文献检索，形成文献综述文本。

调研阶段—2016.1~2016.12：完成入境旅游国际对比的指标选取和样本国的数据采集，完成800名入境游客和20名入境旅游从业管理者的调研。

理论研究阶段—2017.1~2017.12：完成入境旅游内生增长要素提炼；完成入境旅游内生增长机制及路径分析，并与旅游主管部门和资深业内人士对机制及路径进行论证。

成果撰写阶段—2018.1~2018.7：完成研究报告。

## （六）项目研究的创新点

1. 研究立意与视角的创新

对我国入境旅游进行横向与纵向的分析与比较，拓宽相关问题的空间与时间分析，运用多学科凝聚成客观的研究视角和空间判断。

2. 研究路径与思路的创新

先探索科学评判的方法体系，再以游客和从业者需求为依据提炼入境旅游内生增长的要素，并提出内生增长的模式及路径。这种研究路径和思路的创新是得出科学结论和形成相关新研究体系的基础。

3. 对策措施研究中理论和方法的创新

将内生增长理论运用到入境旅游政策措施研究中，变过去静态、单向的政策研究为网络化、互动式的研究过程。就争议性的入境旅游内生增长性要素提取设计成调查量表，引入多元参与的要素提炼决策过程。

## 五、项目研究的最终成果及获奖情况

我国入境旅游的横向比较与纵向比较的方法及评价体系，完成理论研究报告和政策研究报告各一篇，其中理论研究报告"我国入境旅游内生增长机制及路径"，政策研究报告"我国入境旅游内生增长对策"。

# 中国自然保护区旅游可持续发展能力评估测算方法研究

## 一、项目类别

国家自然科学基金面上项目，项目为期 4 年（2015.1~2018.12）。

## 二、项目负责人

石金莲，女，教授，博士，硕士研究生导师。曾赴美国密歇根州立大学做高级访问学者，研究领域为可持续旅游、自然保护区生态旅游、国家公园游憩管理。曾主持国家级及省部级科研项目 8 项，主编或参与编写著作和教材 6 部，发表高水平论文多篇。

## 三、项目研究团队

项目的申报联合了美国密歇根州立大学、西安交通大学、首都师范大学以及本学院的相关研究领域的老师一起进行研究，本院老师有黄丽玲博士、耿玉环博士。在后期项目的研究过程中，中国农业大学园林艺术系的常青副教授及其研究生王佳鑫、朱春霞参与了项目，联合培养了中国农大两位硕士研究生。同时北京联合大学旅游学院旅游管理系曹庆红老师、李海英老师以及旅游管理系的部分本科同学参与了四川省九寨沟国家级自然保护区、福建武夷山国家级自然保护区、浙江天目山国家级自然保护区的野外调研，以上人员对本项目都做出了较大贡献。

## 四、项目研究简介

### （一）项目的选题背景及意义

自然保护区旅游、国家公园旅游是世界旅游活动中非常重要的组成部分。2012 年版的《美国旅游发展战略》指出，未来 50 年游览国家公园、到生态环境优美的景区露营和徒步旅行等将成为一种趋势。然而，野外旅游活动的迅速增长对环境带来的危害和影响不亚于乱砍滥伐森林、无计划开采矿产和过度放牧等人为活动。调查显示，我国多数自然保护区已开展旅游，并不同程度地出现了生态退化和社区居民利益失衡等问题。本项目从我国自然保护区可持续旅游评估的需要出发，借助 2004 年世界旅游组织（WTO）以及欧美最近关于可持续旅游发展指标体系的研究成果，以解决我国自然保护区旅游可持续发展能力难以衡量判定的问题为宗旨，构建我国各类自然保护区适用的综合指标体系及动态评价方法。这一指标体系和测量方法的建立，为管理者提供了旅游发展的有效信息，而且也可作为其他类似旅游地的可持续发展的有效诊断工具。为制定我国自然保护区的相关政策提供决策依据，促进自然保护区的可持续发展，具有重要的学术价值与实践意义。

### （二）项目研究的对象及主要内容

1. 项目研究的对象

项目主要针对中国国家级自然保护区可持续旅游展开研究，并选取亚热带地区森林类型、风格迥异的四个自然保护区作为案例研究，即四川省九寨沟国家级自然保护区、福建武夷山国家级自然保护区、浙江天目山国家级自然保护区和陕西佛坪国家级自然保护区。

2. 项目研究的具体内容

（1）可持续旅游测量维度确定

关于自然保护区可持续旅游发展的理论，存在着多少维度能全面衡量其可持续发展的争论。本研究回顾了国内外文献关于可持续旅游发展的理论研究，总结不同保护区可持续旅游的发展机制，结合我国自然保护区旅游的现状和数据的可获取程度，拟用三个维度测量自然保护区旅游可持续发展程度：社会维度、经济维度以及遗产维度。社会维度主要涵盖旅游在发展过程中形成的社会关系、生活质量、就业状况或者与旅游发展相关的因素；经济维度主要涵盖旅游管理和商业化过程中的物质和财政资源；遗产维度主要包括自然和文化环境中相关的因素。组织工作研讨会，邀请利益相关群体及各类专家进行三个维度的深入挖掘，为指标体系的构建奠定基础。

（2）指标体系构建研究

由于我国自然保护区的类型多样，分布区域广泛，发展现状各异，有必要选择那些能具有代表性同时又体现区域性的指标，对上述研究所确定的三个维度的指标进一步细分。项目中以世界旅游组织（WTO）提出的旅游目的地可持续发展指标使用指南中有代表性的一系列分项指标作为理论基础，结合我国各自然保护区不同的社会、自然和经济属性、利益相关群体，科学设计选取指标的方案，选择反映每个地区需要和能力的指标，主观与客观相结合，分别进行社会指标、经济指标以及遗产指标的细分，构建一个适用于全国不同类型自然保护区的旅游可持续发展能力综合评价指标体系。

（3）评估测量方法研究

鉴于研究者在旅游可持续性测量方面的研究存在的局限性。本项目中，衡量旅游可持续发展能力的指标体系可以认为是用于提供数据的一组测量值，这些测量值是为了揭示可持续旅游和产业之间，旅游对自然和文化环境的影响的联系。在指标体系建立的基础上，量测过程通过两个步骤三种方法来实现，即多元统计的主成分分析法（PCA）、多目标规划法和数据包络分析法（DEA）。第一步采用布兰卡斯等提出的距离—主成分法（DPC），这一方法结合了主成分分析法和具有多目标决策的思想。通过距离—主成分法（DPC）将可持续旅游分解为社会、经济、遗产三个维度的指标；第二步采用数据包络分析法（DEA）计算不同自然保护区的综合指标。数据包络分析最早由查恩斯等提出，以相对效率概念为基础发展起来的一种系统分析方法。我们把每个自然保护区中获得的维度指标值作为初始值，把各个自然保护区当作一个决策单元，对于每个保护区，我们赋予单个虚拟单位投入值，这样综合指标值就是虚拟产出。通过计算各个单元的投入和产出的相对效率作为计算不同自然保护区的综合指标的权重，最后我们得到一个综合指标（DEAPC），既能从社会、经济和遗产三个维度分别反映旅游可持续发展程度，也能综合反映研究地的旅游可持续发展程度。

（4）发展对策研究

通过确定的指标体系和测量方法，对本研究中所选取的典型森林生态类型自然保护区浙江天目山、福建武夷山、四川九寨沟自然保护区的旅游可持续发展能力进行评估，得出其综合指数。从社会、经济、遗产三个维度反映保护区旅游可持续发展水平，阐明可持续旅游和产业之间的联系，以及可持续旅游对自然和文化环境的影响。根据评估结果，掌握该自然保护区旅游发展的优势和劣势，提出调整方案，优化调控该地发展演化过程与可持续发展模式，进而为全国自然保护区旅游可持续发展相应的技术手段、管理措施的调整以及环境政策的制定提供决策依据。

## （三）项目研究的主要目标及解决的问题

1. 项目研究目标

本项目以解决我国自然保护区旅游可持续发展能力难以衡量判定的问题为宗旨，平衡因旅游快速增长而带来的环境破坏、生态退化、社区居民利益失衡等问题，综合利用可持续发展理论、生态学、社会学、系统动力学等多学科理论与方法，系统研究自然保护区旅游可持续发展能力的评估方法，构建适用于我国自然保护区的综合指标体系及动态评价方法，具体目标如下：

（1）构建我国自然保护区旅游可持续发展能力综合评价指标体系及动态评价方法；

（2）定量评价测算我国典型森林生态类型自然保护区旅游可持续发展能力，并进行支撑示范；

（3）提出我国自然保护区旅游可持续发展的政策、市场战略以及风险管理建议。

2. 项目解决的关键科学问题

（1）维度选择层面

科学确定衡量可持续旅游的维度，确定其重要程度。

（2）指标构建层面

综合世界旅游组织（UNWTO）及国内外相关文献对指标的构建，考虑到各自然保护区不同的社会、自然和经济属性，科学设计选取指标的方案，选择能更好地反映每个地区需要和发展能力的指标，构建主客观相结合的旅游可持续发展能力综合评价指标体系。

（3）方法应用层面

联合应用主成分分析法（PCA）、多目标规划法和数据包络分析法（DEA），探索既汇聚原有指标信息，又能够根据保护区的不同属性进行适时调整的重构方法，建立定量衡量我国自然保护区旅游可持续发展能力的综合指数。

### （四）项目研究的方案及可行性分析

本项目研究方案采取选址原则，即根据 Diazand Norman 提出的选址原则，包括旅游专业人士的建议、有游客到访、有当地居民居住以及具有本地组织和管理。结合我国自然保护区的自身特点以及前期研究积累，以常见的占据保护区类型最多、成分最复杂以及旅游开展时间较长的森林生态系统类自然保护区为重点研究对象。本项目计划对浙江天目山国家级自然保护区、福建武夷山国家级自然保护区以及四川九寨沟国家级自然保护区进行其旅游可持续发展能力评估。浙江天目山和福建武夷山国家级自然保护区都属于中亚热带森林类型的自然保护区，天目山自然保护区作为森林类型自然保护区，建区时间悠久，开展旅游活动较早，规模大，数据较全；武夷山自然保护区建区时间与天目山相似，但旅游开展规模较小，从 2009年 6 月正式停止大众旅游，开始生态旅游，其旅游活动、定位观测、管理以及社区等历史数据较全。同时，这两个保护区也是课题组"十一五林业科技支撑"自然保护区关键技术研究项目的研究区，积累了一定的数据和研究成果，便于后续研究工作的开展。九寨沟自然保护区内有森林、灌丛、草地、湖泊、湿地等多种类型的生态系统，其中森林、灌丛占到总面积的79.61%。九寨沟自然保护区也是著名的"世界遗产地""人与生物圈保护区"，每年的游客量近 200 万。九寨沟自然保护区内现有 9 个藏族村落，对九寨沟自然保护区旅游可持续发展能力的评估研究也具有典型性。选择以上自然保护区进行研究，既符合国际选址原则，也极具代表性。

## （五）项目研究的思路及方法

### 1. 项目研究的方法

本项目通过两个步骤三种方法来实现，即多元统计的主成分分析法（PCA）、多目标规划法和数据包络法（DEA）。

### 2. 项目方案的可行性分析

（1）项目申请者为生态学博士，多年来一直从事自然保护区和生态旅游的相关研究，较为了解当前我国自然保护区和旅游开展的现状，积累了大量资料和数据，发表了多篇研究论文和专著，在本领域具有一定的研究基础和经验。主持或参加了多项和保护区相关的重大科研项目，先后参加了多项自然保护区生态旅游开发规划项目，能够很好地把握这一领域存在的迫切需要解决的难题。2010年以来，项目组多名主要研究人员到美国密歇根州立大学、英国利物浦大学进行交流访学，就该研究领域进行了不同形式的合作，包括合作研究、邀请讲学等，保持着与众多国外学者及研究机构的紧密合作关系，及时了解国际研究动态，有能力组织好本研究项目。

（2）项目组与中国林科院、北京林业大学、多个自然保护区、国家旅游局等有着长期的合作关系，为项目顺利开展奠定了基础。

（3）实验室条件良好，保护区的生态系统长期定位观测站、合作单位的工作站和计算机系统、开放实验室完全满足项目的实验测定和数据处理；另外，项目组申请人员和参加人员有来自美国密歇根州立大学、国内高等院校和科研院所的学者，年轻富有活力，思维活跃，创新性强，学科宽厚，涵盖生态学、地理信息系统、游憩、地学、社会学、统计学等相关专业，知识互补性强，这些都为项目的顺利完成提供了必要条件。因此，从申请人员和参加人员的综合素质，结构和专业特长，已有的研究基础和实验室条件等方面来分析，顺利高质量完成本项目是可行的。

## （六）项目研究的创新点

本项目的特色和创新之处体现在如下几个方面：

1. 选题创新

从当前对自然保护区的研究及其文献检索来看，过往的选题更多地集中在拥挤、旅游承载力、游步道设计管理、游客对野生生物的影响以及公众参与方法的研究等方面。研究者虽然已经认识到可持续旅游指标的重要性并试图去构建，但研究视角过于狭窄，只进行了有限的尝试。在本项目的研究中，从多维度来构建自然保护区旅游的可持续发展能力指标体系并对其进行测量，有助于更全面了解自然保护区在发展旅游中面临的问题，同时更直观地了解自然保护区旅游发展的健康程度，为管理部门提供决策依据。

2. 指标选取更加全面合理

本项目的研究突破了传统可持续发展指标选取的束缚。当前无论对城市还是旅游地可持续发展的研究指标更多的是来自政府相关机构发布的客观指标，且偏向于经济指标，如 GDP 等，并没有考虑到当地居民或者游客对所在地的主观感受。在本次的指标体系设计中，一方面综合了国际上最新的关于旅游地可持续发展指标的研究成果；另一方面我们也加入了体现中国自然保护区特色的指标，更为重要的是指标体系上还加入了当地居民、旅游者对自然保护区可持续发展的主观感知，更加体现了保护区的社会性。

3. 研究方法创新

本项目在对指标计算方法上也有所创新。尽管在目前对城市可持续能力的研究中，有不少使用主成分方法和数据包络方法的分析，但是我们的研究应用了具有多目标决策的思想，运用距离主成分方法对原始指标进行有效处理，使得维度指标具有更好的解释意义，再而使用数据包络方法得到综合指标，这一综合指标既汇总了原有指标的信息，同时通过对不同维度权重的处理体现了不同自然保护区的特点，最后得到的综合指标能够为相关的决策者提供更加全面有效的信息。

## 五、项目研究的最终成果及获奖情况

根据项目申报预期，项目最终成果为学术论文 5~8 篇；构建自然保护区旅游可持续发展能力的综合评价指标体系一套，并为国家提出相应的政策建议。

　　目前研究处于中期，野外调研已经完成，发表国内核心期刊文章 3 篇，即将发表的文章 4 篇，其中一篇题为 "Promoting economy without damaging environment：environmental perception of tourism in natural reserves" 已投稿到国际知名期刊上，出版著作《旅游系统工程》1 部。后期还会完成一些论文。

# 影响区域经济效率时空演变的要素与机制研究
## ——以首都圈为例

## 一、项目类别

国家自然科学基金青年项目

## 二、项目负责人

刘建国，经济学博士，经济地理学博士后，副教授，硕士研究生导师。研究领域为区域经济、经济地理和旅游经济。曾主持国家级及省部级课题 6 项，参与国家级及省部级课题多项，出版著作 2 部，发表高水平论文多篇。

## 三、项目研究团队

本项目研究团队有 5 人，均具有博士学位，研究领域涉及经济学、数学、地理学。

## 四、项目研究简介

### （一）项目的选题背景及意义

1. 选题背景

改革开放 30 多年来，中国取得了举世瞩目的成就，经济发展非常迅速，城市化进程也不断加快。中国城市化率以每年约 1 个百分点增加。截至 2012 年年底，中国的城市化率已历史性地突破了 52%，这也标志着中国城市化全面步入了高速发展阶段。尽管中国的经济发展非常迅速，城市的空间不断扩张延伸，城市化进程不断加快，城市化率不断提高，但经济增长中的效率问题并未引起政府足够的关注——"这是一个被政府遗忘的角落！"有鉴于此，重新反思中国的发展模式，转变经济增长方式，关注经济增长中的效率问题便显得尤为迫切和重要。

党的十八大提出到 2020 年中国 GDP 增长实现比 2010 年翻一番这样的伟大构想。然而，改革开放 30 多年后的今天，制度变革、要素投入、全球化、人口红利所提供的长期增长动力都在衰减，主要依靠低成本刺激的出口超高速增长逐渐回归常态，以大量增加资源资金投入维持的粗放型增长模式已走到尽头，而提升经济效率，促进经济实现没有水分的增长是一个重要抓手。

2. 研究意义

课题的理论意义在于：系统研究区域经济效率的理论内涵、影响因素，构建区域经济效率影响因素的理论模型，并深入剖析区域经济效率的影响机理。我们认为：所谓的"经济效率"，是一个地区在一定社会形态下，在经济等各系统之间的相互作用下，经济运行的过程中投入最小，而产出最大，是对一个地区经济运行是否合理有效的一种量度。一般来说，对经济效率进行研究及评价应该思考几个方面的问题：（1）经济效率的评判标准是什么；（2）根据评判标准来确定一个地区的经济效率状态，经济发展是否有效率；（3）经济效率的影响机制是什么，即区域经济效率的影响因素是什么，这些因素是如何来影响经济效率的；（4）不同空间尺度（首都圈、圈内不同省份、省内不同区域）经济效率时空格局如何演变，呈现怎样的规律特征；（5）如何提升经济效率；（6）区域经济效率是否有外部性。我们所说的经济效率的外部性，指一个地区在其经济效率提升的过程中会促进（或减弱）和带动（或抑制）周边其他地区经济效率的提高，而且不同空间尺度其溢出机制和路径是不同的。

课题的实践意义在于：随着我国经济的快速发展，经济地理格局的空间重塑，我国仍面临着经济发展失衡、区域发展差异不断扩大的局面，如何解决经济发展面临的问题，实现区域的协调与可持续发展，提升经济效率是我国区域政策的一大课题，而现有的研究不足以满足政策的需求。

**（二）项目相关的研究述评**

从国内外已有的研究来看，学者们主要选取不同时间维度和不同空间尺度的相关经济数据，从不同的角度对经济增长的效率、全要素生产率等进行分解测算。由于研究方法等多方面的原因，各个学者得出的结论也不尽相同，甚至是截然相反。已有的研究也尚存在诸多可改进之处。

1. 区域经济效率的理论研究框架和实证分析模型有待提升

综观国内外的研究，学者对于经济效率的相关理论问题尚未厘清，对经济效率的影响机理研究不足。一些研究往往局限于对实际经验的总结，或者是以定量、定性为主的研究上。而对于空间层面多尺度、多区域的相互作用对经济效率的动态演化规律研究略显不足。此外，学者的研究多是从经济学的思路来研究，选取的指标也存在一些缺陷；更是缺乏与其他学科（如地理学、管理学）的交叉、渗透与融合。因此，在研究方法上有待创新，需要多学科间的不断渗透和融合。

2. 区域经济效率的影响因素与机制，及其内在机制的研究亟待增强

现有针对不同空间尺度经济效率的研究较多关注于经济效率的状态，且多是从宏观尺度切入，因而不能充分认识经济效率的影响机理，以及提升经济效率的动态微观机制；而且对某一空间尺度的研究，提出的对策也是针对这一尺度而言。而事实上，经济效率不仅仅受本地区的影响，更多的是受到外部区域的影响。所以有必要从不同空间尺度，不同时间维度对经济效率的影响机制，及其提升经济效率的作用机制进行深入研究，尤其不同区域间经济效率的溢出作用有待深入探讨。

3. 区域经济效率动态演进的规律性特征、发展趋势有待深入探讨

随着我国经济的快速发展，经济地理格局的空间重塑，城市化进程的不断加快；我国仍面临着经济发展失衡、区域发展差异不断扩大的局面，如何解决经济发展面临的问题，实现区域的协调与可持续发展，提升经济效率是我国区域政策的一大课题。而目前现有的研究仍难以满足国家政策的需求，缺少在国家层面以及不同空间尺度的区域层面，对经济效率状态

和其动态演进系统而全面的实证研究。通过提升经济效率，是否可以缩小区域的发展差异，实现区域的协调与可持续发展等有关问题需要深入探讨。

4. 区域经济效率的空间外部性问题有待探索

在有关区域经济问题的研究中，一个不容忽视的现象是区域之间的空间相关性，正如 Anselin 指出的，"几乎所有的空间数据都具有空间依赖性或空间自相关的特征"。但在传统的计量经济分析中，学者们对经济的区位问题大多采取默认和回避的态度，研究者们一方面承认空间因素对经济的影响，但另一方面在实际建模分析过程中又往往因为无法将其量化而忽略了这种影响。空间计量经济学一改经典经济学数据无关联和均质性的假定，将空间因素引入到了实证模型之中。而且考虑了空间相关性对经济活动可能产生的影响，更加符合客观事实。有鉴于此，需要从空间层面重新审视区域经济效率的空间溢出问题。空间外部性是一个颇具争议性的概念，也是理解经济增长、空间集聚等问题的重要着眼点。随着外部性与地理、区域的结合，外部性的内涵和作用得到了延伸。在区域经济研究中，已经证实了外部性的存在，且外部性与经济增长相关这些核心问题得到了广泛的关注。但是纵观已有的文献缺少对经济效率空间溢出的研究，所谓的区域经济效率的空间溢出，主要指一个地区在其区域经济发展的过程中，在其经济效率提升的过程中对周边地区经济效率产生怎样的影响。所以本课题想研究一下首都圈区域经济效率的空间外部溢出效应，并结合以前关于省份和不同城市间的空间溢出的研究来进行比较，解析不同空间尺度，区域经济效率外部性的差异性规律。

5. 提升区域经济效率的相关政策体系研究有待加强

已有研究多是从宏观层面切入，对我国区域全要素生产率进行了测算和判断，而对于经济效率的提升提出的对策很少，即便是一些学者提出的对策，也往往在现实中不具可操作性。而且不同时间维度、不同空间尺度的经济效率是不尽相同的。因此，提升经济效率的举措也越发显得复杂而多样化。究竟如何实现经济效率的提升，实现不同区域间的协调合作，实现区域的协调与可持续发展等诸多问题亟待深入探索和完善。总之，诸多不足之处还有待深入挖掘和探究。

综上所述，尽管学术界对经济效率的问题进行了研究，但是经济效率的相关理论问题有待进一步延伸；影响区域经济效率演变的要素和机制，及其机理问题的研究尚不够深入，缺乏多学科的交叉、渗透和融合；对于不同空间尺度经济效率的溢出作用有待深入探讨；对于不同空间尺度、不同时间维度，我国典型地区（首都圈）区域经济动态演化的规律性特征缺少系统而全面的实证研究；区域经济效率是不是有空间溢出，其溢出传导机制如何，区域经济效率的未来演变趋势如何预测等问题有待解决。

### （三）项目研究的对象及主要内容

本课题选择首都圈为案例区，从时间维、空间维两个维度，对首都圈区域经济效率的演化规律性特征、区域经济效率的影响要素和机制、区域经济效率的空间溢出及其未来发展趋势等进行系统而全面的研究，为首都圈区域经济的高效增长、协调和可持续发展提供政策建议。同时，课题选取首都圈为案例，对我国其他地区同样具有启示意义。

### （四）项目研究的重点及主要目标

本研究的重点和主要目标：

第一，通过构建区域经济效率的理论模型和系统分析经济效率的影响因素及其影响机制，从理论上构建区域经济效率分析的理论框架和实证研究模型。

第二，通过研究不同发展时期，我国典型都市圈区域经济效率的时空演变特征，解析其规律性差异，揭示区域经济效率的演变规律，为政府决策提供有益参考。

第三，通过构建经济效率影响因素的理论和实证模型，提出提升经济效率的政策工具组合方案，为政府部门提供决策支持。

### （五）项目研究的思路及方法

研究首先对区域经济效率与全要素生产率的影响因素及其机制进行了分析，认为区域经济效率是区域经济运行效率的简称，是指一个地区在运用一定的成本之后所能获得的经济效益，其表征的是经济活动的投入和产出之间的内在联系与比率关系。区域经济效率可以衡量一个国家或者地区经济发展的质量高低。区域经济效率本身是不断发展变化的，包括：
（1）效益性。区域经济效率本质上反映的是两个方面的问题：一是成本最小化；二是产出最大化。二者本质上都是追求经济效益，或称经济利润的最大化。（2）资源的有效配置。与人类无限的需求相比，资源往往是稀缺的。这就要求经济社会运行的过程中使资源合理配置。（3）可持续性。经济的可持续性发展，需要有相对稳定、可持续的区域经济效率。（4）公平性。所有经济社会的发展都需要有公平、公正的环境作为支撑，区域经济效率也是如此。区域经济效率的提升应建立在公平、公正的市场经济的基础上，这就要求市场经济制度的不断完善和发展。（5）福利性。经济增长理论中对于经济增长的关注包括经济增长的过程和结果两个方面，而区域经济效率的提升目的是能够使经济的增长更多，为百姓带来更多福利。（6）效率的溢出。经济的发展不仅受到本地区经济发展的影响，而且往往受到邻近区域的影响。由于"溢出效应（Spillover effects）"的存在，一个地区在其经济效率提升的过程中，会带动周边其他区域的经济效率提升。

研究进一步对 1990~2011 年这 22 年间中国省域全要素生产率进行了测算，发现从全国层面来看，中国省域全要素生产率总体上呈现了波动的状态。从全域和局域空间自相关的计算结果来看，此间中国省域全要素生产率在大部分年份呈现了空间自相关性，表明这 22 年间中国省域全要素生产率并不是完全的随机状态，受其他区域的影响。进一步运用空间计量经济模型从空间维度探究了区域全要素生产率的影响因素，研究表明：经济的集聚水平提高，全要素生产率会得到显著改善；人力资本对经济增长与效率的提升有着显著的积极作用，并表现一定程度的溢出；政府干预和产业结构对全要素生产率的影响为负，说明政府部门要减少对经济的干预；同时表明了中国的产业结构可能存在不合理的地方；信息化水平、基础设施水平对全要素生产率的影响为正，但基础设施水平统计学意义并不显著；民营化所占比重的提升对全要素生产率的改进是显著的，因为私有化致使企业的权力下放有助于提高技术效率；经济开放水平显著提升了中国的区域全要素生产率；结果发现了中国部分省份土地投入规模过大而出现规模不经济的问题。总之，研究发现了全要素生产率在各个地区间溢出的证据，因此各个地方政府在统筹区域经济发展的过程中不仅需要考虑本地区经济发展的实际，需要打破目前行政区经济的界限，实现跨区域的协调与合作，实现共赢，最终实现所有地区全要素生产率的提高。

### （六）项目研究的计划及安排

（1）研究时间（3年）：2014年1月~2016年12月。

（2）研究分四个阶段：

①组织阶段（2014年1月~2014年5月）

对研究工作进行分解，建立详细的研究计划；形成研究的技术路线图，并对研究进行分工；向专家、教授、学者咨询。

②分析阶段（2014年6月~2015年6月）

探究理论范式及模型的应用潜力，分析比较国内外相关理论与模型，并设立研究理论与模型方案，形成论文；数据处理与分析，形成研究的实证分析框架；论文分析撰写，形成论文；参加国内学术会议、专家咨询，形成成果。

③深入阶段（2015年7月~2016年10月）

继续阅读文献，发现研究的不足；与相关专家进行广泛的交流与咨询；形成"区域经济效率的空间溢出关联效应研究——基于首都圈不同空间尺度的比较分析"的论文；构建区域经济效率发展趋势预测的实证分析模型，并形成"首都圈区域经济效率时空演变规律与未来发展趋势研究"的论文等；对论证分析过程，以及文章的撰写等进行完善、一批成果陆续发表。

④总结阶段（2016年10月~2016年12月）

总结各部分成果，准备结题；根据专家意见做进一步修改完善，继续深入研究。

### （七）项目研究的创新点

1.课题构建了区域经济效率研究的理论框架和实证模型

因为本研究部分内容致力于区域经济效率的理论问题研究，并用于指导首都圈区域经济增长和区域经济效率提升的应用性研究，因而将文献调查与实践相结合。首先，全面检索国内外区域经济效率的相关理论、方法以及相关实证研究，吸收国内外相关理论和实证研究的相关成果，作为本研究的资料基础。课题首先通过系统梳理国内外的文献基础上，汲取养分，提出我们对于经济效率理论意涵的新解释；系统研究经济效率的理论内涵及其内在机制。通过严格的经济学假设，运用古典、新古典、新经济地理学相关理论，构建经济效率分析的理论框架和实证分析模型；并且深入分析其内在机制。从时空维度研究区域经济效率的空间溢出效应。并从不同空间尺度、不同时间维度研究区域经济效率的空间外部性的溢出传导机制和路径依赖。

2. 课题实证分析了首都圈区域经济效率时空变化的规律性特征

课题对首都圈区域经济效率时空变化的规律性特征进行综合研究，主要是运用经典的投入产出模型、随机前沿模型（SFA），对近年来首都圈整体、首都圈内部省市（京津冀）、首都圈内省市的各个城市的区域经济效率时空变化进行测算和系统分析，并深入比较不同时期、不同空间尺度区域经济效率的差异，发现其背后的规律性特征。

3. 系统研究了首都圈区域经济效率时空演变的影响因素及其机理

首先，系统深入分析首都圈整体、圈内部省份（京津冀）、圈内省份不同城市区域经济效率的影响因素。因为不同时期，不同空间尺度区域经济效率的时空变化和影响因素可能是不尽相同的，需要对它们进行系统而全面的分析。且需要对不同空间尺度进行比较，寻找共性和差异，以便于提出有针对性的具体建议。研究将运用面板数据模型深入分析这些因素究竟是如何影响经济效率提升的；继而进一步地运用空间面板模型（Spatial Panal Data Model），以及 ESDA 模型，从空间层面进一步对区域经济效率的影响因素进行全面系统的分析和论证。

4. 首都圈区域经济效率的空间外部性研究

课题借助于 ArcGIS、GeoDa、Matlab 等软件工具，运用空间面板模型（包括空间误差 SEM、空间滞后模型 SLM，以及空间杜宾模型等），从空间维度来研究首都圈区域经济效率的外部效应，同时深入分析空间溢出的路径依赖问题。包括：一是从全域和局域两个层面对经济效率的空间溢出进行系统分析；二是从不同时间维度和空间尺度对区域经济效率的空间外部性进行比较研究；三是基于以上分析，发现不同时期，不同空间尺度区域经济效率空间外部效应的规律性问题，从而提出提升区域经济效率的具体对策建议。

## 五、项目研究的最终成果

通过对京津冀 2003~2015 年间要素投入及对经济增长的贡献测算，并深入分析其空间溢出效应。研究表明：（1）此间京津冀资本投入要素和劳动投入要素对京津冀经济增长的贡献存在空间差异，资本投入依然是京津冀增长的源泉；京津冀产出增长及资本和劳动投入存在显著的空间自相关性和溢出效应，各个区市的经济增长与邻近区市的增长存在空间关联，即影响一个地区产出增长的因素还会对邻近地区的产出增长产生间接的溢出效应；研究发现了京津冀技术进步对经济增长的贡献较小，充分表明了全要素生产率对京津冀经济增长的贡献有较大的提升空间，需要不断地提高要素配置效率、技术效率和规模效率，从而提高技术进步对经济增长的贡献；研究结果同样发现了相邻区市的劳动投入对产出的贡献却显著为正，这表明劳动力对产出的空间效应非常明显。（2）从全要素生产率的影响因素来看，估计结果显示了经济集聚、人力资本水平、信息化水平、经济开放度及制度因素对全要素生产率的影响为正，政府的干预、对外开放水平和土地投入对全要素生产率的影响为负；但对外开放对全要素生产率的影响并不显著。由此，促进京津冀区域经济一体化的发展，需要加强相邻地区劳动力要素流动的市场调节机制，调整和制定差异化、有利于加强区域合作的产业经济政策和对策措施，引导产业的空间转移，实现人口有序疏解，进一步激发劳动力对经济增长的贡献等。

# 基于社交媒体地理大数据的可感知情境的个性化旅游推荐研究

## 一、项目类别

国家自科基金青年项目

## 二、项目负责人

彭霞，女，博士，研究领域为旅游大数据分析，旅游信息化，旅游地理信息系统，主持国家级自然科学基金项目 1 项、北京市社科基金项目 1 项与北京市教委科研项目 1 项，参与国家重点研发计划、科技支撑计划、国家社科基金等国家级课题 5 项，出版著作 1 部，发表高水平论文多篇，曾获华夏建设科学技术奖一等奖、全国高校 GIS 青年教师讲课竞赛一等奖等多项教学科研奖励。

## 三、项目研究团队

项目研究团队主要依托北京联合大学旅游学院及中国科学院地理科学与资源研究所资源与环境信息系统国家重点实验室。项目组已在有关项目中对社交媒体地理数据挖掘、空间数据管理与个性化旅游推荐等问题做了大量预研究，对本研究选题的关键科学问题已有较充分的认识，也对其科学意义达成共识。在任务分工上，亦充分发挥联合团队优势：北京联合大学旅游学院侧重项目中的总体研究与旅游推荐方法研究部分，资源与环境信息系统国家重点实验室侧重项目中的技术实现与实验部分。此外，项目负责人彭霞作为北京联合大学旅游学院在职教师的同时，也是资源与环境信息系统国家重点实验室在站博士后研究人员。因此，项目负责人能够很好地协调与衔接两方的工作，为联合研究的顺利开展提供保障。

## 四、项目研究简介

### （一）项目的选题背景及意义

在大数据时代，随着移动互联网技术的发展和智能移动终端的普及，人们越来越习惯于通过智能移动终端上的应用随时随地获取或分享信息。在众多用于信息获取和分享的移动应用中，基于用户地理位置的服务（Location Based Service，LBS）已成为主流。人们在使用此类应用的过程中，产生了海量的含有地理位置信息的社交媒体（Social Media）数据，并且此类数据的规模呈爆炸性增长。这一类新型的海量媒体数据的出现，为许多研究领域带来了新的机遇和挑战，吸引了研究人员的兴趣和广泛关注。

譬如，新浪微博默认在用户发表文字或者图片微博时嵌入当前的位置；"大众点评""百度身边"以及"街旁"等签到类应用使人们可以在餐馆、酒店、景点等各种商家进行"签到"（Check-in），并对商家的产品和服务进行点评；照片分享应用如 Flickr、Instagram、Panoramio 等使得用户在拍摄照片的时候除了可以添加文本描述信息之外，还可以附加当前的位置信息，故而被称为地理标签照片（GeotaggedPhotos）；百度旅游、面包旅行等应用使得用户在旅游的过程中，可以随时记录自己的旅行线路，拍摄照片，添加旅游日志等。上述含地理位置信息的社交媒体数据具有典型的大数据"4V"特征：Volume（大量）、Velocity（高速）、Variety（多样）、Value（价值）。据统计，Flickr 网站具有超过 4900 万张带地理标签的照片，Panoramio 也有超过 2000 万张图片被地理信息标记过；街旁网的 300 万用户仅在 2012 年就产生超过 3000 万条签到记录，而新浪微博的 5.56 亿用户更是累计产生超过 6 亿条签到记录，其中旅游景点约占 20%。与此同时，上述社交媒体数据还包含空间、时间、好友关系等上下文信息和多模态媒体内容，这些数据提供了丰富的有关用户行为的信息，并且随着社交媒体变得越来越普遍，这些信息的潜在利用价值也在不断增加。因此，由用户通过 LBS 位置服务自发采集，并基于社交媒体平台分享而产生的海量时空数据集合,可称为社交媒体地理大数据。社交媒体地理大数据为地理学相关的研究与应用提供了新的研究机会和挑战。这些社会化媒体数据(如照片、签到数据)不仅含有标题、标签等描述类信息,还含有时间信息——照片拍摄或签到的时间,以及空间位置信息——照片拍摄或签到地点的经纬度。通过对这些数据的挖掘可以整合用户的群体知识,构建新颖的服务,给用户的生活带来便利。对要去陌生城市旅游的游客而言,寻找旅游推荐和制订旅行计划是至为重要的。由于对旅游的城市比较陌生,游客往往需要查看旅游书籍、个人旅游攻略或者将网络上的一些零碎信息进行整合制订出旅行计划。然而,通过这些方式来确定旅游景点并将它们进行排序以制订行程,是非常麻烦、耗时与辛苦的。而且人工的调查手段研究范围偏小,推荐结果也难以较好地满足游客需要。此时,社会媒体地理大数据的出现,为旅游推荐提供了一种强有力的"集体智慧"(Collective Wisdom)的解决途径:一方面通过对大量用户在社交媒体上分享的地理位置信息进行挖掘,提取游客访问各景点的时空轨迹,可以得到经典的旅游景点和线路;另一方面可以获得游客在旅游中对景点的态度、注意力以及兴趣,对游客旅游偏好及上下文环境进行分析,为游客提供智慧化、个性化的旅游推荐服务。因此,基于社交媒体地理大数据的旅游推荐研究,可以帮助游客更好地安排旅行计划,改善旅游品质,提升游客的旅游体验,也有利于旅游目的地的开发及营销。此外,相关研究进展对激励旅游产业创新、传统旅游迈向"智慧旅游"、旅游产业结构升级也有着积极的推动意义。

## (二)项目相关的研究述评

自20世纪90年代起,旅游推荐开始作为独立概念被提出来,使用最广的是Resnick等学者提出的定义,"利用电子商务网站向消费者提供信息和建议,帮助人们做出决策"。而今,旅游推荐系统已经成为一个热门的研究领域,越来越多的学者对旅游推荐方法展开了系统化的研究。与此同时,旅游推荐系统在旅游业中的应用也在快速增长。其中具有代表性的旅游推荐系统有Triplehop公司研发的Trip Matcher和Vacation Coach公司研发的Expert Advice Platform。两者都试图模拟现实中用户与旅行社之间的咨询过程,根据用户提供的当前需求、偏好和约束条件,为用户提供一个或者多个可能的旅行方案。因此，旅游推荐系统可视为一种可为用户提供旅游推荐服务的软件系统，它通过分析用户的旅游需求、偏好以及旅游时的约束条件，为用户推荐最适合的旅游产品，帮助用户快速做出旅游决策。从推荐内容上来说，旅游推荐既包括对单个的景点、酒店、航班等的推荐，亦包括对旅游线路、旅行套餐等涵盖多项产品的组合内容的推荐。社交媒体地理大数据（即前述的签到数据、地理标签照片、旅行轨迹等）主要提供游客的时空轨迹信息，因此可应用于景点及旅行线路的推荐。鉴于社交媒体地理大数据并不包含电子交易信息，因此对于涉及此类信息的酒店、航班及旅行套餐等产品的推荐并不适用，故本项研究中主要讨论基于社交媒体地理大数据的景点及旅行线路的推荐。

近年来，在基于简单假设——"旅游景点常被频繁拍照或签到"的情况下，通过挖掘社交媒体网站中大量的地理位置信息，发现受欢迎的旅游景点并为游客推荐合适的景点或线路的相关研究已经迅速成为研究热点。游客所提供的带有地理标签的照片集或签到记录集可看作是其访问过的景点序列，利用这些信息可为游客建立旅行足迹。在近几年中，研究人员已经提出各种方法来发现热门景点或是有代表性的旅行线路，进一步解决旅游推荐方面的难题。

1. 基于社交媒体数据的旅游景点推荐

旅游景点推荐的基本步骤包括：首先基于社交媒体上的游客轨迹数据，从地理坐标集合中挖掘出热门的旅游景点，并给景点增加名称等语义信息；然后根据用户的兴趣偏好，按一定的推荐算法对候选的热门景点打分后再排序，将排序靠前的景点推荐给用户。对热门旅游景点进行挖掘，现有工作一般是先对用户的地理位置集合进行聚类来发现热门景点位置。一种经典的空间聚类方法是均值漂移（Mean Shift）算法，比如 Crandal、Kurashima 等均使用了均值漂移算法来对地理坐标进行聚类及热门景点提取。均值漂移算法的优点是不需要指定类别的数量，而只需要指定邻域搜索的带宽，这样均值漂移聚类算法就能找到若干个聚类中心。另外一种经典的空间聚类方法是基于密度（density-based）的 DBSCAN 算法，其优点是需要的领域知识少，且可以发现不规则的聚类；Kisilevich 等引入自适应的密度计算方法，在 DBSCAN 的基础上发展了 P-DBSCAN 算法，可以较好地发现大小及密度不一的聚类中心。此外，Yang 等在其景点挖掘工作中，则是采用谱聚类的方法，使用该种方法的好处是聚类个数能自动调整。Zheng、Yuan 等研究了利用 GPS 轨迹数据挖掘兴趣点和热门景点的方法，提出了 HITS 挖掘算法。该算法首先对 GPS 轨迹进行处理，提取出用户的停留点；然后对停留点进行层次聚类，得到一个图结构，越高的层次中的聚类包含的停留点越多，代表的空间区域也越大；然后可以对这些停留点和区域进行排序，从而得到兴趣点、景点和热门区域。

还有一些工作揭示了如何在空间聚类的基础上给景点增加语义信息。比如 Cao 等研究了从含地理位置信息的照片中挖掘旅游景点，并抽取具有代表性的照片和文本标签，使得用户可以使用图片或者文本来搜索旅游景点。Gao 等则借用了已有的旅游推荐网站（Yahoo Travel）中的用户知识，对照片的文本标签进行增强和过滤。利用从已有旅游网站挖掘出来的知识，可以衡量照片的文本标签是否和旅游相关，同时也可以将已有旅游网站中关于景点的标签传播到照片上，这样就提高了照片所对应景点的语义准确性。在景点打分推荐方面，协同过滤推荐算法作为最经典的推荐算法被广为使用。协同过滤推荐算法的基本思路是：通过当前用户对景点的评分或访问历史可以发现用户的兴趣，找出可能的相似用户，进而将相似用户喜欢的景点优先推荐给当前用户。Trip Matcher 和 Expert Advice Platform 两个旅游推荐系统中均使用了协同过滤算法。

Clements 等研究利用地理标签照片来进行旅游景点的推荐，使用了基于用户相似度的协同过滤推荐算法；Ye 等则融合了基于用户的协同过滤、社会网络中用户的相互影响以及旅游景点的距离远近这三个因素，向用户推荐个性化的旅游景点。此外，Kurashima 等提出了另外一种景点推荐方法，该方法利用一个产生式主题模型（Generative Topic Model），将游客的兴趣偏好与游客距景点的远近这两个因素建模到一个主题模型中。在这个主题模型中，用户的兴趣被当作主题，在依据主题选择景点的过程中，选择景点的概率与游客距景点的距离成反比，即景点的距离越近，选择该景点的概率越大。

2. 基于社交媒体数据的旅行线路推荐

与旅游景点推荐类似，旅行线路推荐也包含两个基本问题：线路挖掘与线路排序。已有一些学者开展了从社交媒体地理数据中挖掘旅游线路的工作。比如，Arase、Lu、Yin 等利用地理标签照片的轨迹挖掘出热门的景点序列，然后将这些序列连接得到高质量的旅行线路。通过对照片拍摄时间的分析，可以得到每个旅游景点的大概游览时间。这样，当用户输入旅游目的地以及预计游览时间，该系统就能为用户推荐若干条旅行线路。Wei 等通过挖掘大量的不确定的 GPS 轨迹，解决在指定线路所必须包含的景点和预计花费时间这两个约束条件下，向用户提供满足条件的旅行线路的问题。Kurashima 等提出的方法利用 Markov 模型对用户的历史旅行线路模式进行建模，同时利用话题模型 PLSA 对用户的兴趣进行建模。最后结合这两方面因素，根据用户提出的时间需求，利用动态规划的方法产生线路推荐结果。Gionis 等的研究工作通过挖掘签到类社交应用的数据进行城市内部的旅行线路推荐，这项工作提出的线路推荐算法考虑了旅游景点的类型、访问景点的顺序、空间和时间约束以及景点的游客满意度。此外，Yin、Yoon 等的工作则关注旅游线路的排序问题，即如何衡量一条线路的质量。在挖掘出旅游线路之后，Yin 提出的方法利用线路的重复游览频率以及线路中景点的热度来评价旅行线路的受欢迎程度。除了考虑线路的受欢迎程度之外，该方法在对线路质量进行评估时，还考虑了线路的多样性，即考虑 NSFC2 线路对景点的覆盖率。Yoon 等则在对线路进行排序的时候考虑的因素较为综合，一共考虑了四个方面：线路总的时间花费需要尽量接近用户给定的时间限制，线路在旅游景点内部花费的时间占线路花费的总时间的比例需要尽量高，线路应尽量覆盖受欢迎的景点，以及这条线路受欢迎的程度尽量高。

从国内外研究现状的分析可以看出，现有的研究工作从总体上来说存在以下几点不足：

（1）在对含有地理位置信息的媒体数据进行挖掘的时候，现有工作通常只涉及单一类型的数据，缺乏对多源地理信息的媒体的融合与挖掘的工作，如只对签到数据挖掘或只对社区分享照片进行挖掘。而事实上，大数据时代下各类社交媒体层出不穷，数据来源的多样性正为更加广泛、综合的游客行为分析及精准的旅游推荐提供了可能。比如，Flickr 等照片分享社区主要用户为境外游客，Flickr 地理标签图片库可用于入境游客的旅游推荐，而街旁等签到应用主要用户为国内游客，其签到数据则可用于国内游客的旅游推荐。若能对多源社交媒体地理信息进行综合分析，可为游客提供更加精准的个性化推荐服务。

（2）现有研究工作对含有地理位置信息的媒体数据的上下文信息的利用与挖掘仍然不够充分。例如，现有工作在利用照片分享社区的数据进行旅游推荐的研究时，没有充分挖掘数据中包含的上下文信息，包括：GPS 位置信息、照片拍摄时间、用户信息、文本信息、照片视觉信息等多种上下文信息。而对上下文信息的充分利用是发现游客偏好，实现个性化推荐的关键。

（3）现有研究工作通常仅把含有地理位置信息的媒体数据作为挖掘和分析对象，但是缺乏对推荐对象——游客所处情境（Context）的考虑。如游客计划出行的日期是周末还是平时、计划出行日期的天气状况等情境信息，对旅游推荐结果实际有着较大影响。而现有工作在对社交媒体地理数据进行挖掘和推荐时，没有与游客的所处情境、需求和限制相结合。因此，本课题拟综合利用多源社交媒体地理数据，根据游客旅程的时空轨迹挖掘游客偏好，并充分考虑游客所处情境，建立一整套基于社交媒体地理大数据的可感知情境（Context-aware）的个性化旅游推荐方法。

## （三）项目研究的对象及主要内容

本课题拟综合利用多源社交媒体地理数据，根据游客旅程的时空轨迹挖掘游客偏好，并充分考虑游客所处情境，建立一整套基于社交媒体地理大数据的可感知情境（Context-aware）的个性化旅游推荐方法。我们期望本课题研究及提出的旅游推荐方法能够反映以下三个基本特征：

### 1. 集体智慧

对刚到陌生景点而又缺乏旅游经验的游客而言，询问之前来过、了解该景点的其他游客是一个比较好的方法。游客通过这种方法可获得更多准确而又及时的信息。但是，该方法需要游客花费时间去消化并整合所收集到的信息，才能为其旅游所用。充分借助社交媒体地理大数据，我们拟将其他游客所分享的带有地理标签的照片及签到数据集作为当前游客旅游决策的数据基础，借助集体的智慧完成两个任务：①利用其他游客的位置信息对热门景点进行挖掘，汇编出各个城市的热门旅游景点集；②在确定热门景点集的基础上，为当前游客推荐合适的景点或旅行线路。

2. 个性化

一般地，游客在景点签到或是拍照都暗示其对该景点的喜爱。而假定两位游客有相近的旅行偏好，他们也会游览一些具有相似特征的景点。这样就可以根据游客分享的照片、位置信息及他们以往旅行足迹建立游客相似性模型，得到游客特定的旅行偏好，据此可进一步为其提供个性化的旅游推荐。

3. 情境感知

事实上，除了偏好之外，游客对于景点的喜好程度也会受旅行时间以及天气状况（即用户所处情境）的影响。比如，尽管某游客对公园类景点情有独钟，但是其不会选择在下雨天或是晚上去游览公园。首先，我们可以从社交媒体地理大数据中，依据过往游客的时空轨迹挖掘出各个景点所流行的游览情境（比如景点"颐和园"对应的流行的游览情境可能为——"晴朗的周末上午"）；其次，可以在各种在线天气服务网站的帮助下，获得当前游客计划出行时的情境信息；最后，我们将这两种情境信息进行比对，优先给当前游客推荐与其出行情境匹配的旅游景点或线路。以上过程即称为情境感知的旅游推荐。

## （四）项目研究的重点及主要目标

本课题的任务是研究基于社交媒体地理大数据的可感知情境的个性化旅游推荐方法。我们计划从社交媒体以及可利用的网络资源中挖掘有用信息，对热门旅游景点进行提取，分析用户旅行偏好，预知游客计划旅行时所处情境，据此为游客推荐合适的旅游景点和旅行线路。课题主要研究目标如下：

1. 基于社交媒体地理大数据的可感知情境的个性化旅游推荐框架研究

基于社交媒体地理大数据的可感知情境的个性化旅游推荐框架如图1所示，其主要逻辑过程包括：

第一步，游客发起推荐请求。游客一般通过移动应用或 Web 应用发起推荐请求，通过旅游推荐平台描述自身需要。比如定义旅游目的地城市、期望旅行的时间（某个时间点或时间段）。如前所述，要实现情境感知的旅游推荐，预知游客的情境信息是至为关键的。通过结合在线的天气信息服务，我们可以从预设的旅游目的地与旅行时间中挖掘出更多的情境信息，

如计划旅行时段目的地城市天气是晴朗还是下雨（即天气情境），出行时
是周末还是工作日，是旺季还是淡季（即时间情境）等。此外，游客的旅
游推荐请求可区分为两类：重要景点推荐——通常游客已经抵达目的地城
市，期望获得下一个要去的旅游景点；旅游线路推荐——可能发生在游客
还未抵达目的地时，期望获得该城市内的景点游览线路。

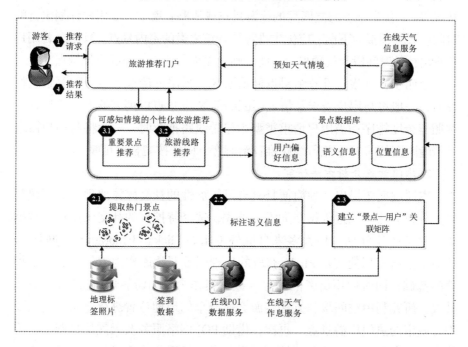

**图1　基于社交媒体地理大数据的可感知情境的个性化旅游推荐框架**

第二步，进行热门景点分析，建立景点数据库。社交媒体地理大数据
为我们提供了一个绝佳的研究游客旅行足迹的机会，基于海量的地理标签
图片库及签到数据集，可提取各个旅游目的地城市的热门景点，作为后续
旅游推荐的数据基础。首先，利用空间聚类的手段可获得热门景点的地理
位置；其次，通过在线的兴趣点（Point of Interest，POI）网络服务和天气
信息服务，为景点标注名称、流行的游览情境等语义信息；最后，还应建
立景点与用户之间的关联矩阵，记录用户对各个景点的访问次数。如上所
述，热门景点分析恰是将海量的、看似无序的社交媒体信息抽取并整理为

结构化、语义信息丰富的热门景点数据库的过程。

第三步，响应游客请求，进行可感知情境的个性化旅游推荐。基于社交媒体大数据所展现出的群体智慧和旅行选择，利用景点数据库获得目标城市的热门景点及线路，并分析游客偏好，为游客生成个性化的旅行推荐列表。此外，推荐的过程中，应充分考虑游客的游览情境（游览时间、天气状况等），优先推荐与之匹配的旅游景点或线路。譬如，如用户计划出行的时间段天气预报为下雨，应优先推荐博物馆之类的室内景点。反之，若用户计划出行的时间段天气预报为晴朗，则优先推荐公园之类的户外景点。

第四步，将旅游推荐结果返回给游客。当用户请求类型为重要景点推荐时，一般将与用户需求及情境匹配的前 K 个景点以列表的形式给出，并按照契合度排序；当用户请求类型为旅游线路推荐时，一般将与用户需求及情境匹配的前 K 个旅行线路推荐给游客，同样按契合度排序。

2. 热门景点分析方法研究

本课题期望提出一种简便且具有可扩展性的社交媒体地理大数据热门景点分析方法。该过程阐释如下：首先，选择待挖掘的社交媒体地理数据集。鉴于照片分享应用大多来自境外（比如 Flickr、Panoramio 等网站），故而本项研究拟使用从 Flickr 获取的地理标签照片库作为境外游客旅游推荐的基础，同时使用街旁网的签到数据集作为境内游客旅游推荐的基础。其次，研究利用空间聚类方法将游客所分享的地理位置进行分组，进而发现各城市的热门旅游景点。再次，借助 POI 网络服务及天气信息服务，为景点增加名称、流行游览情境等语义信息。最后，依据每位用户的时空轨迹，推断用户的旅行偏好，建立"景点—用户"关联矩阵。至此，富含位置信息、语义信息及偏好信息的景点数据库得以构建。

3. 重要旅游景点推荐方法研究

当游客在陌生城市旅游时，希望推荐系统能够据其爱好为其推荐若干景点。通过对社交媒体上大量地理标签照片及签到数据集的分析，可为游客推荐重要旅游景点。在本项研究中，我们拟将景点被游览的次数作为衡量景点流行程度的标准，从游客的过往游览轨迹中获得其旅游偏好，然后利用该信息为游客在陌生城市旅游时推荐适合他的景点。此外，将景点在不同情境下的流行程度作为特征匹配标准，结合预知的游客游览情境，为景点打分并进行排序，由此得到"恰如其分"的景点推荐列表。上述思路亦充分体现"个性化"及"情境感知"两个基本特征。

4. 旅行线路推荐方法研究

当游客面对城市中的众多景点时，他需要选择合适的旅行线路、制订旅行计划以便游览该城市。社交媒体地理大数据反映了众多用户的旅行足迹，利用群体智慧，可以找到具有代表性的旅行线路，来为游客推荐。尽管此前有学者提出使用基于 Markov 概率模型的手段来预测和动态生成游客的时空轨迹作为线路推荐，然而我们认为大数据集体智慧中所蕴含的线路选择实际上已经有对时间、经济、交通、景区满意度等诸多因素的考量，多数人或者说偏好相近的游客们过去的选择很可能会是好的推荐结果。因此，我们拟先使用序列模式挖掘的方法，先将城市内游客频繁游览的景点序列（即旅游线路）挖掘出来，然后结合当前游客所处情境，依据其旅行偏好找出合适的旅行线路作为推荐结果。

5. 实证研究

在上述旅游推荐方法研究的基础上，开展实证研究——利用收集的 Flickr 地理标签照片库及街旁网签到数据，实现一个基于社交媒体地理大数据的旅游推荐系统，通过该软件可为游客提供推荐服务。游客在提出推荐请求之后，推荐系统将返回兼顾其旅行偏好及所处情境的重要景点或游览线路列表。通过对该旅游推荐系统实验结果的进一步分析，又可回馈和改进社交媒体地理大数据场景下的旅游推荐关键方法研究。

## （五）项目研究的思路及方法

本项研究拟综合利用多源社交媒体地理数据，根据游客旅程的时空轨迹挖掘用户偏好，并充分考虑游客所处情境，建立一套基于社交媒体地理大数据的可感知情境的个性化旅游推荐方法。首先，对基于社交媒体地理大数据的旅游推荐的关键问题：热门景点分析、重要景点推荐与旅行线路推荐等进行研究，并提出一系列关键方法。然后，在此基础上开展实证研究，实现基于社交媒体地理大数据的旅游推荐系统，对所提出的旅游推荐关键方法的可行性进行验证。同时，实验结果又可以回馈改进关键方法的研究，这是一个迭代渐进的研究方案（图2）。

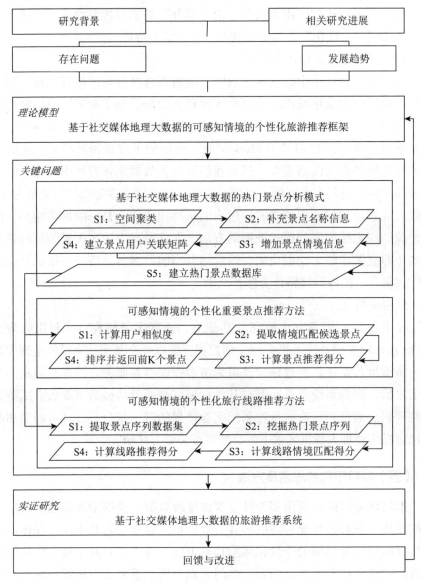

**图2　项目总体研究方案**

　　我们已经通过社交媒体的开放 API 抓取并建立了 Flickr 地理标签照片库与街旁网签到数据集。其中，Flickr 地理标签照片库包括 2005 年 1 月至

2014 年 12 月拍摄于我国 30 个主要城市的 5716216 张带地理标签的照片及其元数据；街旁签到数据集包括 2011 年 9 月至 2013 年 6 月覆盖上述主要城市的 36337818 条签到记录及其元数据。基于上述社交媒体数据，本项研究拟实现一个基于社交媒体地理大数据的旅游推荐系统，该软件可为游客提供可感知情境的个性化旅游推荐服务。其中，Flickr 照片库构成面向入境游客推荐的基础，街旁签到数据集构成面向国内游客推荐的基础。项目的具体技术路线如下：

第一步，构建景点数据库。根据基于 Mashup 的社交媒体地理大数据热门景点分析模式，开发数据抽取工具，对 Flickr 地理标签图片库和街旁签到数据集进行分析，分别建立语义信息完备的热门景点数据库。

第二步，实现旅游推荐系统的后台服务。基于热门景点数据库，编写程序实现基于情境匹配的重要景点协同过滤推荐方法及基于序列模式挖掘的个性化旅行线路推荐方法，建立旅游推荐后台服务。

第三步，实现旅游推荐系统的前端应用。拟开发基于 Android 的旅游推荐移动应用（APP），作为旅游推荐系统的客户端程序。如前所述，移动应用的用户系统沿用抓取数据中 Flickr 及街旁网的用户信息，同时支持匿名用户。通过该移动 APP 的界面，用户可以自定义计划出行时间、目标城市、需要的推荐类型（即重要景点或旅行线路）等，客户端程序将调用中国天气网 API，获得出行时目标城市的天气情境，再加上时间情境构成完整的游览情境。上述信息结合移动端当前的 GPS 位置信息，封装为旅游推荐请求并被发送到后台服务端，后台服务器根据用户身份与请求类型，进行处理并返回情境感知的个性化推荐结果。

第四步，开展旅游推荐实验，对前期的研究方法进行系统验证。分别选取境内及境外两组用户，选取测试城市，设计用户场景并使用推荐系统进行实验，并期望与传统方法（如经典的协同过滤推荐、基于马尔可夫链的线路推荐等）在平均正确率（Mean Average Precision，MAP）等关键指标上进行比较与分析，实验结果又可作为回馈改进前期研究方法的重要依据。

### （六）项目研究的计划及安排

根据本项目的研究内容和技术方案，研究计划安排如下：

2016年1~6月，整理并学习国内外相关研究文献，完善课题的"基于社交媒体地理大数据的可感知情境的个性化旅游推荐"研究框架和工作大纲；根据研究需求更新Flickr地理标签照片库与街旁签到数据库。

2016年7~12月，研究基于Mashup的社交媒体地理大数据热门景点分析模式，实验基于Flickr API、街旁API、百度Place API、Wunderground API、中国天气网API等多源开放数据平台的信息糅合方法，构建语义信息完备的热门景点数据库，提出完整的热门景点分析模式，完成课题设计的第一部分内容。

2017年1~6月，基于热门景点数据库，使用游客访问景点的次数表征景点评分，研究用户相似度矩阵构建机制，设计景点情境匹配的算法流程，提出基于情境匹配的重要景点协同过滤推荐方法，完成课题设计的第二部分内容；参加国内外学术会议，发表部分中间研究成果。

2017年7~12月，研究景点序列模式挖掘算法，提取并构建热门景点线路数据库，设计旅行线路情境过滤的算法流程，提出基于序列模式挖掘的个性化旅行线路推荐方法，完成课题设计的第三部分内容；与海内外学者进行充分交流，完善研究成果，发表中英文学术论文。

2018年1~6月，利用"Flickr地理标签照片库"及"街旁网签到数据集"两套数据，实现一个基于社交媒体地理大数据的旅游推荐系统，对可感知情境的个性化旅游推荐方法进行验证，完成课题设计的第四部分内容；参加相关学术会议，交流研究成果并发表中英文学术论文。

2018年7~12月，集成已有研究成果，封装基于社交媒体地理大数据的旅游推荐系统软件，撰写软件著作权申请；梳理课题设计的各项内容，完成研究总报告；陆续发表后续研究成果。

### （七）项目研究的创新点

本课题的研究特色包括：

1. 集体智慧、个性化与情境感知

本课题拟糅合利用社交媒体地理数据、在线兴趣点数据服务、天气信息服务等多种网络数据资源，根据用户旅行的时空轨迹挖掘游客偏好，并充分考虑游客所处情境，建立一整套基于社交媒体地理大数据的可感知情境的个性化旅游推荐方法。相较于传统方法，基于社交媒体地理大数据的旅游推荐方法极大延拓了研究范围，推荐结果更能满足游客需要。同时，本课题研究的旅游推荐方法能够反映以下三个基本特征——集体智慧个性化与情境感知。

2. 多学科交叉与多方法融合

本课题是一个多学科交叉、多方法融合的研究命题，综合了旅游地理学、大数据科学、地理信息科学、人工智能等多个学科的特点，且预期研究成果具有很强的应用价值。基于社交媒体地理大数据的智能旅游推荐研究，将有助于游客更好地安排旅行计划，提升游客的旅游体验及品质，为旅行决策提供方法支撑。

本课题的科学创新点包括：

（1）提出一种基于 Mashup 的社交媒体地理大数据热门景点分析模式；

（2）提出一种基于情境匹配的重要景点协同过滤推荐方法；

（3）提出一种基于序列模式挖掘的个性化旅行线路推荐方法。

## 五、项目研究的最终成果及获奖情况

截至 2017 年 8 月，依托本课题发表的研究论文情况如下：

1. 彭霞，谢永俊，党安荣. 面向旅游规划的空间信息服务工作流构建方法研究. 测绘科学，2016，41（12）：124-129.［中文核心］

2. 陈宁，彭霞，黄舟. 基于社交媒体地理大数据的旅游景点热度分析. 测绘科学，2016，41（12）：167-171.［中文核心］

3. 谢永俊，彭霞，黄舟，刘瑜. 基于微博数据的北京市热点区域意象感知. 地理科学进展，36（9）.［中文核心］

4. Lin Wan, Zhou Huang, Xia Peng. An Effective NoSQL-Based Vector Map Tile Management Approach. ISPRS International Journal of Geo-Information，2016，5（11）：215. [SCI]

5. Xia Peng, Zhou Huang. A novel popular tourist attraction discovering approach based on geo-tagged social media big data. ISPRS International Journal of Geo-Information. 2017；6（7）：216. [SCI]

# 我国廊道遗产空间结构与功能协同演化研究
## ——以"茶马古道"为例

## 一、项目类别

国家自科青年项目

## 二、项目负责人

李飞,人文地理学博士,副教授。研究领域为文化遗产保护、遗产旅游、旅游学基础理论研究。曾主持教育部基金项目 1 项。

## 三、项目研究团队

本项目研究团队 6 人,其中,具有博士学位的 5 人,具有硕士学位的 1 人。研究领域涉及旅游规划、人文地理等。

## 四、项目研究简介

### (一)项目的选题背景及意义

1. 选题背景

在国力持续攀升、人民不断富足的现代中国,在精神领域寻求与经济地位相匹配已经成为一种新的文化经济现象。中华民族的复兴迫切需要强大的文化内核与精神内涵作为灵魂和动力,这不是某一个文化遗产能够承担的历史使命。因此,跨区域、跨民族、跨文化、跨古今的大型廊道遗产(如丝绸之路、京杭大运河、长江三峡、茶马古道等)不约而同地成为中国社会关注的焦点。然而，在遗产领域，保护与利用之间的矛盾深刻而复杂。目前，依照地理学的理论和方法，对廊道遗产空间和功能的关系及其协调演化机制进行研究仍然是一个较新的课题，也是试图破解上述矛盾值得尝试的途径。

2. 研究意义

（1）理论意义

① 突出地理学（主要指人文地理学）对于我国巨型遗产系统（廊道遗产）保护与传承的重大意义，促进地理学与遗产学的融合发展。

② 结合美国绿道理论和欧洲文化线路实践，强调廊道遗产概念在诠释我国跨区域大型线性遗产方面的最佳适用性。

（2）实践意义

① 探寻廊道遗产空间结构变化的一般规律，厘清空间与功能的协同演化机理，进而把握廊道遗产现代功能和空间结构的未来变化趋势，明确廊道遗产保护和开发方向。

② 以"茶马古道"为例的研究意义在于，把握廊道遗产空间结构与功能的协同发展对于我国西南地区民族文化、区域经济和生态环境的深刻影响，同时在实践层面为"茶马古道"的保护性开发提供对策建议和参考。

## （二）项目研究的对象及主要内容

从地理学和遗产学交叉视角深入剖析遗产巨系统——廊道遗产的结构和功能等内在机制，并通过对廊道遗产结构与功能的协同演化研究，梳理廊道遗产历史与当代功能，对廊道遗产当今保护与利用，尤其对地处欠发达地区的"茶马古道"开发利用，提出对策与建议。

## （三）项目研究所具备的基础

1. 工作基础

项目申请人主要研究方向为文化遗产保护、区域旅游开发与规划，在博士生导师北京师范大学宋金平教授悉心指导下，接受过系统的专业学习，具有较扎实的理论基础。项目申请人自 2007 年起开始研究廊道遗产问题，硕士和博士学位论文均涉及该领域的研究，对廊道遗产的概念、理论体系、判别标准、时空演进、保护开发等问题有自己独到的认识和思考。近几年在《人文地理》《地域开发与研究》《地理与地理信息科学》等核心期刊上发表关于廊道遗产的学术论文多篇，并主持完成北京旅游研究基地廊道遗产项目1项，参与区域规划和旅游规划项目30余项。

申请人背包旅行12年，游遍祖国，并出版个人旅行专著《"穷玩"中国》，期间考察过丝绸之路、茶马古道、京杭大运河、长江三峡等主要廊道遗产，对这些民族遗产产生了直观认识，掌握了第一手资料。申请人希望通过本自然科学基金青年项目的申请，能够将廊道遗产研究向更深入的理论层面和可操作的实践层面给予推进，使廊道遗产精神得以更好地发扬与传承。

2.基础条件

依托单位研究基础较好，研究人员规模较大，使项目组能够获得较充分的交流和互助机会。

（1）资料来源

北京联合大学图书馆、云南昆明学院图书馆、国家图书馆、国家历史档案馆、云南省国家馆、四川省图书馆，以及国家测绘局、国家统计局等官方网站电子信息资料将为本研究提供资料支撑，其中包括图书资料、电子期刊资料、历史档案资料等，基本满足研究文献的查阅。如需最新图书资料，则由项目经费列支。单位图书馆拥有齐全的地理和文化类中外文文献检索资料（ENSCO、UMI/INFORM等）。已经搜集和查阅国内外参考文献超过300篇。已完成多项相关研究、学术论文和专著，熟悉本领域问题，掌握研究所需的基本理论和方法。

（2）设备条件

项目组研究所需的电脑、网络、复印、会议等条件充分。照相机、摄像机、录音笔、笔记本电脑、U盘等调研设备均由课题组成员自备，投影仪、电脑台式机、交换机、处理器由北京联合大学提供支持。

（3）装备条件

由于户外考察需要，部分帐篷、睡袋、背包、气炉、保暖服装、照明工具等需要项目经费支持，其余由成员自备。

项目组认真讨论了研究的初步框架、模型和关键问题。项目组的研究能够得到学校充分的资金和人力支持。在此基础上，拟积极争取廊道遗产沿线政府、学术团体或一些户外企业的支持。

### （四）项目研究的重点及主要目标

1. 基础理论与模型研究

在前期研究的基础上，进一步研究廊道遗产空间结构要素及其相互关系、廊道遗产空间结构与功能的相互作用及机制、"结构与功能协同演化模型"等，探索廊道遗产不同生命周期阶段功能与空间结构的关系问题。从不同的空间尺度（跨区域、区域、地方）对廊道遗产空间结构演变进行分析，总结其发展变化规律，发展廊道遗产相关理论。

2. 建立生命周期动态曲线，梳理廊道遗产功能

通过对生命周期理论的动态修正，提出适合廊道遗产的"动态生命周期曲线"。通过对廊道遗产复兴的动力因子分析，总结出中国廊道遗产的历史与现代功能，尤其清晰地把握廊道遗产在当代的特殊功用，有利于为遗产管理部门和廊道遗产所在地各地方政府提供保护与开发依据。

3. 政策研究与对策建议

初步提出廊道遗产发展的应对模式和政策，其中预计涉及廊道遗产管理的区际协调模式、廊道遗产旅游品牌的联合塑造、廊道遗产保护模式与开发策略、廊道遗产跨国合作政策等子问题。总结当前面临的遗产保护开发若干问题，基于时空维度评价廊道遗产的保护与开发现状，在时空视角下运用遗产保护开发的先进理论与模式探索适用于廊道遗产的保护开发方法，从而提出廊道遗产保护开发实施路径。

4. "茶马古道"保护利用，促进沿线地区经济社会发展

"茶马古道"蕴含着深厚的历史文化，是西南地区社会经济发展可依托的重要资源，对其开发和利用给予深入思考和研究，有利于其沿线地区社会经济发展与传统文化传承，有利于提高欠发达地区人民生活福祉，有利于缩小东西部地区差异，同时有利于边疆地区和少数民族地区的和平稳定。

### （五）项目研究的思路及方法

1. 研究的思路

（1）廊道遗产空间结构与功能协同演化研究

本课题借用生物学中的协同演化理论，研究廊道遗产的空间结构和功

能在各自演化过程中的相互影响，包括它们对彼此演化的方向和速率影响等。从大跨度的时间维度看，廊道遗产的兴盛和衰败体现出了历史的必然性；而从某一时间段来看，它的生命路径又具有相当的偶然性。廊道遗产的盛衰对于空间结构而言影响强烈，其中因素包括国家政权的更迭或外交行动，改善民族关系、国际关系的需要，沿线单体遗产的发现与覆灭，交通工具的演进和道路状况的变化，国家或地区经济的发展与经贸交流，宗教的传播和信仰的变化，军事战争或其他历史重大事件的影响等。本课题利用生命周期理论与动态模型，在廊道遗产空间结构和功能之间建立起一座"桥梁"，从而可以研究在某一个时间节点上，空间结构和历史功能双向互动型"影响—演变—反馈—再影响"的循环过程。

（2）廊道遗产现代空间形态与功能研究

从政治、文化、经济、旅游、管理体制五个功能层面讨论廊道遗产现代发展的动力因子，结合如今廊道遗产的空间形态及其变化，深入剖析我国典型廊道遗产于当今社会的价值与功能，如民族精神与凝聚力的提升、区域经济一体化发展、地方文化认同、整体旅游品牌打造、跨行政区管理实践、跨国遗产保护合作等。

（3）基于空间与功能协同演化的"茶马古道"保护性开发研究

①空间结构演变模型的检验（与修正）。学术界对茶马古道的范围和走向还存在着诸多分歧，这给研究茶马古道空间结构演变提出了难题。为了研究的相对准确性，本文以地域权威作为标准，即以云南大学、茶马古道研究所、云南社会科学院等院所和高校学者的普遍意见为依据，对茶马古道空间结构演变进行初步划定，并在此基础上进行深入研究。

②空间结构与功能的协同演化。历史上，"茶马古道"每个节点的兴盛和衰败、每条廊道的出现和消失，都是某项功能（如政权统治、交通运输、商贸往来）强化或弱化的结果，空间变化的同时也伴随着原有功能的存续或终止。通过对两者相互影响的研究，深入挖掘"茶马古道"所蕴含的历史文化和精神能量，为其保护与开发提供依据。

③保护性开发研究。"茶马古道"有着重要的经济、文化和社会价值。例如，促进川滇藏地区经济发展与区域经济合作；挖掘传承优秀的民族文化，推进边疆地区精神文明和文化建设；保护自然生态环境，促进旅游业

可持续发展；等等。在空间和功能协同演化研究成果基础上，结合有关遗产保护的理论和模型（如地格地论、ASES 模型、社区发展理论等）对“茶马古道”廊道遗产保护和旅游开发进行研究并提供建议参考。

2. 研究方案

本课题通过建立空间结构演变模型尝试寻找廊道遗产空间发展的一般规律；以“点—轴”理论为指导，研究廊道遗产发展过程中空间要素之间相互影响、制约和转化过程；研究在不同的历史时期以及不同的经济发展阶段，这些因素对廊道遗产空间结构演变影响程度及其效果。通过对实地调研数据的汇总分析，建立廊道遗产空间结构演化与功能交互影响模型和廊道遗产生命周期曲线动态模型；把握廊道遗产的空间结构和功能在各自演化过程中的相互影响，包括它们对彼此演化的方向和速率影响，以及功能与空间结构的联动特征。在探索廊道遗产空间与功能协同发展的一般规律性之后，重点以茶马古道为研究对象，进行模型检验。进而针对廊道遗产发展的主要问题（尤其是保护与开发矛盾），提出廊道遗产发展的应对模式和政策建议。

3. 可行性分析

（1）学科方面

项目组成员不仅具备扎实的学术理论基础，而且在文化遗产保护、区域经济、民族文化、统计学、中英文翻译等方面分别有所特长。项目组学科领域配备较完善，能够承担本课题的学术研究工作。

（2）人员方面

本项目有充分的前期工作基础，申请人自 2007 年起开始研究廊道遗产问题，对廊道遗产的概念、理论体系、判别标准、时空演进、保护开发等问题有自己独到的认识和思考。近几年在《人文地理》《地域开发与研究》《地理与地理信息科学》等核心期刊上发表关于廊道遗产的学术论文多篇。项目组其他成员均曾承担廊道遗产（包括线性遗产、文化遗产等）的研究工作，他们先期研究成果和研究经验不仅会对申请人起到巨大的帮助作用，而且直接决定项目任务的出色完成。

（3）合作方面

本项目基于北京联合大学与相邻的对外经济贸易大学年轻教师之间的密切合作，依托两所学校较好的学术氛围和软硬件条件，年轻教师们为学术研究献身的斗志和激情，成为本项目顺利开展和实施的有力保障。此外，项目组还与中国城市建设研究院、云南大学、云南社科院、四川社科院、山东省规划设计院等国内多家高校和科研机构的专家学者保持密切的联系与合作关系，他们将为本项目提供无私的咨询与指导，将帮助项目组顺利完成课题任务。

### （六）项目研究的创新点

1. 从地理学视角对大型廊道遗产的空间结构进行分析，并从节点、廊道、辐射域面三种结构因子出发，研究廊道遗产的空间演化问题。

2. 引入起源于生物学的协同演化理论，研究廊道遗产空间结构与功能的协同演化，并从这一视角把握廊道遗产的历史和当代功能的发展与实现。

3. 以"茶马古道"为案例，检验"结构—功能协同演化模型"，修正"廊道遗产生命周期动态曲线"，及其他一般规律性问题，为"茶马古道"与其他廊道遗产的保护和利用提供理论依据。

## 五、项目研究的最终成果及获奖情况

1. 专著

廊道遗产：空间演变与保护开发研究 . 天津：南开大学出版社，2017.1

2. 论文

茶马古道生命周期与空间演化研究——基于廊道遗产视角 . 中国名城，2017（1）

我国廊道遗产保护与旅游开发研究——以滇、藏、川茶马古道为例 . 西南民族大学学报，2016（2）

北京城中轴线时空演化与旅游发展研究——基于廊道遗产视角 . 干旱区资源与环境，2016（2）

国内外线性遗产文献综述 . 东南文化，2016（1）

我国廊道遗产现代复兴的动力机制研究 . 中国名城，2016（1）

旅游教育与廊道遗产空间分异及协同发展研究 . 教学改革论文集，2014（4）

旅游集散地：区位合理性与功能提升 . 经济地理，2014（2）

跨境旅游合作区：探索中的边境旅游发展新模式 . 旅游科学，2013（11）（《旅游管理》人大报刊复印资料全文转载 2014.02）

北京文化线路历史演变与现代功能研究——以昆玉河为例 . 学位论文，2016

北京线性游憩空间到访者需求研究 . 学位论文，2016

城市线性游憩空间成因与特征分析 . 学位论文，2016

京杭大运河（北京段）时空演变与旅游利用研究 . 学位论文，2014

北京中轴线解说系统现状与整体性构建 . 学位论文，2014

基于资源整合的北京中轴线遗产旅游品牌塑造 . 学位论文，2014

The American Spirits Embodied in Route 66. 学位论文，2014

三山五园绿道线性游憩空间的调查与思考 . 三山五园研究院论文集

Linear Heritages＇s Value，Evolution and Development

廊道遗产的提出及意义——参与国际话语体系的一次主动尝试

廊道遗产的定义、内涵与评定标准探讨

廊道遗产空间结构演化模式与过程分析

3. 报告类

茶马古道廊道遗产（云南段）调研报告

丝绸之路（西安至兰州段）廊道遗产调研报告

京杭大运河（扬州至杭州段）调研报告

徽杭古道与新安江廊道调研报告

山东半岛新丝路与海上丝路调研报告

北京中轴线廊道遗产调研报告

# 基于互联网信息挖掘的旅游需求预测及预警方法研究

## 一、项目类别

国家自科基金青年项目

## 二、项目负责人

李新，女，博士，研究领域为旅游信息化。

## 三、项目研究团队

本项目研究团队有 6 人，均具有博士学位，研究领域涉及旅游信息化、旅游规划等。

## 四、项目研究简介

### （一）项目的选题背景及意义

近年来，随着国民经济的发展和人民生活水平的提高，我国旅游业呈现蓬勃发展的态势，旅游业日益成为国民经济的重要产业。2015 年我国国内旅游突破 40 亿人次，对 GDP 综合贡献达 10.8%。7 月国务院办公厅审议通过的《关于进一步促进旅游投资和消费的若干意见》中首次提出实施旅游投资促进计划，推动旅游业持续发展。9 月国家旅游局出台"旅游＋互联网"行动计划，提出创造 1 万亿元需求红利、1 万亿元市场红利和 1 万亿元增值红利。2016 年作为国家"十三五"规划的开局之年，特别强调大力发展旅游业配合国家战略调整，完善旅游公共服务以及拓展新的旅游发展空间，实施"互联网 +"行动计划和国家大数据战略，推进数据资源开放共享和基于互联网和信息技术的创新。由此可预见未来我国旅游业将朝向高速高质的方向发展，从而能够释放更多旅游需求。因此在当前政策利好的背景下开展对我国旅游需求的预测及预警研究具有重要的理论与现实意义。

虽然国内外学者在旅游预测研究方面做了大量工作，但是随着旅游需求的迅猛增长，对旅游预测及预警的及时性和准确性要求越来越高，特别是旅游高峰期的预警与管理。高峰期容易引发突发事件，如在上海外滩2014 年 12 月 31 日发生的拥挤踩踏事件，使得旅游高峰期的预警及安全管理再次得到高度重视。因此，准确且提前识别高峰拐点对旅游管理部门制定决策至关重要。然而当前旅游预测预警研究及实践工作以统计调查数据为主，如旅游卫星账户等，这些数据多以月度和年度为主，数据更新慢，难以满足新形势下的旅游及时预测的需求。另外，预测及预警技术较为单一，以时间序列模型和计量经济模型为主（SongandLi，2008）。所以，要满足旅游预测预警的时效性和准确性，则主要取决于两方面的改进：数据和建模技术。首先，所选择的数据需满足频度高、更新快，高频的数据能够及时捕捉游客行为特征，保证预测的及时性；其次，建模技术上需提高预测模型的精度和对拐点识别的准确度。因此，从互联网上挖掘出及时和全面地反映游客行为的信息，分析互联网信息与旅游需求的关系，并基于互联网大数据建立更准确的预测及预警的方法框架，对旅游管理具有重要的指导意义。

伴随大数据时代下互联网应用的深入普及与发展，互联网早已成为人们查询信息、创造和分享知识，以及结交朋友的平台。例如，通过搜索引擎，可快速查询旅游城市的交通、天气、购物和娱乐等信息；通过社交网络平台（如微博、Facebook），可随时了解旅游城市所发布的状态，与好友交流旅游攻略，以及发布对旅游城市的评价内容等；通过在线旅游网站（如携程），可预订机票和酒店，并可浏览其他旅行者对旅游目的地评价内容。因此，互联网产生了海量、实时的用户生成内容，这些内容记录人们的旅游行为，通过设计合适的挖掘方法，能够从互联网信息中构造表征旅游行为特征的关键信息，从而为旅游需求的预测提供及时性高、代表性好的新数据。所以，基于互联网信息的挖掘能够为旅游需求的预测提供重要的数据来源。另外，互联网产生的数据具有不同于传统数据的特征：一是数据来源于搜索引擎、在线旅游网站、论坛和社交网络平台等，来源多样。二是数据类型既包括结构化的时序（如搜索查询）数据，又包括非结构化的文本（如网评）数据等，数据频度不同。互联网数据的异质、多源及混频等特点对模型提出了挑战。因此，迫切需要建立一套基于互联网数据的旅游预测和预警的分析框架，并提出具有针对性的建模方法。

当前国内外已有大量针对互联网数据挖掘与预测的研究工作，如利用互联网搜索数据、论坛评论文本等构造大众关注度及舆情指数，进而应用所构造的指数进行建模。但是就旅游行为特征挖掘与需求预测及预警的研究尚有不足。伴随我国"旅游＋大数据"发展热潮的到来，正是大力开展本课题研究的契机，我们有望在这一研究领域实现突破性的进展。本课题的核心研究内容是研究通过挖掘互联网信息表征旅游行为特征的内在机制；针对不同的预测对象，综合集成异质、多来源、多频度的多维互联网大数据并建立适合的预测模型；构建旅游高峰期的拐点识别及预警方法。

综上所述，我们认为基于互联网信息挖掘的旅游需求预测及预警研究在理论和实践上都具有重要和深远的意义。本课题研究互联网信息与旅游需求行为的关系，有望为旅游行业的研究建立一种新的基于互联网大数据的分析框架。所建立的我国旅游需求的预测及高峰期的预警方法，具有较高的时效性和准确性，为我国旅游相关行业预测旅游需求提供依据，为相关部门旅游监测及应急安全管理提供支持。

### （二）项目研究的主要内容

1. 面向互联网信息的旅游需求行为的关键特征挖掘

首先是对多源互联网信息的挖掘与处理。提出针对不同平台（搜索引擎、社交媒体网站与在线旅游网站）的数据挖掘方法，设定不同的关键词及语法规则，得到基于关键词的搜索查询数据、包含位置信息的社交网络的状态数据和在线旅游网站的评论文本数据等。对这些异质、多源且混频的规则及无规则化的数据进行数据清洗、信息提取、数据关联分析、分类及聚类等必要的数据挖掘。

其次，从得到的互联网数据中提取与旅游六要素"食""住""行""游""购""娱"相关的关键特征。构建能够刻画旅游需求的多维度的关键指数，如国内游客旅游城市关注指数，对某个旅游特定要素的关注和情感指数，以及反映我国旅游城市的综合需求指数。

2. 面向我国旅游目的地的需求预测方法研究

提出基于异质、多源且混频的互联网数据的旅游目的地需求预测的研究方法。传统的旅游需求预测模型仅对同频度的数据建模，而本研究的数据来自不同的互联网平台，数据频度以日度和周度为主，数据长度不同，且互联网数据更新速度快。此外，互联网搜索数据衡量游客对旅游目的地的关注，社交网络基于位置的信息和状态能够判断游客是否选择某个旅游目的地，这些互联网大数据具有领先实际旅游需求的特点。

针对互联网数据的这些特点，本研究拟在 Ghyselsetal（2004）提出的模型基础上进行方法改进，提出带有领先性的多维度数据混频预测模型。该预测方法能够对不同数据来源、频度和长度的数据进行建模，充分利用互联网大数据的领先性。具体来说，该模型能够综合集成传统旅游研究使用的低频数据、互联网搜索大数据、基于位置的大数据以及互联网评论数据。

3. 时空维度的旅游需求预测及预警方法研究

节假日和热门景区分别体现旅游目的地游客高峰的两个维度：时间和空间。对高峰期的拐点识别和安全预警，对旅游安全应急管理至关重要。研究分别提出针对节假日和热点景区的旅游需求预测研究方法，并建立预警体系。针对节假日的旅游需求预测，提出基于多尺度互联网大数据的拐点识别方法，识别节假日因素所带来的游客数量变化。研究拟拓展多尺度下的经验模态分解技术。对互联网数据分解成趋势项、周期波动项和扰动项等，根据信号处理方法识别节假日因素，对非线性的成分建立人工智能模型进行预测，线性成分如趋势项建立计量经济模型。针对热门景区的预测，提出基于随机森林和支持向量机的旅游模型。随机森林是一种机器学习算法，用于互联网数据特征的提取，支持向量机用于对多维互联网大数据的建模。该方法能够支持大规模旅游数据的分析和建模。最后基于研究提出的预测方法，建立多维度的旅游预警体系，为旅游高峰期的安全管理提供支持。

综上所述，本项目研究内容紧密衔接，以面向互联网的旅游行为特征的挖掘作为基础；提出基于互联网大数据的旅游目的地需求预测方法；进而选择时空维度，即节假日和热门景区作为研究对象，着重研究旅游高峰期拐点识别及预测研究方法，分别提出了以多尺度模态分解的计量经济模型和以机器学习为主的人工智能模型。最后，基于所提出的针对不同对象的预测方法，建立多维度的旅游预警体系。

### （三）项目研究的重点及主要目标

基于互联网信息挖掘的我国旅游需求预测预警项目预计在理论和实证研究方面取得如下目标，在促进互联网大数据理论的同时，丰富大数据在我国旅游行业的应用。

#### 1. 理论研究方面

在现有的互联网大数据研究成果的基础上，本项目将提出基于互联网信息的挖掘和分析在预测及预警建模中的研究框架，建立一套针对互联网大数据的关键分析技术、方法和模型。在预测方面，建立适合混合频度且不同长度的互联网大数据的预测模型；在预警方面，提出能够提前判断和识别旅游高峰期拐点的方法，提高旅游需求预测和预警的及时性和准确性。

#### 2. 实证研究方面

本项目针对不同预测对象建立我国旅游需求预测和预警的实证研究。首先，针对重要旅游城市如北京、上海、三亚、广州等，建立基于互联网大数据的旅游预测模型。在国庆小长假、春节假期等高峰期间对其建立需求预测和预警模型，利用互联网数据识别拐点，为旅游城市的安全管理提供具有针对性的建议。其次，与北京旅游目的地（怀柔区）和热门景区（故宫、长城、水立方等）合作，建立针对不同对象的预测和预警模型，为其需求的预测和高峰期的预警提供及时的决策支持。

3. 拟解决的关键科学问题

本项目的突出特点是从互联网信息中挖掘多维度的旅游行为特征，并基于此建立预测和预警模型，所以本项目首先解决如下关键科学问题：

（1）互联网中旅游需求行为特征的有效挖掘：如何从不同来源的互联网平台中（搜索、社交网络、在线旅游网站）挖掘反映我国旅游需求行为的关键信息，构建基于互联网的实时产生的旅游需求指数。以往的研究少有考虑多源的信息挖掘以及多维度的指数构建。在建立了互联网信息与旅游需求行为的关联之后，本项目需要解决基于互联网数据的预测和预警的科学问题。

（2）研究如何对不同频度、不同长度的互联网指数建立适当的需求预测模型，提高预测的及时度和准确度。传统的需求预测模型以月度、季度和年度为主，数据长度统一，难以适合对互联网大数据的建模。

（3）如何对旅游高峰期拐点识别和及时预警。互联网数据的领先性是需求预警的基础，针对数据的不同特征分解后，选择建立适合其特征规律的模型进行预警。

### （四）项目研究所具备的基础和条件

（1）项目组成员的研究基础可行性

项目组掌握的理论基础和研究方法能够胜任本项目的研究。项目申请人具备较好的互联网大数据的研究思路，项目研究人员具备互联网数据抓取及大规模大数据的实战经验。无论是在互联网数据挖掘、预测和预警模型的理论和实证研究中都积累了丰富的经验。项目申请人比较早地在论文中利用互联网搜索数据研究我国物价指数的预测模型，取得良好的精度。项目申请人的博士学位论文探讨了海量互联网数据在投资者行为表征以及在国际原油价格预测中的应用，这些互联网大数据的研究成果为本项目的研究提供了较强的理论和方法研究基础。在知识结构上，项目申请人具备数据挖掘、人工智能、计量经济学、宏观经济、管理学、旅游经济等综合知识，从而能够把握交叉学科的知识和方法在本项目中的综合运用。项目组在旅游预测预警研究中也积累了一定的经验。项目申请人较早地对我国24个旅游城市的旅游六要素关注指数进行构建研究，建立一套针对互联网搜索数据的关键词生成机制和指数合成算法，并对旅游城市的客流量进行动态比较分析。项目申请人曾带领博士研究生建立基于互联网数据和景气指数方法的海南省的旅游需求预警模型，并成功部署到展示系统中。项目组其他成员在旅游预测与旅游管理中也具有大量的经验，同时他们和项目申请人之间的配合会比较默契。

（2）申请人所在单位以及与国内外合作对本项目提供支持的可行性

本项目有来自申请人的工作单位北京联合大学旅游学院以及旅游信息化研究中心的支持。旅游学院在智慧旅游和旅游咨询与规划等方面在我国的旅游研究领域具有重要的地位，致力于成为国家旅游决策的智库之一。旅游信息化研究中心所配置的服务器及云平台对本项目提供大力的工具支持。主办的期刊《旅游学刊》多次被评选为中国最具国际影响力学术期刊，每年举办国际旅游学术研讨论坛，邀请国内外旅游行业最前沿的专家学者进行思想的交流。

同时，旅游信息化中心一直得到中科院预测科学研究中心的支持，在旅游数据收集与预测预警模型构建方面，得到研究中心多位专家如汪寿阳和杨晓光教授的指导。在国际合作方面，旅游信息化中心已聘请了香港理工大学旅游与酒店管理系的罗振雄教授作为客座指导教授，罗教授在人工智能与旅游研究方面发表过百余篇顶级期刊论文，曾多次就高水平国际期刊论文的写作和发表对研究中心进行指导。项目申请人与罗振雄教授、美国查尔斯顿潘冰副教授合作的学术论文也已经在旅游研究的国际顶级期刊《旅游管理》审稿中。这些国际和国内的专家能对项目组成员在研究过程中遇到的困难和问题及时提供帮助和指导，能够保证本项目的顺利开展。此外，项目申请人的两篇投稿已经被2016年即将召开的旅游国际研究会议第47届 Travel and Tourism Research Association 年会和第6届旅游与酒店管理年会接受并邀请参会做报告，项目申请人能够及时把握国内外旅游研究的最新趋势，因此能够很好地带领本项目成员顺利展开研究。

（3）项目研究问题的可行性

在大数据蓬勃发展的今天，本项目的深入研究能够帮助我们对我国旅游行业的发展现状有更清晰的认识。在研究数据来源方面，项目申请人所在单位与携程网、百度搜索引擎数据抓取等公司具有战略合作关系，保证本项目研究的数据来源可得。借助旅游学院优势，项目申请人员已经跟北京市旅游目的地之一的怀柔区旅游委进行合作，能够帮助项目组展开本项目的部分实证研究内容。此外，项目组与长城、故宫、水立方等旅游景点在未来也有合作研究意向，这些合作单位都能够使得本项目的研究内容顺利进行。

2016 年作为国家"十三五"战略规划开局之年，国家大力支持和推进我国旅游行业发展，本项目的研究顺应时代潮流，对中国旅游需求的预测和预警研究对我国旅游的科学和安全管理十分重要。本项目拟展开的中国的实证研究问题也是国外学术界关注的热点问题，有望在互联网旅游大数据的旅游预测预警研究方面走在国际前列。

### （五）项目研究的思路及方法

本项目通过对互联网大数据的挖掘研究旅游需求行为特征，建立基于互联网信息的旅游需求指数；针对互联网数据的异质性、多源性、混频性等特点，建立符合互联网数据特征的旅游需求预测方法。提出基于互联网数据的旅游高峰期拐点识别的方法，并建立旅游需求预警体系。项目构建了基于互联网大数据的及时、准确和高频的旅游需求预警研究框架。研究方法上，在了解互联网信息与大众行为决策的内在机理后，从三个方面开展互联网信息挖掘的关键方法、模型和技术，依次为：关键词识别、关键指数合成以及统计关系检验。

### （六）项目研究的计划及安排

2017 年

1~3 月

预备阶段，在与旅游管理部门与景区管理机构进行沟通的基础上，进一步凝练旅游预测及预警的科学问题。收集整理国内外文献资料，与国内外学术界同行和专家进行初步交流，了解该研究领域目前的学术研究进展以及面临的主要问题。

4~6 月

项目组制订互联网旅游信息的挖掘方案和程序设计，包括关键词确定、数据抓取频度和数据存储等关键步骤。从搜索、社交和电商三类互联网平台中进行内容抓取和存储后，项目组对得到的数据进行初步分析。

7~9 月

项目组利用互联网信息识别旅游需求行为等特征，通过运用机器学习、计量经济模型等算法，提出相关指数的构造方法。在此过程中发表基于互联网信息挖掘及指数构造的理论研究文章，同时参加国际学术会议，与国内外专家学者交流最新研究进展。

10~12 月

针对不同研究对象（旅游城市或景区）进行互联网信息挖掘的实证研究，对北京、上海、广州等旅游城市建立互联网指数，并利用实际的旅游需求数据对互联网指数进行评价。

2018 年

1~5 月

本阶段主要解决多源混频互联网大数据预测模型算法的改进，实现改进后的模型程序，同时及时更新互联网指数，将指数应用到实际的需求预测中。将研究成果整理成学术论文。

6~9 月

根据已有的模型算法，检验该算法应用到景区的需求预测中的精度表现，结合景区管理的实际问题，对算法进一步修正。

10~12 月

在旅游需求预测研究中，针对研究对象的不同，建立符合其特征的计量经济模型、人工智能模型以及综合集成模型等，评价互联网指数在旅游需求预测的表现。整理研究成果，并撰写专著书稿的部分章节。

2019 年

1~4 月

对于旅游高峰期的旅游管理问题，提出基于互联网数据的拐点识别算法，并应用到景区旅游需求管理实践中。

5~8 月

根据旅游需求预测的相关研究理论和成果，研究基于互联网的旅游需求预警模型，跟旅游管理者沟通，从旅游安全管理的实际角度出发，不断完善旅游需求预警模型。将基于互联网大数据的旅游预警模型进行实证研究，在研究中发现的结论与管理部门沟通，为其提供数量化的管理建议。

9~12 月

根据模型在实际中的应用效果总结并提出一套完整的互联网信息挖掘及旅游预测预警的研究框架和便于实施的关键步骤。将该部分研究内容整理纳入专著中。

总之，在项目的展开过程中，项目组将及时跟踪国际上最新的研究成果，同时将我们的研究成果及时与国际和国内专家学者和旅游管理部门及时交流，安排国际学术访问 1~2 次，参加国际和国内学术交流会议 3~4 次。保证研究成果不仅具有学术价值，还能对管理部门决策提供支持。

## （七）项目研究的创新点

本项目从互联网海量信息的角度挖掘旅游行为特征，进而开展旅游需求预测和预警研究，不仅有利于本项目在学术研究方面取得创新的成果，也将为旅游预测决策和安全管理提供及时的建议。本项目的特色和创新之处归纳为如下三点：

（1）选题的及时性和前瞻性。挖掘互联网信息反映旅游需求行为的特征是本研究特色之一。大数据研究是当前国内外学术界和工业界重点关注的问题之一，但目前还没有成熟的理论直接用于对我国旅游需求研究中。因此本项目通过研究互联网及时产生的大数据，不仅拓宽了旅游研究的数据来源，而且通过对旅游行为特征的挖掘为旅游行业研究提供了创新的分析视角。

（2）研究对象和研究方法的创新性。既包括对我国重要旅游城市的预测预警研究，同时又加入旅游目的地和景区的流量预测及预警。针对不同的预测对象，能够提出适当的预测和预警模型。在研究方法上，本项目解决了互联网大数据混合频度和长度的预测建模问题，进一步建立旅游需求预测及预警的新的研究框架和方法体系。

（3）研究成果能够对旅游安全管理与预警提供支持。本项目通过互联网数据挖掘和预测，从而进行及时准确的预警。本项目所建立的研究框架能够对相关部门进行旅游安全管理与预警提供必要的方法支持，研究成果能为其所用，从而尽可能推动我国旅游安全管理更好地发展。

## 五、项目研究的最终成果及获奖情况

1. Li，X.，Pan，B.，Law，R.，& Huang，X.（2017）. Forecasting tourism demand with composite search index. Tourism management，59，57–66. SSCI

2. 任武军，李新（通讯作者）. 基于互联网大数据的旅游需求分析：以北京怀柔为例. 系统工程理论与实践，2017.（已接收）

EI，CSSCI，国家自然科学基金委认定的管理学 A 类期刊。

第三篇

# 服务社会：助力"中国服务"

# "小"旅游"大"作为
## ——助力北京成功申办 2022 冬奥会

## 一、项目服务对象

北京 2022 年冬奥会申办委员会

项目服务时间：2014 年 5 月至 11 月

## 二、项目负责人

黄先开，管理学博士，教授，博士生导师。时任北京联合大学副校长、旅游学院院长，2022 冬奥会申办住宿主题工作组专家。

## 三、项目服务团队

为了更好地协助和支持北京市旅游发展委员会完成此项重大工作，旅游学院根据不同阶段工作的特点和要求，先后成立了由多名青年骨干教师组成的两个专业支撑团队：一是由丁于思、王恒和胡嫣茹 3 名教师组成的"申办报告住宿主题撰写"专业支撑团队；二是由丁于思、李白和黄莉 3 名教师组成的"住宿主题陈述工作"专业支撑团队。

## 四、项目服务内容

高等教育是城市现代化建设的重要引擎之一，作为服务于北京城市建设的应用型大学，北京联合大学以科研服务城市发展，用专业支撑城市建设，在北京的城市建设和发展中发挥着应有的作用。旅游学院作为北京联合大学的特色学院之一，秉承学校城市型、应用型的办学思路，紧密关注北京旅游业发展的实际需求，一直致力于以实际应用为导向的教学科研改革。2015 年，旅游学院助力北京成功申办 2022 冬奥会便是这一努力的直接体现。

为了做好北京联合张家口申办 2022 年冬奥会的工作，由旅游学院专业教师组成的住宿主题支撑团队怀着饱满的热情和荣誉感，对所承担的工作认真负责、精益求精、任劳任怨，实质性地参与了申办报告住宿主题的撰写和陈述准备工作，提出了大量的专业性意见和建议，圆满完成了各项工作任务，为冬奥会的成功申办发挥了积极作用。

## （一）学院高度重视，选拔青年骨干教师组建专业支撑团队

旅游学院组织了一个充满活力和创造力的服务团队。这两个团队教师都是 40 岁以下青年教师，其中有 4 名博士、4 名副教授。他们都具备较强的科研创新能力，曾多次参与国家级课题、主持省部级课题，科研成果丰富；他们热爱教学工作，有 4 人在学校和学院的教学比赛中获得一、二等奖；他们其中还有 2 人是学院的中层干部，有 3 人曾被旅游学院派到政府旅游管理部门挂职。

在协助北京市旅游发展委员会做好冬奥会申办住宿主题组的相关工作中，团队教师以高度的责任心和良好的专业素养，展示了我校青年教师的风采。

## （二）多措并举，保证"申办报告住宿主题"质量

2014 年 6 月至 12 月，旅游学院的"申办报告住宿主题撰写"专业支撑团队主要负责协助北京市旅游发展委员会完成冬奥会申办报告住宿主题的撰写工作。为了保证高质量地完成此项工作，专业支撑团队实行了多种举措：

一是认真整理资料，仔细研读报告。"申办报告住宿主题撰写"专业支撑团队的老师们精翻并认真研读了往届冬奥会申办报告，学习往届奥运会申办成功城市的经验。仔细研究并分析了《2022 年冬奥会申办住宿技术手

册》以及《2022 候选程序和调查问卷》中的相关内容和规范，严格按照技术手册及大纲的要求撰写申办报告；认真研读了《对国际奥委会调查问卷的答复》，使申办报告和前期的文本保持一致性。

二是细致筛选数据，合理分配客房。"申办报告住宿主题撰写"专业支撑团队的老师们收集整理了北京赛区所有饭店和其他住宿设施的相关信息，按星级以及距中心点的距离进行分类，重点对距中心点 10 公里范围内的星级饭店进行筛选，分析饭店的地理位置、服务质量和接待经验等因素。根据《2022 年冬奥会申办住宿技术手册》中保障性客房类型和数量的要求，按照北京、延庆、张家口三地的赛事分配和住宿需求的情况，确定了 2022 冬奥会北京赛区签约饭店。同时，根据地域集中原则和客户人群特点，对冬奥会 9 类子客户群进行了客房分配，并推荐相关饭店为奥林匹克饭店及残奥大家庭饭店。

三是反复斟酌文字，顺利完成撰写。经过 32 轮评议和修改，2014 年 11 月底"申办报告住宿主题撰写"专业支撑团队协助北京市旅游发展委员会完成了《北京 2022 冬奥会申办报告住宿主题》终稿（包括 10 个部分内容，19 个数据表格，共 11000 余字）。文本内容完全符合申办要求，真实反映了北京的住宿接待能力，突出了北京的申办实力。同时，支撑团队还配合北京市旅游发展委员会及冬奥申委，完成了住宿主题英文稿的校对工作。

**（三）精益求精，确保"住宿主题陈述工作"顺利**

2015 年 1 月至 3 月，旅游学院"住宿主题陈述工作"专业支撑团队主要负责协助与配合北京市旅游发展委员会完成国际奥委会评估团来京考察期间住宿主题的相关陈述工作。为做好此项工作，专业支撑团队精益求精：

一是广泛搜集资料，认真撰写并反复修改陈述稿。"住宿主题陈述工作"专业支撑团队的老师们研究确定陈述重点内容，搜集整理相关数据、文字、图片支撑陈述内容；撰写完成住宿陈述稿及翻译工作；根据冬奥申委、业内专家意见对陈述稿进行修改完善。同时，选取住宿主题重点内容，设计了陈述答辩 50 问及相应的备答口径。

二是多次参加演练，仔细设计并逐步充实 PPT。"住宿主题陈述工作"

专业支撑团队的老师们参加了冬奥申委举办的 5 次陈述演练及总结会，会后根据北京市领导及行业专家的意见和建议调整陈述稿，并进一步充实备答内容和住宿主题 PPT 图库，与外籍专家加强沟通，从外籍人士审美角度对陈述 PPT 的图片、表格和动画效果进行了多次调整。

三是沉着应对问题，不断改进并确定最终版本。"住宿主题陈述工作"专业支撑团队的老师们多次参加住宿工作组会议，讨论完善陈述稿、答辩口径内容，为陈述人及团队准备备答材料。在国际奥委会发来根据申办报告提出的相关问题后，协助住宿工作组连夜进行回答并及时调整陈述内容，保证陈述内容精准、翔实，PPT 图片精美。经过多次修改，于 2015 年 3 月 22 日，住宿主题陈述稿及 PPT 最终确定。

经过精心的准备，2015 年 3 月 25 日上午，住宿主题的现场陈述及答辩表现出色，得到了国际奥委会评估团团长茹科夫先生的肯定。而且在之后的工作会议上得到了北京市委领导、冬奥申委领导的表扬。

## 五、项目服务的社会影响

在协助北京市旅游发展委员会做好 2022 冬奥会申办陈述工作的过程中，旅游学院"住宿主题陈述工作"专业支撑团队所表现出的饱满的工作热情、严谨的工作态度及扎实的专业素养得到了冬奥申委领导及北京市旅游发展委员会领导的高度认可。

2015 年 1 月，由于"申办报告住宿主题撰写"专业支撑团队的工作成绩突出，2022 年冬奥会申办委员会总体策划及法律事务部向旅游学院发来感谢信，感谢旅游学院在《申办报告》编辑过程中，协助北京市旅游发展委员会在撰写住宿主题、编制住宿计划、出具相应保证证书等环节做了大量卓有成效的工作。

2015 年 3 月 31 日，旅游学院收到来自北京冬奥申委办公室的感谢信，感谢旅游学院在 2022 冬奥会申办陈述工作过程中付出的努力。

冬奥会申办成功后，为了表彰团队中丁于思老师在申办过程中所做出的积极贡献，北京 2022 年冬奥会申办委员会特别颁发了荣誉证书（图 1、图 2）。

图 1 冬奥申委为学院教师颁发的荣誉证书

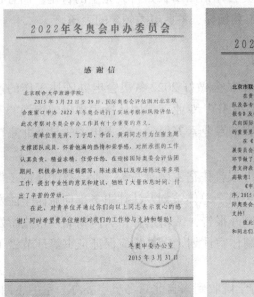

图 2 冬奥申委给学院发来的感谢信

# 国家《"十三五"旅游业发展规划》编制

## 一、项目服务对象

国家旅游局

## 二、项目服务时间

2015 年 11 月至 2017 年 3 月

## 三、项目服务教师

李柏文，教授，旅游管理专业博士。担任国家旅游改革发展咨询委员会委员、国家旅游局旅游业青年专家、中国特色景观旅游名镇（村）评审专家、国家水利风景区考评专家。研究领域为旅游经济与管理（区域旅游一体化、旅游村镇、目的地管理与服务、复杂网络）。曾主持和参与国家社科基金项目、国家自然科学基金项目各 1 项，云南省教育厅项目 2 项。出版著作、教材和译著 6 部。发表高水平论文多篇。曾获云南省政府科技进步奖。

曾博伟，副教授，产业经济学博士。担任中国旅游协会休闲度假分会副秘书长、全国休闲标准化技术委员会委员。研究领域为旅游政策与法规、旅游经济、旅游管理。主持国家旅游局、北京市旅游发展委员会、山东省旅游局等多项课题，发表高水平论文多篇。

## 四、项目服务内容

习近平总书记指出，"规划科学是最大的效益，规划失误是最大的浪费，规划折腾是最大的忌讳。"国家旅游局李金早局长认为"中国经济持续

177

30 多年的发展成就，一个很重要的原因是我国 5 年期和 10 年期的中期长期规划发挥了指导作用，这是中国发展成功的重要经验"。科学设计规划编制流程是提高和确保规划质量的重要保证。

《"十三五"旅游业发展规划》被列为国务院重点专项规划，它的规划编制是一个持续研究、调研、座谈、编制、征求各方意见、修改完善的复杂而艰巨的过程。旅游业的综合产业特征决定了《"十三五"旅游业发展规划》的编制必须综合运用旅游规划理论、旅游经济理论、旅游管理理论、创新理论、区域发展理论、空间优化理论、生态学理论、共享经济理论等众多理论及其交叉理论，这就对研究人员专业背景提出了多元化的要求。

《"十三五"旅游业发展规划》是认真贯彻党的十八届五中全会精神和《国民经济和社会发展第十三个五年规划纲要》，根据《中华人民共和国旅游法》规定而编制的。编制完成的《"十三五"旅游业发展规划》是"十三五"期间指导我国旅游业全面发展的纲领性文件。

### （一）被选入参与编制规划

为提高《"十三五"旅游业发展规划》的科学性，前期针对规划任务和要求，国家旅游局成立了《"十三五"全国旅游业发展规划》编制领导小组，国家旅游局李金早局长任组长，李世宏副局长、国家发展和改革委员会发展规划司徐林司长任副组长，成员有国家发改委、财政部、国土资源部、环境保护部、交通运输部、农业部、工业和信息化部、文化部、住房城乡建设部、科技部、教育部、林业局、扶贫办 13 部委局负责同志和局内各司室主要负责人。编制办公室设在国家旅游局规划处。先后借调旅游研究院、交通部规划院、中科院地理所、南开大学、北京联合大学旅游学院等专家成立规划编制工作小组，对规划的战略定位、空间布局与优化、目标体系等进行了前期专题研究，就规划中的 30 个重大工程、重大项目、重点举措进行了专题研究。

我校作为国家《"十三五"旅游业发展规划》编制单位之一，派出了李柏文、曾博伟两位专家作为"十三五"旅游规划编制小组成员。

### （二）参与规划编制前期研究

在前期研究工作的基础上，国家旅游局组织专家组深入辽宁、山东、浙江、湖南、云南、贵州、宁夏、新疆等20多个省（自治区、直辖市）进行规划专题调研，获得规划第一手资料。获得相关资料后，规划编制小组采取闭门研讨与编制的方式，完成了《"十三五"旅游业发展规划》（征求意见稿）。

### （三）参与规划编制工作过程

针对征求意见稿邀请全国各省旅游局分管领导和规划处处长召开了第一次规划咨询与研讨会，并书面征求地方意见。规划编制小组同志赴国家发改委、交通运输部、民航局、扶贫办等相关部门就具体规划内容进行协调商谈，书面征求各部委局的意见。同时在国家旅游局官网上面向社会公众开辟了"我为'十三五'旅游建言献策"专栏。汇总各方意见后，规划编制小组根据意见内容，按照完全采纳、合理化采纳和未采纳三种类型对意见进行了梳理和归类，并对文本进行了修改和完善。

通过编制文稿、研讨座谈、广泛征求各方意见、修改完善如此循环5次，规划文本修改100余次之后，规划形式和内容逐渐稳定，形成了《"十三五"旅游业发展规划（评审稿）》。由国家旅游局组织来自中国工程院、北京大学、清华大学、中国国际经济交流中心的专家，针对评审稿召开了规划评审会议，对规划理念创新、规划思路与导向、规划主题与主线、规划体系与框架、规划内容与体例进行了系统审查，形成了评审的意见书。

编制工作小组按照评审意见书对规划进行了进一步修改后，由国家旅游局政策法规司对规划进行合法性审查之后，形成了《"十三五"旅游业发展规划》（送审稿），并送往国家54个相关部委局进行规划审查和征求意见，针对有争议的内容，国家旅游局与相关部委局进行深入的沟通和协商解决。通过部门审查，吸纳并反映部门诉求，提高规划的专业性和可操作性。根据送审意见，编制工作小组对文本进行再次修改完善，形成《"十三五"旅游业发展规划》（会签稿），再次送审国家各部门，对关键问题确认修改到位后，各部门对规划进行了会签。

《"十三五"旅游业发展规划》（会签稿）经国家旅游局党组专题讨论后报送国务院审查并出具审查意见。根据审查意见，编制工作小组完成对规划文本的最后修改，形成《"十三五"旅游业发展规划》（发布稿），并以国务院的名义向全国进行发布。

## 五、项目服务社会影响

“十三五”时期，按照中央关于旅游业发展的大政方针，围绕“十三五”旅游业发展的重大任务，依据国家重点专项规划“理念要新、定位要准、站位要高、研究要深、内容要实”的编制要求，《“十三五”旅游业发展规划》按照五大发展理念，提出了“创新驱动、协调推进、绿色发展、开放合作、共享共建、规范提升”六个方面的主要任务。

《“十三五”旅游业发展规划》发布之后，李柏文和曾博伟两位专家分别在人民网、中国旅游报等主流媒体上进行了深度解读，并受广东省、广西壮族自治区、河南省、宁夏回族自治区等省（自治区）邀请，对该规划进行了宣贯工作。

我院两位专家的出色表现得到了国家旅游局领导的高度认可，并发来感谢信致以感谢。

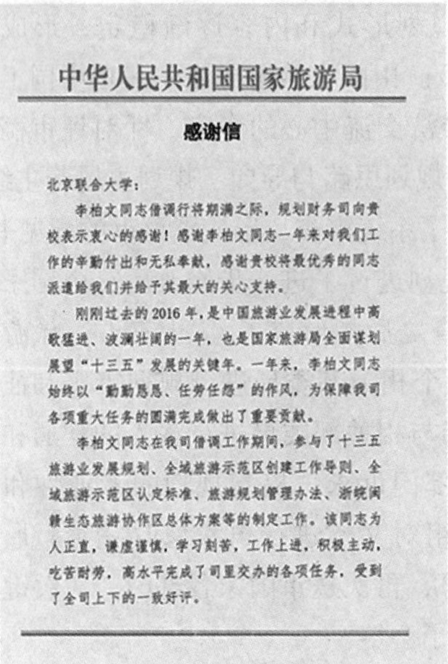
中华人民共和国国家旅游局

感谢信

北京联合大学：

李柏文同志借调行将期满之际，规划财务司向贵校表示衷心的感谢！感谢李柏文同志一年来对我们工作的辛勤付出和无私奉献，感谢贵校将最优秀的同志派遣给我们并给予其最大的关心支持。

刚刚过去的2016年，是中国旅游业发展进程中高歌猛进、波澜壮阔的一年，也是国家旅游局全面谋划展望“十三五”发展的关键年。一年来，李柏文同志始终以“勤勤恳恳、任劳任怨”的作风，为保障我司各项重大任务的圆满完成做出了重要贡献。

李柏文同志在我司借调工作期间，参与了十三五旅游业发展规划、全域旅游示范区创建工作导则、全域旅游示范区认定标准、旅游规划管理办法、浙皖闽赣生态旅游协作区总体方案等的制定工作。该同志为人正直，谦虚谨慎，学习刻苦，工作上进，积极主动，吃苦耐劳，高水平完成了司里交办的各项任务，受到了全司上下的一致好评。

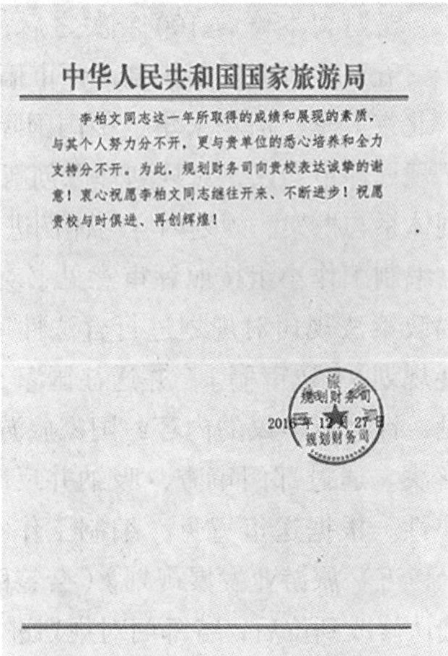
中华人民共和国国家旅游局

李柏文同志这一年所取得的成绩和展现的素质，与其个人努力分不开，更与贵单位的悉心培养和全力支持分不开。为此，规划财务司向贵校表达诚挚的谢意！衷心祝愿李柏文同志继往开来、不断进步！祝愿贵校与时俱进、再创辉煌！

规划财务司

2016年12月27日

图1　国家旅游局给学院发来的感谢信

# 参与"十二五"旅游人才发展规划，服务"人才强旅"战略

## 一、项目服务对象

国家旅游局

## 二、项目服务时间

2010 年 8 月至 2011 年 3 月

## 三、项目参与教师

汤利华，副研究员，硕士，主要研究领域为旅游规划、旅游教育产学研融合。

## 四、项目服务内容

### （一）选入项目编制队伍

人才规划决定了人才开发的方向性和科学性，是旅游人才开发中的重要一环，其作用重要而长远。为加强旅游人才工作的统筹规划，推动落实"科教兴旅、人才强旅"战略，国家旅游局人事司于 2010 年年初开始启动《中国旅游业"十二五"人才规划（2011—2015 年）》编制的前期调研工作，8 月份成立由国家旅游局、中国人事科学研究院及相关业界专家组成

的规划编制组，开展规划编制工作。

我院汤利华老师作为高校专家，全程参与了规划的编制，工作得到了主管部门的高度评价。

### （二）参与项目研究过程

人才规划工作是一项综合性的工作，它的科学制定，需要研究人员对人才工作、对旅游人才工作有全面而深入的研究和实践（如旅游人才模型、旅游业的职业分类和职业标准等），因此，人才规划需要人才研究专家和旅游业内人才工作研究者有效合作，否则只可能千篇一律、内容空泛而不具有实际指导价值。

作为旅游教育培训、旅游职业分类的研究者，汤利华老师充分运用以往的研究成果来参与支持课题进行；参与"十二五"人才规划调研工作，参加了在海南、四川、陕西、安徽、湖南等省召开"十二五"规划相关人才工作座谈会；参与组织了人事科学院在国家旅游局进行的高层访谈，了解了十余名国家局司、处级领导的旅游人才工作观点，并与他们交流旅游人才工作认识；与人事科学院的研究团队保持了良好的交流和沟通。在司领导的指挥下，与同事配合顺利推进人才规划工作。

### （三）参与的项目研究成果

2010 年 11 月中旬完成《中国旅游业"十二五"人才规划（2011—2015 年）》初稿。

2011 年 3 月通过专家评审；2011 年 6 月 11 日国家旅游局第七次局长办公会通过。

本规划作为"十二五"旅游规划体系的五个专项规划之一，对指导"十二五"期间中国旅游人才开发、支撑乃至引领旅游业起到了积极的作用。

## 五、项目服务的社会意义和影响

"十二五"旅游人才规划编制的总体思路是认真贯彻落实全国人才工作会议精神，坚持人才优先发展引领旅游业科学发展，大力实施科教兴旅、人才强旅战略，为把旅游业培育成国民经济的战略性支柱产业和人民群众更加满意的现代服务业提供人才保障和智力支撑，"十二五"重点要实现五个突破、抓好五支队伍建设等，对引领新时期的旅游人才开发起到了积极的作用。

# 东北地区旅游业转型升级研究

## 一、项目服务对象

国家旅游局规划财务司

## 二、项目服务时间

2016 年 12 月至 2017 年 10 月

## 三、项目负责人

严旭阳，经济学博士，教授，北京联合大学旅游学院常务副院长兼党委副书记。曾赴美国 Boston College 经济系做高级访问学者。主要研究领域为产业经济学、环境经济学。在国内外学术刊物发表论文多篇，出版《法律的博弈分析》《环境与自然资源经济学》等 5 部著作。主持了深圳市华强北商业区总体规划研究、反倾销中公共利益研究、独立学院经管类专业人才培养模式研究、独立学院开展过程教学的实践与研究等多个省部级科研项目，发表了《中国企业信誉缺失的理论分析》《中国经济学教育面向新世纪的思考》《环境经济学的新进展》《北京市郊区生活垃圾减物质化研究》《农村水环境问题的经济学思考》等多篇学术论文。曾获 2005 年全国商业科技进步奖三等奖。

## 四、项目服务团队

本项目研究团队有 6 人，其中，教授 4 人，博士 4 人，研究领域涉及旅游规划、旅游统计、产业经济学等。

## 五、项目服务内容

### （一）项目研究介绍

2016 年 12 月 29 日，国家旅游局规划财务司在大连组织召开东北地区旅游业转型升级座谈会。国家旅游局规划财务司的领导，东北三省及内蒙古东部地区的旅游部门负责人以及旅游业界的部分专家学者参加会议。会议聚焦分析当下东北旅游发展所遇到的种种问题，讨论研究东北旅游业的转型升级。来自东北各省市旅游部门的负责人以及旅游业界的专家，在会上就本地区旅游发展所遇到的实际问题一一做了发言。我校旅游学院严旭阳教授在会议上做了"东北地区旅游业转型升级的报告"。

图 1　东北地区旅游业转型升级座谈会

2017 年 5 月，国家旅游局规划财务司委托旅游学院严旭阳教授承担了"东北地区旅游业转型升级的研究"课题研究。

### （二）项目研究的意义

本课题主要是为深入贯彻落实中共中央、国务院全面振兴东北的国家战略和重大工作部署，充分发挥旅游业在新一轮东北振兴过程中"稳增长、促改革、调结构、惠民生、防风险"的重要作用，国家旅游局根据国务院《关于深入推进实施新一轮东北振兴战略加快推动东北地区经济企稳向好若干重要举措的意见》（国发〔2016〕62号）中提出的"支持东北地区积极发展服务业，培育养老、旅游、文化等新消费增长点，完善旅游服务设施，新建一批5A级景区和全域旅游示范区，培育东北地区经济发展新动能"，而委托我校进行的研究。

### （三）项目研究内容

#### 1. 资源优势

东北地区保存了我国优质的原生态资源和舒适的气候资源，丰富多彩的人文资源和独特的工业遗产，这为东北地区旅游业的转型升级奠定了雄厚的资源基础。东北地区拥有着广阔的草原、湿地、森林、湖泊等原生态资源，这使得东北的夏季成为我国乃至东北亚人民避暑消夏的胜地和养生养老的福地。东北地区是我国抗联红色文化的发源地、清朝历史文化承载地和少数民族文化原住地，这些成为东北旅游文化个性和支撑可持续发展的重要文化内涵。东北地区是新中国工业摇篮，是共和国长子，留下了很多"全国第一"的工业遗产资源，是我国近代工业文明的发源地。但辉煌的工业文明史，也造成了东北地区长期重视工业发展，相对忽视服务业发展的倾向，总体上不适应后工业化社会经济结构软化的趋势，体制机制滞后于服务业社会发展的需要。

#### 2. 历史机遇

站在新的历史拐点，东北地区迎来了新一轮振兴，旅游业面临转型升级的黄金机遇期。首先，到2020年全面建成小康社会，将极大地激活本地1.1亿人口的消费存量市场和我国南方人到东北避暑和冰雪运动的旅游市场。其次，新常态下，我国实施"三去一降"，东北地区获得服务业，尤其是旅游业再发展的窗口期。再次，国企混合所有制改革有助于东北地区吸引外部资金进入，倒逼国有景区改制和市场化运营。最后，东北地区具备青山绿水、蓝天白云、林海雪原等全域型旅游资源，有助于全区域打造一个大的综合型旅游目的地，形成全域旅游品牌和核心竞争力。

3. 课题价值

在经济新常态下，旅游业转型升级是东北地区扩消费、稳增长、促发展的有力举措，是破解资源枯竭型城市和森工林区转型发展及培育接续产业的必由之路，是推动经济结构升级和区域竞争力提升的战略部署，是增加就业、带动创业、改善生态、造福民生和实现全面小康社会目标的重要保障。

4. 战略目标

东北地区旅游业转型升级的战略目标是"转变观念、创新产品、提升服务、打造品牌、升级业态、拓展产业、优化环境、扩大效应"，把旅游业建设成为新一轮东北振兴中的先导产业、优势产业和接续产业，实现由旅游资源富集区向旅游经济富强区转变，形成"基础共通、生态共建、市场共融、民生共享"的区域旅游协调发展新格局，构建大东北旅游命运共同体，成为东北亚旅游主导者、欧亚旅游中心和全球知名的生态休闲旅游目的地。

5. 战略定位

为实现战略目标把旅游产业定位为东北振兴的先导产业、优势产业和接续产业，成为新一轮东北振兴的战略突破口。旅游发展的方向定位为我国的养生养老新空间，全球热带地区的冰雪运动和避暑消夏的胜地。发展模式定位为人类社会"和谐发展、绿色发展"的新样本，对东北亚地区发挥示范价值。

6. 三大战略

一是党政主导战略。创新体制机制，解决旅游发展面临的各类体制机制和条块分割问题，通过党政主导协调林业局、环保部、森工总站、发改、财政、国土、建设、交通、商务、农业、文体等部门，形成与"大旅游"相适应的旅游管理大格局。二是全域统筹战略。各级政府要将旅游纳入东北整个区域的统筹协调。"三省一区"内部需要做好协调，加强对旅游相关事务的综合协调力度，推进在战略规划、产业发展、政策制定、项目准入、监督管理等各方面的职能协调。三是共建共享战略。吸纳东北地区农垦、森工等相关部门参与旅游发展，推进产业资源的开发。加强与发改、财政、国土、建设、公安等部门协调，推进项目、用地、资金、城乡建设规划等工作；加强与交通、商务、农业、林业、水利、文体、卫生等部门对接，推进产业融合发展；与宣传、新闻出版广电等部门联合，开展东北旅游形象宣传合作，形成与"大旅游"相适应的旅游管理大格局。

7.战略任务

一是深化旅游业改革创新。推广"1+3"旅游综合管理体制机制；加大对东北地区国家旅游业改革先行区和全域旅游示范区等创建工作的支持力度。各地放宽旅游市场准入，支持民营企业和中小微旅游企业发展。加快旅游领域政企分开、政事分开，剥离旅游行业协会组织。推动旅游政府管理向服务和监督转型，优化提升旅游电子政务，提高旅游行业在线管理水平。加快国有景区和集体所有制景区的所有权、管理权、经营权三权分立和去行政化改革，开展旅游景区混合所有制改革试点工作，探索政府和社会资本合作开发模式。财政预算内投资设立东北旅游产业投资基金，编制区域旅游发展规划和生态旅游、冰雪旅游、海滨海岛海洋旅游、森林旅游、交通旅游等专项规划。二是丰富旅游文化内涵。挖掘东北近代历史文化、民俗文化、辽满文化、北大荒知青文化、抗联文化、近代工业文化等，建设一批文旅景区、文旅创意产业园区、文旅节事活动，合理编排一批旅游文艺演出，扶持特色文化创意产业的发展，塑造东北著名文化旅游品牌。按照"滨海辽宁、雪地吉林、冰天黑龙江、草原内蒙古"的特色，打造不一样的东北旅游目的地。把提升文化内涵贯穿到"食、住、行、游、购、娱"各环节和旅游业发展全过程。与文化教育部门共同以抗联文化、民俗文化、建设文化产业园、旅游演艺和文创产业，发展研学旅游。三是推动旅游产品多样化发展。编制冰雪旅游专项规划，建设一批滑冰（雪）场、滑冰（雪）馆等大众冰雪运动场地和融滑雪、登山、徒步、露营为一体的冰雪旅游度假区；打造一批冬奥会冰雪训练教育基地和冰雪主题乐园；遴选一批能承办高水平、综合性国际冰雪赛事的场馆，推动冰雪旅游品牌化、集群化和产业化发展；制定东北亚海洋旅游发展规划，推出东北亚黄金海上旅游航线，支持大连、青岛等滨海城市发展适合大众消费的中小型游艇旅游，超前发展邮轮旅游，支持黑龙江、图们江等有条件的江河、湖泊发展内河游轮旅游，形成江海联运的旅游发展格局。支持引进社会资本结合城镇低效用地和独立工矿区的进行改造升级，创建一批特色景观旅游名镇名村；创建一批现代农业庄园、共享农庄和田园综合体；支持东北地区创建虎头珍宝岛等一批 5A 级景区、国家旅游度假区、国家中医药健康旅游示范区、国家生态旅游示范区和五星级饭店。四是提高旅游服务水平。全面实施《旅游服务质量提升纲要》，建立以游客评价为主的评价机制；健全旅游标准体系，抓紧制定实施东北旅游环境卫生、旅游安全、节能环保等标准，开展旅游服务质量专项监督检查，重点保障餐饮、住宿、厕所的卫生质量。以品牌化为导向，鼓励专业化旅游管理公司推进品牌连锁。积极开展旅游在线服务、网络营销、网络预订和网上支付，充分利用社会资源配置旅游呼叫中心。依托东北地区高速铁路建设和既有铁路扩能改造，配套高铁和铁路旅游集散中心、咨询中心和旅游购物网点，开辟旅游专列、旅游观光巴士。提高在线旅游公共管理水平，建设大东北旅游数据中心、旅游监控系统的建设；建设一批智慧旅游城市、智慧旅游景区和智慧旅游企业。全域部署特色化和情景化旅游标志标识系统。五是培育新的旅游消费热点。支持发展生态旅游、森林旅游、商务旅游、体育旅游、工业旅游、医疗健康旅游、邮轮游艇旅游。推动东北地区制造业向旅游房车、邮轮游艇、景区索道、游乐设施和数字导览设施等旅游装备制造业转型发展，大力培育发展具有自主知识产权的休闲、登山、滑雪、潜水、露营、探险、高尔夫等各类户外活动用品及宾馆饭店专用产品。以大型国际展会、重要文化活动和体育赛事为平台，培育新的旅游消费热点。六是优化旅游消费环境。落实"国民休闲发展纲要"政策，出台机关事业单位工作人员带薪休假实施细则。加强与公安、工商、交通、物价、质监等部门开展联合执法；联合建立旅游业质量失信"黑名单"制度，推进旅游业诚信体系建设；增加旅游目的地与主要客源地间的航线航班、旅游列车，完善旅客列车车票的预售和异地购票办法。完善自驾车旅游服务体系。建立健全旅游信息服务平台，促进旅游信息资源共享。开发旅游多次消费，形成消费链，促进消费升级与结构优化。对旅游线路边和旅游公共空间周边的设施建筑进行旅游化特色改造，提升旅游发展的氛围。七是倡导文明健康的旅游方式。

加大导游人员素质培训，在全社会大力倡导健康旅游、文明旅游、绿色旅游。围绕"人人都是旅游形象、处处都是旅游环境"的理念，全面提高旅游从业人员和城乡居民的文明素质，形成热情好客、文明诚信、包容开放的良好社会风尚。开展全民旅游知识普及宣传教育活动，形成全社会共同关心、了解、支持、参与旅游建设的浓厚氛围和良好局面。八是推进节能环保。强化东北地区"青山绿水"和"冰天雪地"全域化生态保护。巩固提升草原旅游和森林旅游，支持东北地区国有林区和国有林场发展森林生态旅游。实施旅游节能节水减排工程。支持宾馆饭店、景区景点、乡村旅游经营户和其他旅游经营单位积极利用新能源新材料，广泛运用节能节水减排技术，实行合同能源管理，实施高效照明改造，减少温室气体排放，积极发展循环经济，创建绿色环保企业。五年内将星级饭店、A 级景区用水用电量降低 20%。合理确定景区游客容量，严格执行旅游项目环境影响评价制度，加强水资源保护和水土保持。倡导低碳旅游方式。九是促进区域旅游协调发展。有序推进东北老工业基地区域旅游业发展，完善旅游交通、信息和服务网络。推动跨区域旅游资源合作开发机制在东北振兴办中增设区域旅游合作办公室负责区域旅游合作日常工作，协调中直单位与地方政府关系，加强三省一区旅游合作顶层机制设计，成立由省长或分管副省长组成的东北地区旅游领导小组。培育跨区域旅游企业集团，主导组办东北亚旅游论坛，构建区域旅游合作与发展机制。进一步深化区域旅游合作，取消边境旅游项目审批，发展边境、跨境旅游合作区，深度参与全球旅游分工。十是旅游理论武装工程，形成旅游发展共识。加强党政干部的旅游理论培训，构建党政干部旅游学习机制。国家旅游局每年安排一次三省一区省级干部旅游培训活动，省级党校负责培训厅级旅游相关干部，市级党校负责培训县乡镇旅游相关干部。启动东北地区与沿海地区干部交流活动和旅游从业人员外出考察与交流活动。十一是旅游教育三进工程，形成人才梯队。实施旅游教育进学校、进课堂、进教材的"三进工程"，在相关课程中加入旅游教育内容，使旅游教育覆盖从中小学到大学的各个体系，提升旅游知识普及程度，建立旅游人才培养梯度。大力发展旅游教育，推广旅游知识的普及。实施旅游"进学校、进课堂、进教材"，在相关课程里面加入旅游科普知识，面向东北高校的大学生，设置 1 门次以上的旅游必修课程，构建从中小学到大学旅游教育体系。加强在职岗位培训，每年培训省市县三级在职专业技术人员不少于 4 万人。积极培育旅游规划、咨询和培训企业，扶持大中专旅游院校数量达到 400 家，培养高级旅游人才，组建 4 个以上的区域性的旅游研究机构。依托东北地区大连外国语学院、哈尔滨体育学院等院校和社会办学力量，加强冰雪、健康、体育等紧缺旅游人才的培养。

## 六、项目服务社会影响

目前项目进展良好，预计将与国家发改委、国家旅游局联合发布。

# 数说旅游——让数据说话

## 一、项目服务对象

北京市旅游发展委员会主办，北京联合大学旅游学院承办下，由服务北京发展到京津冀，到国内，再面向国际的全方位服务。

## 二、项目服务时间

2013 年 3 月开始创刊至今。

## 三、项目负责人

李享，女，教授，硕士研究生导师。研究领域为旅游统计与核算，休闲与旅游行为。主持国际基金合作、省部级、北京市旅游发展委员会的项目 40 多项。发表学术论文 40 多篇，出版专著 8 部，出版教材 13 部。曾获得国家旅游局优秀学术成果三等奖，曾入选国家旅游局 2017 年度万名旅游英才计划技术技能人才培养项目。

## 四、项目服务团队

本项目研究团队有 12 人，其中，博士 5 人，教授 1 人，副教授 5 人，研究领域涉及旅游统计与核算、休闲与旅游行为、旅游法规、旅游经济学等。

## 五、项目服务内容

《数说旅游》是由北京市旅游发展委员会主办，北京联合大学旅游学院承办的内部刊物，以数据为核心及时反映北京及国内外旅游业的发展现状与态势，为北京与其他地区旅游部门、相关产业提供数据信息服务和国际经验借鉴。篇幅短小、数据为主、简短点评，使读者在较短时间内浏览到全面的、定量的、与旅游业发展相关的信息，满足读者的效率需求。从2013年创刊至今受到旅游主管部门、业内及学界欢迎、肯定，并在旅游业界积累了良好的品牌声誉。

### （一）创刊原由

大数据时代，数据信息已经成为创新发明和提升服务的源泉。统计数据作为管理的工具和决策的依据，已经成为各级旅游公共服务部门及旅游从业者现实的、持续的、不可或缺的需求。为了发挥统计数据在旅游经济运行与行业管理中的参谋作用，以数据为核心及时反映国内外旅游业的发展现状与态势，为制定北京旅游业发展政策、指导旅游产业投资、引导旅游产品开发和开展区域旅游合作提供数据信息服务和国际经验借鉴。2013年3月，由北京市旅游发展委员会主办、北京联合大学旅游学院承办的《数说旅游》应运而生。

### （二）刊物定位与特色

《数说旅游》以与北京旅游相关的政府统计数据为基础，兼顾宏观性、国际性、区域性和行业性的数据，覆盖旅游产业链上下游相关行业和旅游市场供需双方。《数说旅游》的数据来源于多种渠道，主要有：从国家、北京市旅游委和统计局获取数据，通过各省市旅游局交流数据，通过各国各机构官方网站获取数据，通过各种网络数据库获取数据，通过网络、期刊、报刊、年鉴、皮书等各种媒介报道中获取数据。通过以上渠道收集政府部门对旅游行业和旅游市场调查统计的定期数据，摘引权威机构对旅游市场的前瞻性预测，通过英、法、日、韩、俄等语言独家编译各个国际旅游组织、机构或其他国家最新发布的旅游统计数据。《数说旅游》立足数据的独家性和权威性，保证数据来源的可靠性，同时保持数据的及时性、连续性、横向与纵向可比性，以篇幅短小、数据为主、简短点评为形式特色。

### （三）刊物发展进程

从2013年至今，共出版《数说旅游》50期，编辑部按照《数说旅游刊物策划方案》及时、广泛地收集与本刊物内容有关的国内外信息和数据，完成所需资料的收集、翻译、整理、编辑、图表制作、版式设计，并按北京市旅游发展委员会的需要完成寄发的协调等工作。每月定期发放给市领导、市委市政府相关部门、首都旅游联席会成员单位、区县旅游局、旅游协会、旅游学会、"9+10"区域旅游成员单位及其他社会机构等。2013年至今，《数说旅游》在版面形式、内容、人员设置等方面不断改进，在发行过程中受到旅游主管部门、业内及学界欢迎、肯定。以下按照年份对《数说旅游》的发展过程进行简单梳理。

#### 1. 创刊之初

《数说旅游》于2013年3月至12月每月出刊一期，2013年共出版10期，每期印刷500本，主要包括7个方面的内容，分别是北京旅游、宏观背景、国际视野、区域扫描、行业跟踪、市场调查、旅游趋势，内刊采用B5版面，每期12个版面，采用小四字体，每月根据数据的可获得性对内容进行一定调整，至少安排5个栏目，共聘请5名编辑，负责数据的采编、刊物栏目内容编辑，版面排版及复印等（表1，图1）。

表1　2013年《数说旅游》栏目设置及内容

| 栏目 | 主要内容 |
| --- | --- |
| 北京旅游 | 发布北京旅游相关的各类统计数据，包括：<br>1.综合数据：发展指数、旅游总收入、旅游总人数、投资占比、消费占比、占GDP比重等。<br>2.接待运营信息：北京地区的入境旅游、出境旅游、景区接待、饭店接待、旅行社组团接团、乡村旅游、区县旅游等月度、季度或年度接待和经营方面的数据。<br>3.旅游预警信息：业态投资、游客满意度、旅游消费信心指数等。<br>4.假日旅游信息：全年7个假日（元旦、春节、清明、端午、五一、十一、中秋）的假日旅游统计数据。 |

续表

| 栏目 | 主要内容 |
|---|---|
| 宏观背景 | 通过遴选一些与旅游业较密切的国际和国内的宏观经济指数或指标数据，作为分析旅游业发展态势的依据与背景。如GDP（国内生产总值），社会消费品零售额、生产价格指数（PPI）、宏观经济景气指数、消费物价指数（CPI）城镇居民可支配收入、城镇居民消费支出、消费信心指数、口岸交通流量等。 |
| 国际视野 | 运用英、法、日、韩、俄等多语种直译的方式为主，展示欧洲、北美以及周边竞争性目的地等一些国家（地区）接待入境旅游者人数、同比增长率、排名、出境旅游人数、旅游外汇收入等指标数据（利用各国官方网站、欧盟委员会统计网站、世界银行网站等）以及世界旅游组织（UNWTO）与世界旅游旅行理事会（WTTC）旅游统计与旅游附属账户的相关数据信息。 |
| 区域扫描 | 主要对比反映北京、天津、河北、上海等区域的每月、每季的旅游发展指标数据，如接待入境旅游者情况、接待入境旅游的主要客源国、出境旅游情况、旅游者出境旅游主要目的国、国内接待旅游者人数、旅游收入情况等。 |
| 行业跟踪 | 主要反映全国和北京的民航运营、铁路运营等统计信息，住宿设施、旅行社、景区的发展变化动态信息，旅游项目建设动态信息。 |
| 市场调查 | 发布各类旅游市场抽样调查的结果。 |
| 旅游趋势 | 摘引世界旅游组织、WTTC、国家旅游局等机构对旅游经济运行趋势发布的信息。 |

《数说旅游》创刊号　　　　　　　　2013 年全册

图 1　2013 年《数说旅游》封面

### 2. 增新扩编

《数说旅游》于2014年1月至12月每月出刊一期，2014年共出版12期，主要包括10个方面，北京旅游、宏观背景、国际视野、专家视点、区域扫描、行业跟踪、市场调查、旅游趋势、国际旅游市场和旅游统计常识。内刊采用B5版面，每期16个版面，采用小四字体，每月根据数据的可获得性对内容进行一定调整，至少安排7个栏目，编辑数量由原来的5名增至9名。相比较2013年的栏目设置，2014年增加了国际旅游市场、旅游统计常识、专家视点三个栏目（表2，图2）。

表2　2014年《数说旅游》增加栏目及内容

| 增加的栏目 | 主要内容 |
|---|---|
| 国际旅游市场 | 全部采用英、法、日、韩、俄等多语种直接编译的方式，发布各国、特别是周边竞争性目的地旅游市场的相关连续性数据。 |
| 旅游统计常识 | 根据权威资料检索及旅游统计实践，重点介绍常用的、被广泛关注的、易误解的统计学概念、制度及法规等。 |
| 专家视点 | 主要对国内外相关研究领域专家进行有关旅游业及其产业链相关方面的、以数据为特色的专项约稿，以该领域专家的高度来解析相关数据，并对其未来发展趋势进行定量研判。 |

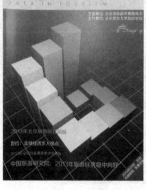

2014年《数说旅游》第一期　　　　　2014年全册

图2　2014年《数说旅游》封面

3. 扩版发行

在 2013 年至 2014 年度发行过程中，受到业内欢迎、肯定，自 2015 年度起进行扩版发行。2015 年 1 月至 12 月，每月出刊一期，2015 年共出版 12 期。扩版后，主要包括 16 个方面的内容，分别是北京旅游、中国旅游、宏观背景、国际视野、国际区域扫描、专家视点、国内区域扫描、市场调查、旅游特征产业、旅游资源与服务、满意度与排名、乡村旅游、会展与节事、旅游趋势、旅游大数据和旅游统计常识。开始由 B5 版面调整为 A4 版面，每期版面不少于 20 个，栏目不少于 10 个，编辑数量由原来的 9 名增至 12 名。相比较 2014 年的栏目设置，2015 年进行了如下调整：将国际视野栏目分为国际区域扫描、国内区域扫描两个栏目；减少行业跟踪；将国际视野与国际旅游市场合并为国际视野一个栏目；增加了中国旅游、旅游产业特征、旅游资源与服务、满意度与排名、乡村旅游、会展与节事、旅游大数据 7 个栏目（表 3，图 3）。

表 3　2015 年《数说旅游》栏目设置及内容

| 增加的栏目 | 主要内容 |
|---|---|
| 中国旅游 | 根据国家旅游局对全国的旅游统计及其出版的旅游统计年鉴，发布入境、饭店、节假日等旅游统计数据。 |
| 旅游产业特征 | 主要反映全国和北京的民航运营、铁路运营等统计信息，住宿设施、旅行社、景区的发展变化动态信息等。具体包括发布中国酒店业门户网站、中国饭店业协会发布的分类酒店品牌价值信息、财务年报等数据。根据国家统计局、北京市统计局、北京市交通发展研究中心权威资料发布相关信息及数据等。 |
| 旅游资源与服务 | 民生与旅游、与旅游公共服务息息相关、相辅相成，并共属于北京旅游吸引物的范畴。因此北京市乃至全国的博物馆、公园、餐饮、文化、娱乐、体育等方面统计数据的呈现与利用，有助于更加全面地了解北京旅游吸引物及公共服务状况。 |
| 满意度与排名 | 主要来自国家旅游局、中国旅游研究院、权威皮书、重点企业对游客满意度、旅游目的地、酒店品牌价值等方面的满意度及排名。 |
| 乡村旅游 | 主要是来自北京市统计局、北京市农委及北京观光休闲农业行业协会的相关信息与数据。 |
| 会展与节事 | 主要是北京市统计局、会议门户网站发布的各类会展与节事活动统计与市场调查。 |

续表

| 增加的栏目 | 主要内容 |
|---|---|
| 旅游大数据 | 根据百度指数，聚焦国内客源市场对北京旅游的关注度及其变化与群体特征。本栏目未来发展，将通过想过专题研究，努力争取形成连续性固定指数反映旅游市场趋势和特征。 |
| 国际区域扫描 | 全部采用英、法、日、韩、俄等多语种直接编译的方式，发布境外主要旅游省（如中国台湾省）、旅游区（如悉尼旅游区、大巴黎区）、市的出入境旅游及酒店业等相关连续性数据。 |
| 国内区域扫描 | 主要反映北京、上海与全国的比较数据，以及重庆等直辖市、一线城市每月、每季的旅游发展指标数据，比如接待入境旅游者情况、接待入境旅游的主要客源国（排名），出境旅游情况，旅游者出境旅游主要目的国，国内接待旅游者人数、旅游收入情况等。 |

2015 年《数说旅游》第一期　　　　　　2015 年全册

图 3　2015 年《数说旅游》封面

4. 增加热点内容

《数说旅游》于 2016 年 1 月至 12 月每月出刊一期，2016 年共出版 12 期，主要包括 11 个方面的内容，分别是北京旅游、京津冀旅游、中国旅游、宏观背景、国际视野、国际区域扫描、国内区域扫描、市场调查、乡村旅游、会展与节事和旅游统计常识。内刊采用 A4 版面，每期 20 个版面，采用小四字体，安排 10 个左右栏目，编辑数量 12 名。相比于 2015 年栏目设置，

2016年增加了京津冀旅游，减少了专家视点、旅游特征产业、旅游资源与服务、满意度与排名、旅游趋势、旅游大数据六个栏目（表4，图4）。

表4　2016年《数说旅游》增加的栏目

| 增加的栏目 | 主要内容 |
| --- | --- |
| 京津冀旅游 | 根据北京市、天津市及河北省旅游委（局）官方发布的旅游常规运用数据、主要节假日旅游统计数据信息及其相关权威渠道所发布的信息，以反映京津冀旅游协调发展情况。 |

2016年《数说旅游》第一期　　　　2016年全册

**图4　2016年《数说旅游》封面**

5. 可视化发展

《数说旅游》2017年1月至今每月出刊一期，主要包括12个方面的内容，分别为北京旅游、京津冀旅游、中国旅游、宏观背景、国际视野、国际区域扫描、市场调查、国内区域扫描、乡村旅游、会展与节事和旅游统计常识。内刊采用A4版面，每期20个版面，采用小四字体，安排10个左右栏目，编辑数量12名。相比于2016年栏目设置，2017年增加了热词数据；在内容呈现方式上，进一步强化数据可视化，每期将有一篇稿件全篇采用数据可视化的方式呈现，每季度提供一篇数据可视化稿件的网络版，内容主要以上一季度北京市旅游业发展核心指标数据为主，可用于北京市旅游发展委员会官方网站、微博、微信的发布之用，以便于及时宣传北京市旅游业的发展成就（表5，图4）。

表5　2017年《数说旅游》增加的栏目

| 增加的栏目 | 主要内容 |
|---|---|
| 热词数据 | 通过对一段时期内的旅游产业热点、旅游研究热点、与旅游产业相关的社会经济热点，从数据的角度进行跟踪、积累，以满足和方便使用者对热点问题、热议话题的量化把握与数据支撑需求。 |

2017年《数说旅游》第一期　　　　　2017年《数说旅游》前四期

图5　2017年数说封面

## 六、项目服务社会影响

（1）直译多国资料，数据准确。《数说旅游》国际栏目数据信息均由本刊编辑部分别采用英、法、日、韩、俄语直接搜集、并原文首次翻译发布，编译的资料译文准确，引用的资料来源可靠，数据准确。

（2）"简说"评述，效率阅读。《数说旅游》所有数据表格均配有由本刊编辑部撰写的数据简要分析评述"简说"。使读者在较短时间内浏览到全面的、定量的、与旅游业发展相关的信息，满足读者的效率需求。

（3）增加热点内容，适应时代发展。《数说旅游》紧跟社会发展脚步针对《京津冀协同发展规划纲要》，2016年增加京津冀旅游栏目；伴随着大数据时代的到来，在表现形式上增加数据可视化的呈现方式。

（4）内容涵盖面较广。《数说旅游》范围涵盖国内外、各省市、各旅游特征产业、乡村旅游等。

（5）为北京与其他地区旅游部门、相关产业提供数据信息服务和国际经验借鉴。《数说旅游》定期发放至国家旅游局等中央单位 13 家、旅游委兼职委员单位 6 家、北京市相关委办局 27 家、北京市区县政府 16 家、故宫博物院等相关单位 12 家、中央电视台等媒体机构 6 家、9+10 省市旅游局（分别是天津、河北、河南、内蒙古、辽宁、山东、山西、陕西、上海、重庆、西安、杭州、南京、昆明、成都、哈尔滨、桂林）。

山东旅游大数据目录页

浙江省旅游局旅游统计中心与课题组座谈会

原北京市旅游发展委员会主任
周正宇为《数说旅游》作序

项目验收专家名单

| 序号 | 专家组 | 姓名 | 性别 | 工作单位 | 职务/职称 | 专业 |
|---|---|---|---|---|---|---|
| 1 | 组长 | 马立平 | 女 | 首都经济贸易大学 | 院长、博导、教授 | 经济统计分析 |
| 2 | 成员 | 唐晓云 | 女 | 中国旅游研究院 | 研究员 | 旅游经济运行分析 |
| 3 | 成员 | 杜子芳 | 男 | 中国人民大学 | 博导、教授 | 经济统计分析 |

项目验收专家名单

《东城旅游手机报》 2016 年合刊封面

**图6　相关材料**

　　《数说旅游》自 2013 年创刊以来，便受到政府有关部门、旅游学界、旅游企业的广泛好评。2014 年，原北京市旅游委主任周正宇为《数说旅游》作序，肯定了其实用性与适用性，项目验收专家也充分肯定了其价值，目前在多领域的实践及科研工作中持续使用。《数说旅游》作为地方旅游业发展及其统计工作成果的载体，具有引领效应，一些省区市也开始采用这样做法，比如《山东旅游大数据》《东城旅游手机报》等，《数说旅游》起到了很好的示范作用（图6）。

# 起草《北京市餐饮业经营规范》，服务宜居之都建设

## 一、项目服务对象

北京市商业委员会和北京市烹饪协会

## 二、项目服务时间

2016 年 6 月至 12 月

## 三、项目负责人

王美萍，女，教授，北京联合大学旅游学院副院长，教育部高职高专餐旅管理服务类专业教育指导委员会委员、国家职业技能鉴定西餐专业委员会副主任、高级考评员，劳动和社会保障部职业培训教材工作委员会委员。研究专长为旅游高等教育管理及餐饮管理科学和应用技术。主持多个省部级和北京市旅游委项目，出版多部教材。

## 四、项目服务团队

本项目研究团队由餐饮管理系专业教师组成，其中，教授 3 人，副教授 4 人，4 人具有博士学位，7 人具有硕士学位。研究领域涉及烹饪科学、餐饮管理、餐饮教育等。

## 五、项目服务内容

多年来，我院高度重视产学研协同发展，长期研究地方行业发展，并在教育教学、校企对接过程中积累了大量的典型案例和宝贵经验，这些丰富而宝贵的实例通过学院学术研究优势转化为有利于地方餐饮行业规范发展的成果，是地方高校积极服务城市发展，提供智库服务的功能效应。学院参与制定地方行业规范，还将对行业从业人员在学习培训时期就树立规范经营、诚信经营理念起到关键作用。

2016年6月，受北京市商业委员会和北京市烹饪协会委托，旅游学院餐饮管理系专业教师组成起草小组，起草《北京市餐饮业经营规范》。团队经过多方调研和座谈，形成最终文本。文本通过北京市商务委员会的审定后，于2016年12月7日正式发布实施。

《北京市餐饮业经营规范》的实施将有利于推动北京餐饮业向标准化、国际化转变，提升餐饮服务质量和食品安全管控能力，更好地满足人民群众对美好生活的新期待，为建设国际一流的和谐宜居之都提供有力支撑。

图1 《北京市餐饮业经营规范》宣贯现场

图2　《北京市餐饮业经营规范》宣传资料

## 六、项目服务社会影响

《北京市餐饮业经营规范》从开业条件、经营管理、操作流程三大方面对餐饮经营活动提出了具体要求，是北京市第一个全面规范餐饮经营活动的推荐性、指导性文件。

# 基于张家界景区的实时互动管理系统项目

## 一、项目服务对象

张家界国家森林公园管理处

## 二、项目服务时间

2015 年.

## 三、项目负责人

于平，女，教授，研究领域为计算机应用、智慧旅游、旅游信息化、旅游大数据。曾主持《面向旅游规划的空间信息服务工作流构建方法研究》《基于 RFID 及无线传感器网络的游客时空分流导航管理研究》和《京津冀"旅游一卡通"策略评估研究》等多项课题。曾获得 2017 年"首都劳动奖章"。

## 四、项目服务团队

本项目服务团队有 8 人，其中教授 1 名，讲师 2 名，助研 1 名；博士 1 名，在读博士 1 名，硕士 2 名，在读硕士 2 名。2015 年获批国家自然科学基金青年基金 1 项，北京市教委科研项目 1 项。曾获得 2016 年北京市"三八"红旗集体荣誉称号，2017 年"全国巾帼文明岗"称号。

## 五、项目服务内容

旅游景区是旅游活动的原动力，是旅游业发展的核心要素，是旅游消费活动的最终载体。旅游景区的数量和品质直接影响到一个地区或者国家旅游业的发展水平及在国内、国际上的竞争力，与酒店、旅行社和交通工具等旅游要素相比，景区具有较强的不可替代性。因而，景区管理在旅游业中的地位日益显现。旅游景区管理与开发是旅游管理专业的核心专业课程，要求学生掌握景区开发、经营与管理的基本概念、相关理论与方法，包括景区规划管理、游客管理、环境管理、设施管理等内容。

北京联合大学旅游学院旅游实践教学中心是教育部国家级实验教学示范中心、国家旅游局批准建设的国内唯一国家智慧旅游重点实验室。中心紧随旅游产业融合趋势、旅游新业态发展动向，根据旅游行业对大旅游复合应用型人才的需求，将旅游文化、信息技术、经营管理等知识与能力培养融入实验教学，采取沉浸体验、虚实互补、项目设计、科研成果反哺等实验教学方法，形成了"学科交叉为支撑、学生发展为主体、开放共享为机制、实践育人为目标"的实验教学理念。中心依托自身特有的产学研合作开发平台，紧密连接旅游行业、企业，积极把行业、企业真实场景和案例引入实践教学环节。一方面促进学生在实践过程中接触参与企业的真实运行管理环境，提升实际动手和发现问题解决问题的能力；另一方面把在实践中所遇到的运行管理的情况与企业展开交流、相互促进，积极服务旅游行业和服务社会。

中心为使课堂理论与景区实际相结合，深化学生对景区管理的理解，提升教学效果和学生的实践创新能力，同国内著名 5A 级旅游景区张家界合作研发建设智慧电子沙盘管理系统，把实时数据引入课堂教学，从而为学生提供一个生动、强大的信息展示和交互窗口。电子沙盘的兼容性与扩展性，保障了它和不同软件的结合与信息叠加，共同构筑一个生动的展示空间，更加直观、生动，表现内容更加丰富、细腻，可将原本无法在传统沙盘直接展示的内容，通过图、文、声、像、动画等多媒体形式，甚至虚拟现实技术，将景区生动直观地展示出来，促进学生参与互动，令人有身临其境的感觉，从而极大地调动起学生的学习积极性，激发学生的学习欲望，让学生能够掌握景区运营的第一手资料，直观地了解景区运营管理的技术手段和方法。

### （一）确立合作建设意向

2015年夏，中心接待了张家界国家森林公园管理处领导参观交流，管理处领导对中心实验环境建设、教学设备开发和实践教学开展情况表现出浓厚的兴趣，表示中心开展的实践教学内容契合旅游业快速发展趋势，贴近企业的信息化运行管理流程，并邀请中心老师去张家界景区考察交流，为提升景区现代化运行管理手段提出新建议和新思路。2015年年底，在中心主任于平教授的带领下，一行6人赴张家界国家森林公园进行考察，参观了景区管理处、数据机房、主监控室、景区闸机等主要部门，形成了初步建设意向。

图1　湖南张家界国家森林公园领导访问实践教学中心

张家界国家森林公园位于湖南省西北部张家界市境内，是1982年由国务院委托张家界国家森林公园旅游景区国家计委批准成立的中国第一个国家森林公园，1992年12月因奇特的石英砂岩大峰林被联合国列入世界自然遗产名录，2004年2月被列入世界地质公园。公园自然风光以峰称奇、以谷显幽、以林见秀。2007年，成为首批5A级旅游区，占地面积4810公顷，其间有奇峰3000多座，这些石峰如人如兽、如器如物，形象逼真，气势壮观。峰间峡谷，溪流潺潺，浓荫蔽日。有"三千奇峰，八百秀水"之美称。景区内著名景点有金鞭溪、金鞭岩、黄石寨、杨家界、袁家界等数十个，分布范围广、山势险峻、道路崎岖，管理监控难度较大。近年来，张家界建设了多套监控管理系统，以加强对张家界国家森林公园的景区安保和游客安全游览的监控力度，大大改善了景区运行管理条件和效率。张家界国家森林管理处监控系统管理着景区内 1000 多路摄像头，其中重点监控区域包括入口大门、缆车排队处、游人休息区、游览途中、地势险要区、车辆出入等百余路。

### （二）功能确立、实践目标明确

中心经过与张家界景区管理处的多次沟通交流，确立了张家界智慧电子沙盘管理系统的建设思路、建设内容、系统构架和实现功能。总体设计为：实体沙盘、数字沙盘投影系统和景区实时交互平台三部分。

1. 实体沙盘

主要以张家界景区为主要展示内容，根据景区测绘数据，按比例尺缩小到 6 平方米左右的沙盘模型。沙盘上建设代表性景点 6~8 个，集中展现地形地貌、道路分布、景区景点、部分建筑、河流水系等。沙盘上每处景点安装 LED 灯或者相关显示设备，用于展示游客数量，分别用绿色、黄色、橙色、红色来展示拥挤程度。

2. 数字沙盘投影系统

先创建真实的景区三维模型，再在实体沙盘模型上层搭建最新科技的互动展示结构。实体沙盘展示地形地貌、景点分布等景区数据。互动展示系统展示景区内各景点的三维图像、实时影像、人流、景点人流密度、天气、周边交通等更为详细的数据。实体沙盘和互动展示系统以组合的形式搭建，在物理结构上实体沙盘在底层，实时互动系统在上层，采用"虚实结合""静动结合""粗细结合"的方式全面展示景区相关的运营管理等资源数据。

3. 景区实时交互平台

平台可分为四个模块：数据采集、数据传输、数据整合、数据分析。

（1）数据采集：由景区的相关设备对各项数据进行采集，并整理存储或输出到相关平台，包括：a. 观光摆渡车 GPS 数据；b. 各观测点客流数量（票务系统、闸机系统）；c.观测点的气象、资源及生物指数（如PM2.5等）。

（2）数据传输：开发从景区各数据平台实时或定时获取数据的接口，数据传输租用网络运营商（网通、电信等）的物理线路，汇集到景区实时交互平台，将数据进行预处理和存储。

（3）数据整合：将景区各类实时数据转换为多媒体信息进行编辑后输出至多媒体沙盘或其他展示终端。例如，观光摆渡车数量、各景点的游客数量经整合处理后再由系统实时展示在沙盘和显示终端上。

（4）数据分析：开发数据分析模块，负责从采集到的景区大数据中挖掘出对景区管理、景区服务、景区营销有价值的数据，一方面为提高景区管理水平服务，另一方面为教师教学和科研提供数据。

### （三）部分功能模块实现

1.景点介绍

景点介绍包括张家界景区的概述、景点的历史等内容。为了方便互动体验，提高系统的互动性，景区概况的设计采用图文形式，用景点的图片，搭配简要介绍。景点概况中图片格式为 PNG 格式，图片的命名规则为汉语拼音（头字母大写）。

图2　系统功能模块实现——景点介绍

2.服务配套

服务配套包括张家界景区的交通、住宿、消费、景点新闻等。点击"交通"后会出现连通张家界景区的飞机、高铁、自驾、公交、景区线路及市区行车线路等内容，可自主进行互动点击操作。住宿与消费，分别展示张家界景区的酒店、餐饮、特产方面的图文信息。在景区风光中将加载张家界景区的宣传视频。互动操作方式为单击选取，逐层阅览。点击系统返回按键返回上层菜单，点击其他一、二级菜单项也可直接跳转展示内容。智慧导游中景点预览部分的拼接屏显示景区及景点图文内容更换，与沙盘互动共享同一资源文件夹（图3）。

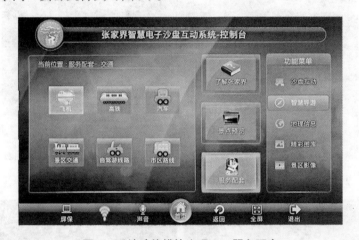

图3　系统功能模块实现——服务配套

登录系统后，顺序单击服务配套、交通图标按钮，页面跳转进入交通子系统并显示交通相关功能模块的图标和文字。目前，交通模块包括飞机、高铁、汽车、景区交通、自驾游线路、市区线路等功能。以飞机为例，用户在控制台单击飞机这一交通工具，系统调用该交通工具对应的数据库信息，返回结果并在终端显示。

3.实时视频监控

实时视频（监控直播）是景区进行管理的重要手段，系统通过开发、定制专门服务器，可自动实时（为保证景区带宽不受影响，视频采用了压缩和加密，并设定特定时间的传输延时）传送前卡门、龙凤庵、六奇阁、五指峰、老磨湾广场、鹞子寨（定期更换）至中心系统，所有视频影像存储于中心位于学校信息网络中心的磁盘阵列服务器中。登录系统，在智慧导游子系统中选择景点，单击景区直播选项按钮。页面跳转进入景点直播时间选择、景点位置选择界面。选择想要查看的直播时间、景点，单击"确定"。系统接到指令后，连接视频库，调取对应的影像，返回数据并在客户端显示监控影像资料。

图4 系统功能模块实现——实时监控点1

图5 系统功能模块实现——实时监控点2

4.精彩图库

精彩图库包括摄影作品、景点图片与风光图片三项，此三项均有缩略图滑动条，可实现单点左右滑动查看缩略图，单击向上滑动选取图片上液晶拼接屏的互动功能。精彩图库中摄影作品、风景图片、景点图片部分的拼接屏显示图文内容更换。图片格式为 PNG 格式，新添图片的命名规则为数字。

图6　系统功能模块实现——金鞭溪

5.景点预览

用户登录系统，进入旅游线路管理界面，在该界面中上传图片，系统提示确认存储，完成图片上传和存储。景区旅游线路图要包括景区的地图，重要景点名称、位置、推荐旅游线路、门票站位置等关键信息。

图7　系统功能模块实现——景点预览

## 6.灯路控制

灯路控制负责景点标示灯的开关控制，通过灯路控制，实现物理沙盘中各景点的亮化/关闭，进行沙盘与学生的互动控制。点击灯路控制，可以继续选取想要查询的景区名称，随之出现此景区内各景点与区域展示的互动菜单界面。在此界面中，点击任何一项，物理沙盘都会对应亮化/关闭该景点的标示灯。以此推演其他各个景区，在物理沙盘中都会有对应的互动控制效果。

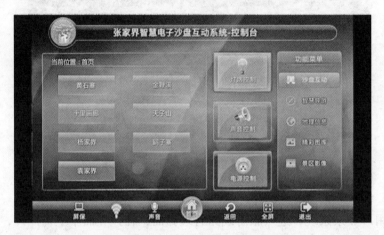

图 8　系统功能模块实现——灯路控制

### （四）实践效果

（1）景区实时互动展示系统，为旅游景区管理相关课程的教学提供沉浸式的教学环境和形象生动的教学手段，是传统教学方式的重要补充。景区管理课程的传统教学方式是运用多媒体课件进行教学，景区的地形地貌、规划建设情况采用照片、地图来表达，同时配合观看视频资料片来让学生增加直观感受。由于教学手段的限制，课堂教学内容与景区实际结合并不紧密。如果想让学生对景区运营管理有更深入的了解和感受，就必须进行实地调研，教学成本太高。项目利用三维虚拟仿真技术，通过触摸屏、灯光、影像技术与实体沙盘结合，可为景区管理类课堂提供沉浸式的交互环境，直观生动地展示景区地理环境，为教师讲授景区规划等方面的内容提供了有效手段。并且，沙盘可设置互动控制点供师生选择展示区域内容，摆脱了传统固态沙盘单调刻板的印象，更注重学生的体验感受。

（2）建设实时互动管理系统，为学生及时获得景区的第一手数据，了解景区运营管理的技术手段提供了条件，极大地提升了教学效果。项目拟建设景区实时交互平台，引入张家界景区的实时数据，可以让学生及时获悉景区节假日、淡旺季游客的流量，了解游客调度、安全管理、生态环境监控的技术手段；并可针对景区的实际情况，及时组织课堂讨论，应用方法理论来分析、设计具体的解决途径和管理办法；有助于理论结合实际，提高课堂教学效果，提高学生的实践创新能力。

（3）通过大数据分析获得对景区营销管理有价值的数据，可服务于景区，提升景区的管理水平。本项目所建设的景区实时交互平台具有完善的数据分析功能，能够按要求将实时采集的数据进行归类、提取、对比生成关键指标，并且能够通过大数据分析获得影响景区管理和目的地营销的因素，从而对景区管理和营销提供实时有效的参考数据和决策依据。

（4）提供景区的实时数据和经由大数据分析之后的结果数据，是教师科研的有力支撑。将数据实时采集和分析应用等功能整合，实时动态获得真实的景区数据，并通过信息平台进行数据分析，能够为教师科研提供最具时效性的数据支撑。

图9 实践效果——鹞子寨入口

总体来说，系统上线一年以来，收获了良好的实践效果，有百人次的学生通过此系统进行了景区导游导览、互动讲解的实践内容，使学生们足不出户就可完成真实场景的实践环节，大大增加了实践效率和效果；学生们在实践中能真正接触到真实景区的日常运行与管理工作，能协助景区管理人员切实处理某些突发的情况，提高实践教学的真实感，锻炼了学生们实践能力，学会了认真与严谨。比如 2016 年雨季，发现金鞭岩小部分路段雨量超大的安全隐患；2017 年，发现鹞子寨游客摔倒并及时与景区管理处沟通等。

### （五）服务行业、引领示范

图 10　北京市领导参观国家级实验教学示范中心内张家界景区互动管理系统

中心每年接待行业、企业、高校等领导、专家 3000 人次的参观交流，到访嘉宾对中心的建设理念、实践环境给予了高度认可，对学生进行的张家界景区互动讲解、演示、体验环节感到非常详细和生动，很多没有去过张家界的客人对景区内大自然的鬼斧神工表示出赞叹，有浓厚的兴趣想去实地参观和游览，领略张家界国家森林公园的奇、秀、美。

系统完美实现了旅游实践教学中心（北京）与张家界（湖南）景区的互动导游实践、数据共享，切实提高了旅游实践教学和管理水平，为景区搭建先进的智慧景区管理联合管理平台做出了成功案例。

## 六、项目服务社会影响

此次合作，大力宣传了我校办学理念、科研水平，在促进景区管理人才培养及培训、景区管理探索及经验总结、景区当前和未来发展所面临的挑战等方面起到了引领示范作用。

# 白银市景泰县黄河石林景区旅游项目策划及建设研究

## 一、项目服务对象

甘肃省白银市政府

## 二、项目服务时间

2012 年 6 月至 12 月

## 三、项目负责人

黄先开，管理学博士，教授，博士生导师。主要研究领域为计量经济学、旅游管理和高等教育管理，目前主持一项国家科技支撑计划项目和一项国家自然科学基金项目。在《管理科学学报》《中国高教研究》和《中国大学教学》等国内外刊物发展论文 50 多篇，出版专著 6 部，获国家级教学成果二等奖两项，北京市级教学成果一等奖四项。

## 四、项目服务团队

本项目服务团队主要成员有 9 人，其中，具有博士学位 6 人，具有硕士学位 3 人、教授 4 人、副教授 3 人，研究领域涉及旅游规划、可持续旅游、自然保护区生态旅游、国家公园游憩管理、旅游统计与核算，休闲与旅游行为等。

## 五、项目服务内容

　　白银市景泰县黄河石林景区旅游项目策划及建设研究系北京联合大学旅游学院接受白银市政府委托，开展景泰县黄河石林景区提升改造规划形成的系列成果。本成果重点包括黄河石林景区重点旅游项目策划、黄河石林景区解说系统规划、黄河石林景区信息化建设规划、黄河石林景区旅游市场营销策划、黄河石林景区管理运营模式研究、黄河石林景区地质研究报告等方面的内容。

### （一）黄河石林景区重点旅游项目策划

#### 1. 规划性质

　　目前，黄河石林景区已经是国家 4A 级景区和国家地质公园，本规划是在 2012 年版《景泰县黄河石林旅游发展总体规划》和《景泰县黄河石林旅游发展控制性规划》的基础上，以国家 5A 级景区、世界地质公园以及国家水利风景区为基本建设目标，以坝滩地块为主要策划范围，以上规模、上体量休闲度假类旅游项目策划为基本内容的规划，是坝滩地块的统筹性开发规划，重点解决景区目前深度体验类旅游项目建设不足的问题，本规划是上述两个规划内容的深化和扩展。

#### 2. 规划范围

　　本规划涉及的黄河石林景区，东界观音岩黄河河心洲，南界大沙河，西界石圈湾——驴尾巴梁一线，北界石门沟，总面积 50 平方公里。本规划重点以河曲所环绕的坝滩地块为旅游项目策划范围，东、南、西三面以黄河为界，以北基本以黄河石林国家地质公园的北沿为界，总策划面积 7.06 平方公里，根据具体项目建设需要还将适当扩展。

#### 3. 规划原则

##### （1）坚持破除行政壁垒的原则

　　当前，本策划的重点项目地块坝滩地区，虽然隶属黄河石林景区的范围，但行政管理隶属于靖远县，景区的行政分隔不利于统筹设计开发。为了开发坝滩地块，当前景区管委会需要采用租赁的方式使用坝滩土地，这对景区的统筹开发造成很大不便。因此，需要谋求能够统筹使用该地块的思路，以打破行政壁垒，为整个景区休闲度假产业的发展奠定基础。

（2）坚持创意优先的原则

当前，黄河石林景区正处于发展的初级阶段，旅游吸引力单一，基本以黄河石林地质景观价值为主，综合吸引能力不强。因此，需要在深入挖掘地质景观文化、历史文化（如西夏文化、大汉文化、河西文化、丝路文化）、黄河文化、民风民俗等文化元素的基础上，对接时代产业发展脉搏，积极开展文化创意，以增强景区吸引力的丰度和厚度，打造有创意、有文化、有品位，值得留驻的景区。

（3）坚持上规模、上体量的原则

当前，黄河石林景区已经存在的羊皮筏子漂流、电瓶车、驴的、马车、游船、缆车等旅游项目以小规模、个体化经营为主，基本以黄河石林景观、饮马沟大峡谷、黄河河段观光游览为主，缺乏上规模、上体量，可以为游客深度体验和停留的大型休闲、度假类旅游项目。因此，积极谋划将坝滩地块纳入可以为景区管委会和景泰县所能够有效统筹开发的范畴，拓展景区的建设空间，以为上规模、上体量旅游项目建设创造前提。

（4）坚持可操作、可落地的原则

当前，黄河石林景区已经编制有景区的总体规划和控制性详细规划，已经对各地块的建设做出了控制，但是对休闲度假类旅游项目的策划不足。因此，本规划将策划设计的重点定位在坝滩地块，坚持可操作、可落地的原则。一方面，创造性的策划符合区域旅游发展、旅游市场需求的项目，力争做到规划设计有深度；另一方面，重视体制机制以及管理运营方面的研究，为创意性旅游项目的落地提供保障。

## （二）黄河石林景区解说系统规划

1. 规划性质与诉求

景泰县黄河石林景区解说系统建设兼顾科普教育和游憩导览双重功能，并成为创建 5A 级景区和世界地质公园的关键环节。因此，本专项规划是对现有黄河石林景区解说系统的提升规划。

作为生态地质类旅游景区，黄河石林景区旅游解说系统应实地实景进行生态环境保护的教育，即在人们进行旅游过程中普及生态知识，寓教于游。利用解说系统帮助人们理解自然生态环境的主要特征、人类与自然环境的相互关系，唤醒旅游者的生态保护意识，使旅游者在亲近自然、融入自然之时获得保护生态环境的知识和价值观。

2. 规划的必要性

目前，黄河石林景区向导式解说内容匮乏、单调，解说员综合素质有待提升；自导式解说系统形制杂乱、功能尚未发挥，从而导致旅游者在游览活动中对景区感知度较弱、对景点内涵茫然不解，处于较低层次的观光游览阶段。特别是在没有导游的情况下，直接影响旅游者的旅游质量，使旅游者享受不到应有的服务。因此，完善的景区解说系统是旅行者提高旅游质量、提升景区建设水平的关键环节。

3. 旅游解说系统功能

景区旅游功能的充分发挥有赖于基础设施和服务设施的建设。旅游解说系统是景区为旅游者提供的一种隐性服务，是景区旅游服务体系中的重要组成部分。其所具有的基本功能主要包括基本信息和导向服务、资源及其价值阐释、旅游资源和设施的保护提示以及科学普及和教育。

4. 规划编制参照系

（1）参照依据

黄河石林景区解说系统提升规划以国家 5A 级景区评定标准中涉及解说系统的项目条款作为参照，通过现状与目标标准的对比，寻找差距，提出具体措施。

（2）参照标准（表1）

表 1 国家 5A 级景区标准中涉及解说系统的部分

| 项目 | 具体标准 |
|---|---|
| 1. 游客中心 | 游客中心标识醒目、游客中心外明示免费服务项目。 |
| | 在游客中心内部设置电脑触摸屏，介绍各景点设施及服务。 |
| | 在游客中心内设置影视介绍系统。 |
| | 提供游客休息设施。 |
| | 提供本旅游景区导览宣传资料。 |
| | 咨询服务人员配备齐全。 |

续表

| 项目 | 具体标准 |
|---|---|
| 1.游客中心 | 提供游程线路图。 |
| | 明示景区活动节目预告。 |
| | 提供导游人员明细公示。 |
| 2.引导标识 | 配备导游全景图，全景图要标识出主要景点及旅游服务设施的位置，包括各主要景点、游客中心、厕所、出入口、医务室、公用电话、停车场等，并明示咨询、投诉、救援电话。 |
| | 大型景区内交叉路口设置导览图，标明现在位置及周边景点和服务设施的图示。 |
| | 配备景物介绍牌，标识牌。 |
| | 设计制作精美，维护良好，无脱落、无毛刺、无腐蚀等。 |
| | 中外文对照明确无误，对照最少3种，要文图相符。 |
| 3.宣教资料 | 包括正式出版印刷的导游图、明信片、画册、音像制品、研究论著、科普读物等。 |
| | 游客能获取本旅游景区主要的导览和宣传资料，其中至少包括一种免费宣传品，品种多，展示精美。 |
| 4.导游服务 | 导游人员数量适当。 |
| | 导游语种丰富，设外语导游。 |
| | 增加高级导游员或讲解员。 |
| | 设便携式可选择播放语音导游。 |
| | 导游词丰富、有文采。 |
| | 导游效果清晰、生动、吸引人。 |
| | 导游服务有针对性，强调个性化。 |
| 5.旅游安全 | 安全警告标志、标识应齐全、醒目、规范。 |
| | 安全宣传。安全说明或须知等要求中外文对照，置于醒目位置。有关重点景区（水上项目）需安装安全广播。 |

### （三）黄河石林景区信息化建设规划

1. 目标

以智慧景区建设为起点，以智慧旅游为目标，做好三个服务，即服务游客、服务主管单位、服务企业，提高黄河石林景区旅游业务的综合管理和运营能力，创建优质的旅游生态环境，提升旅游的服务品质，进而推动景区旅游经济的快速、健康发展。

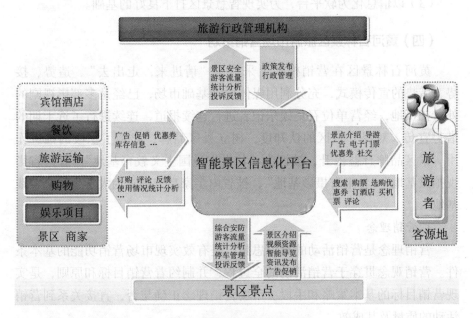

**图1　景区信息化建设示意**

（1）服务游客：通过景区信息化系统的建设，将带动景区经济发展所涵盖的六大元素（即行、食、住、游、娱、购）进行有序的整合，为游客提供便捷的服务，使景区经济效应最大化。

（2）服务主管单位：通过景区信息化系统的建设，提高景区旅游生态环境检测和保护的能力，提高对游客及工作人员的安全检测和保护能力，提高对景区综合管理监控能力，提高景区旅游业务的营销和服务能力。

（3）服务企业：通过景区信息化系统的建设，使企业经营与景区旅游更有效地进行结合，拓展企业的营销宣传渠道，为企业发展创造更多机遇。

223

**2. 任务**

根据景区信息化规划的目标和实际情况，主要建设任务是：

（1）立足国内旅游，开拓国际市场，将景区服务与管理水平提升到国家 5A 级景区和世界地质公园的高度；

（2）抓住机遇，夯实基础，将黄河石林景区的信息化建设与其他建设项目起到整合，并起到引领的作用；

（3）以信息化为软平台，为实现智慧景区打下良好的基础。

## （四）黄河石林景区旅游市场营销策划

黄河石林景区在营销模式上采取了"请进来，走出去"、造势、接势、借势的宣传模式，充分利用媒体撬动基础市场，已经是多部影视剧的外景拍摄地，经营单位召集娱乐记者进行连续报道，连续进行了近十期的借势宣传，对提升景区的认知度，树立景区品牌，起到了积极的推进作用。景区品牌日益提升，被评为"甘肃省爱国主义教育基地""甘肃省影视拍摄基地""甘肃省摄影基地"，被省内多家高校确定为大学生社会实践基地。

*1. 营销理念*

营销理念是营销活动的指导思想，是有效实现市场营销功能的基本条件。营销观念贯穿于营销活动的全过程，并制约着营销目标和原则，是实现营销目标的基本策略和手段。市场营销理念正确与否，直接关系到营销活动的质量及其成效。

黄河石林景区的未来营销，需要坚持两大转变：第一，从以景区价值最大化为目标向以游客满意为目标转变；第二，从传统的依靠单一营销向整合营销转变。

*2. 营销目标*

主要预测黄河石林入景人数和综合旅游收入（包括门票、交通、住宿餐饮、土特产品收入）两个指标，本研究主要采取主观概率方法预测从 2012 年到 2015 年历年入景旅游人数和旅游（综合）收入。

表2 黄河石林历年入景旅游人数及旅游（综合）收入统计

| 年份 | 入景人数（万人次） | 环比增长速度（%） | 综合收入（万元） | 环比增长速度（%） |
|---|---|---|---|---|
| 2006 | 12 | — | 1671.3 | |
| 2007 | 14.6 | 21.67 | 2044 | 22.30 |
| 2008 | 15.8 | 8.22 | 2424.2 | 18.60 |
| 2009 | 16.1 | 1.90 | 2840 | 17.15 |
| 2010 | 17 | 5.59 | 3004.7 | 5.80 |
| 2011 | 18.9 | 11.18 | 3608 | 20.08 |

基于表2的统计结果，根据景区管委会的主任、副主任和市场开发科科长分别对景区2012—2015年的入景旅游人数及旅游（综合）收入进行的主观概率预测，计算的景区未来的旅游收入及入景旅游人数情况分别如表3和表4所示。

表3 2012—2015年景区旅游（综合）收入最终预测值

| 预测年份 | 2012 | 2013 | 2014 | 2015 |
|---|---|---|---|---|
| 景区旅游（综合）收入最终预测值（万元） | 5206.829 | 6512.786 | 8807.314 | 10618.99 |

表4 2012—2015年入景旅游人数最终预测值

| 预测年份 | 2012 | 2013 | 2014 | 2015 |
|---|---|---|---|---|
| 入景旅游人数最终预测值（万人次） | 21.1143 | 28.5429 | 32.2543 | 36.4243 |

## （五）黄河石林景区管理运营模式研究

黄河石林景区在运营管理方面存在诸多问题，这些问题主要体现在：

1. 利益机制不平衡

由于现行的管理体制问题，导致黄河石林景区与社区在权、责、利方面没有清晰的界定与规范，现有的利益分配机制存在不合理、不平衡问题，直接影响到景区的管理运营与长远发展。

2. 社区参与有限

调研发现，目前社区参与仅限于从业人员层面，还没有进入景区的规划与管理层面，这必然引起居民（村民）的不满，引发利益冲突。

3. 管理水平低下

调研发现，黄河石林景区的管理水平亟待提升，问题主要体现为缺乏合理有效的管理模式、营销模式和人力资源管理体制。仅以市场营销管理来看，缺乏有效的产品组合、缺乏市场细分、促销方式方法还没有科学的计划。

针对黄河石林景区运营管理方面存在的问题，本研究提出了按照国家5A级景区的要求，以积极创建旅游特区，通过优化组织架构，实施有利于旅游发展的优惠或特殊政策，加强员工培训，提升人力资源素质，多方争取资金支持等方面的一揽子政策建议。

### （六）黄河石林景区地质研究报告

黄河石林景区的资源本底是地质景观，为了做好黄河石林景区的旅游发展规划及项目策划，本规划团队加强了对地质景观的研究。首先梳理清楚了黄河石林景区的各类地质景观类型，以为旅游发展提供参考和依据。

"黄河石林"地貌位于景泰县中泉乡龙湾村西岸，主要分布在黄河西岸饮马沟、老龙沟、盘龙沟、豹子沟、金龙沟一带，面积约50平方公里。它是下更新统五泉砾岩经过漫长的地质历史演化，在新构造运动控制下，由流水侵蚀、重力崩塌和风蚀等外力作用而形成的独特地貌景观，实际上和"石林"这一专业术语的概念和实际内容都有很大不同。

石林，是创名于中国的一个岩溶地貌专用术语，它是在研究云南石林的岩溶地貌时最先提出来的。它是指地表的石灰岩层因溶蚀作用而形成的巨型石芽，它是岩溶作用形成的一种典型地貌。

而"黄河石林"首先从成因上说，它并不是岩溶地貌；其次，在形态上，其规模也远远超过巨型石芽—石林。"黄河石林"分布区的低点在黄河岸边，海拔在1340米左右；高点在黄河左岸饮马沟、老龙沟上游的山顶面，海拔一般1700~1800米，切割深度可达400米左右。而主要分布于饮马沟、老龙沟沟谷两侧的石林，其比高一般都在 60~200 米，应属于峰丛、峰林、石柱等的地貌组合。在 1999 年，景泰县地质矿产管理局也曾提出以"砂砾岩峰林"来命名该地貌。从地貌成因与形态两方面来看，"砂砾岩峰林"是描述这一地貌类型更为准确的专业术语。但考虑到已习用的公园名称和行文方便，在编写报告时仍暂将这一景观组合称为"石林"。

1. 冲蚀凹槽和石芽地貌

是砾岩沿着节理裂隙受雨水冲刷形成的凹槽，分布于沟谷最上游及沟岸两侧，使砾岩被切割为半柱性，沟槽宽度不一，形态各异；在冲蚀凹槽间突起的部位称石芽，是石林地貌的初期形态。

2. 井状落水洞地貌

主要分布于豹子沟、老龙沟等沟谷的源头，为雨洪沿节理裂隙的冲蚀并伴随崩塌作用形成的产物。一般井壁陡直，深度达数十米，当地人俗称"天洞"。

3. 天生桥地貌

分布于沟谷上游，系流水侵蚀或崩塌作用形成的类似桥梁的景观。

4. "一线天"地貌

分布在沟谷上游，规模大，在各沟谷均有分布。是雨洪沿五泉砾岩发育的断裂、节理侵蚀形成的高差达数十米甚至百米以上、宽度 0.2~3 米、长度数百米、最长超过 1500 米的沟谷地貌形态，谷中一般发育多级跌水陡坎，落差一般 1~4 米。

5. 峰丛地貌

主要分布在沟谷的中部，形态上表现为顶部为尖锐或圆锥状的山峰，而基部相连成簇状，是石林发育中期的地貌形态。

6. 峰林地貌

主要分布在沟谷下游两侧，形态上表现为圆柱状、圆锥状、笋状、蘑菇状、城堡状等，基部基本分离，形态奇特，形成各种造型，为石林发育成熟期的地貌形态。

7. 孤峰地貌

主要分布于饮马沟、豹子沟上游，为峰林的进一步发展，形态上为孤立的山峰，顶部多为圆锥形，相对高差较峰林为低。为石林发育的较晚期的地貌形态。

8. 残丘景观

为峰林和孤峰经后期侵蚀作用发展而成,呈较平缓的丘陵状,是石林发育晚期的地貌形态。

9. 崩塌景观

为峰林和孤峰经流水侵蚀、地震、暴雨等因素诱发形成的重力堆积物,体积变化较大,从数十方到数千方不等,是石林发育晚期的地貌形态。

## 六、项目服务社会影响

指导了黄河石林景区的下一步规划建设,特别是对特色旅游项目建设、旅游标识指示体系、智慧旅游体系、旅游市场营销推广等方面给予了具体的指导,推动了景区建设和管理的完善,该景区吸引了《爸爸去哪儿》剧组在此的拍摄和制作,目前,黄河石林景区目前已经成为西部地区非常有影响力的景区。

# 《海淀旅游公共服务体系规划提升方案》编制

## 一、项目服务对象

海淀区旅游局

## 二、项目服务时间

2013 年

## 三、项目负责人

主持人：黄先开　执行主持：汤利华

## 四、项目服务团队

本项目服务团队主要成员有 6 人，其中，博士 3 人，硕士 3 人，教授2 人，副教授 3 人，研究领域涉及旅游信息化、旅游公共服务、旅游规划、计量经济学和旅游高等教育等。

## 五、项目服务内容

2013 年，受海淀区旅游局（现更名为海淀区旅游发展委员会）委托，汤利华老师在旅游学院领导的支持下，主持编制了《海淀旅游公共服务体系规划提升》方案。

本方案以国家、北京市关于旅游公共服务的相关规划和文件精神为指导，结合海淀区具体实际和发展需求，依据《"十二五"时期海淀旅游产业发展规划》《西北部高端休闲旅游区发展规划（2010—2020）》等相关规划编制，在具体实施项目上，直接服务于《海淀区传统景区事业产业融合发展示范区》，2012 年将启动相关投资建设工作。

鉴于旅游公共服务的特性（涵盖内容的广泛性和相对性）、海淀旅游局作为特定区域实施（牵头）主体的实际可操作性、海淀区的优势、海淀旅游的现状及发展需求，同时鉴于编制时限，本方案的实施范围和实施重点为：旅游公共服务中的公共信息服务相关内容。

方案编制提出的基本思路是"依托优势、着眼长远；立足实际、夯实基础；先行先试、重点突破；以人为本，因需而变；北京中枢、垂范全国"。

"依托优势、着眼长远"：海淀区旅游公共服务的提升，要充分依托海淀区的科技和人文优势，敢于确立高的标准，创新的思路，争取得到跨越式发展。

"立足实际、夯实基础"：海淀区旅游公共服务的发展，又需面向现实的基础和条件，切实重视和完善传统旅游公共服务的基础部分，统筹兼顾长远目标与近期要求。

"先行先试、重点突破"：鉴于旅游公共服务的特性，海淀区旅游公共服务的跨越提升，在与市的整体部署相配合（融合）的同时，又要充分衔接和彰显优势（"智慧北京、海淀先行"），争取先行先试的机会和条件；要有所为有所不为，锁定提升的重点目标和对象，实现重点突破。

"以人为本，因需而变"：本方案的起点是提升为游客提供便利的公共服务，一切方法的应用都是以满足游客需求为目的、为导向的；从这个角度说，技术不是目的，不是核心，同时对提升旅游公共服务又必不可少，要根据需求充分应用以新信息技术为代表的各种新技术。

"北京中枢、垂范全国"：成为智慧旅游服务的北京中枢，成为为旅游提供便利服务、以旅游为载体主动传播深厚文化的全国典范。

总之，本方案希望海淀旅游公共信息服务体系能主动迎接新信息技术浪潮，实现转型升级；主动响应文化大发展战略，旗帜鲜明地成为文化传播的载体（服务文化他信），最终服务于"文化强区"，建设世界高端旅游目的地的宏伟目标。

## 六、项目服务社会影响

　　方案于 2013 年编制完成，并顺利通过了海淀旅游局组织的相关评审，获得专家一致好评，方案的内容已得到具体的应用，对促进海淀旅游目的地的建设起到了积极的作用。

# 高效服务 反哺社会
## ——开放性科学实践活动造福首都中学生

## 一、项目服务对象

北京市教委组织下的北京市初级中学学生。

## 二、项目服务时间

2015 年至 2016 年 10 月

## 三、项目负责人

于平，女，教授，研究领域为计算机应用、智慧旅游、旅游信息化、旅游大数据。曾主持《面向旅游规划的空间信息服务工作流构建方法研究》《基于 RFID 及无线传感器网络的游客时空分流导航管理研究》和《京津冀"旅游一卡通"策略评估研究》等多项课题。曾获得 2017 年"首都劳动奖章"。

## 四、项目服务团队

本项目服务团队有 8 人，其中教授 1 名，讲师 2 名，助研 1 名；博士 1 名，在读博士 1 名，硕士 2 名，在读硕士 2 名。2015 年获批国家自然科学基金青年基金 1 项，北京市教委科研项目 1 项。曾获得 2016 年北京市"三八"红旗集体荣誉称号，2017 年"全国巾帼文明岗"称号。

## 五、项目服务内容

2016年10月，北京市教委为进一步深化教育领域综合改革，落实教育部《关于全面深化课程改革落实立德树人根本任务的意见》（教基二〔2014〕4号）、《北京市中小学培育和践行社会主义核心价值观实施意见》（京政办发〔2014〕52号）等文件精神，制定了《北京市初中开放性科学实践活动项目管理办法》，构建开放的教与学模式，为学生提供更加精准、个性化学习服务，设立北京市初中开放性科学实践活动。活动规定北京市七、八年级学生每学期应参加5次开放科学活动，按任务单要求完成1次活动计1分，2学年累计应参加20次活动，满分为20分。学生参加活动累计分数，中考时计入物理、生物（化学）科目原始成绩。

旅游实践教学中心是国家级实验教学示范中心，一直以来紧随国家政策，积极开展旅游教育、教学、科研的各项工作，高效服务社会。对于此项活动，中心积极响应政府号召，依托学校优质的办学条件和学院深厚的旅游学科底蕴，全力配合全市构建无边界、跨学科的开放学习服务平台，旨在为全市七、八年级学生提供优质、多元、丰富、生动的合作探究式实践活动，满足学生个性化、多样化的发展需求。

图1 国家级实验教学示范中心

中心于2015年开展了多次北京市小学生的校外科技实践活动的服务工作，受到参加师生的高度赞扬。对于此次初中开放性科学实践活动的举办，中心高度重视，全力筹备，同全市近千家企事业单位共同参加了北京市教委的公开招标选拔程序。最终，与中科院地理所、北京科技大学、同仁堂集团等200余家企事业单位入选了初中开放性科学实践活动的服务单位。

图2 获初中开放性科学实践活动服务单位

## （一）全面设计、师资、场地条件优越

中心对于"初中开放性科学实践活动"，进行了全方位的计划和安排，为学生们开放了18间专业实验室约3000平方米作为活动场地，大多数实验设备是实践中心自主开发的有特色的独有设备；授课教师都是长期从事旅游信息化教学的博士教师；活动场地是我国高校内首个智慧景区模式的旅游类实践教学场所，授课内容在同类院校和行业内也是较为新颖和前沿的；学生们在此感触中国传统文化、学习旅游文化、体验前沿的旅游科技产品，对于开阔眼界、增长知识、激发学习动力有着长远的教育意义。

中心还在场地、设备设施和材料等方面精心准备，安排专业的学生管理团队做好学生及家长的咨询接待工作，做好活动实施、管理和改进，并严格按照相关安全管理规定开展活动，做好安全预案和应急预案，采取多种措施确保学生参加活动安全。

图3 学生服务管理团队

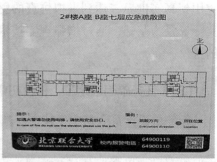

图4 实践活动安全保障

## （二）课程内容前沿、教学方式特色鲜明

中心多年来在旅游教学、实践和科研上有着丰富的经验和丰硕的成果，精心设计开发了"旅游文化与科技产品体验"课程，课程内容契合旅游业发展需要，活动过程集授课、游览、科技体验于一身，有深层次的理论知识，还有趣味的应用案例，配合沉浸式、互动式的教学方式，为学生学习旅游文化及科技知识开拓了崭新的思路。

旅游文化主要内容：通过旅游情景数据资源库的资源，模拟旅游目的地场景及真实旅游活动过程，使学生犹如沉浸在真实的旅游场景中，在实验室中游历国内外的著名景区，感受景区的地理风貌、文化习俗等。资源库包括：中国 5A 级景区、世界著名旅游城市及欧美高端与特色旅游项目的情景数据资源；美丽中国、飞跃联大、上海之旅、西湖沧桑等互动教学场景；中国中医、茶、酒、汉字等文化专题场景；中国著名景区的真实数据和实时图像信息。

旅游科技与实践主要内容：利用虚拟现实、人机交互技术、3D 打印、传感技术等，使学生在实验教学虚拟场景中进行真实体验式实验。如在虚拟酒店平台中，学生可以扮演多种角色，如服务人员、管理人员等，实现了"自行体验""主动学习"的新颖教学方式；在虚拟体验实验室内可进行高尔夫人机虚拟对抗赛；在旅游资源虚拟规划系统上可完成对旅游目的地资源的规划。数字景区实验室通过多媒体、三维建模、图像识别、场景融合等新技术与新手段，将景区场景模拟仿真后再叠加，将虚拟的景区信息应用到真实世界，达到虚拟仿真的感官体验。以颐和园十七孔桥和昆明湖实际场景为基础，通过增强现实技术进行模拟仿真，再现了清朝皇家游园的景象。

### （三）任务单简洁明了，符合初中生的兴趣与知识基础

任务单设计符合初中生特点。基于"听一听""看一看""做一做""评一评""想一想"五段式结构，针对性地开发设计了师生共同"听讲""操作""评价""思考"的任务单。学生根据任务单的要求，有目标地完成课堂任务，符合初中生知觉的有意性和目的性，且能自觉根据教学要求去感知有关事物的特点。例如，在旅游文化体验环节，学生可以通过实际的操作，如通过手机扫描二维码了解景点详细信息，通过触摸地球仪某个景点，观看景点视频，了解景点信息，符合初中生观察力发展特点。每个实践环节都充分考虑到了初中生的兴趣和知识基础，对于虚拟现实、人脸识别、无线通信等专业技术简单提及，学生通过亲自操作逐步体会这些技术在旅游中的应用与创新。

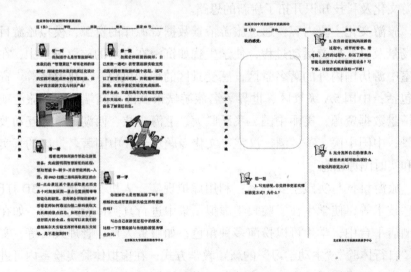

图 5　科学实践任务单

课程实施环节，不仅强调聚焦旅游中的"科学"领域，引导学生"动手"实践，而且更加关注的是"科学实践"。项目注重提升学生科学素养，强调学生实际参与，基于亲身体验产生实际获得，激发学生的创新潜能，发挥学生的创新潜质，着力培育学生的旅游科技素养。

### （四）项目生动，易激发学生兴趣，动手时间达到 2/3

"旅游文化与科技产品体验"项目注重科学动手实践，活动设置 2/3 以上的时间由学生动手实践。课程实施环节，学生们在主讲教师、指导教师的帮助下，以"任务单"为主线，历时 80 分钟以上的动手实践。

在智慧旅游实验室，学生不仅可以学到智慧旅游的内涵、智慧旅游的整个流程，还可以了解智慧旅游过程中科技产品的应用操作方法。另外，还可以通过拼图的方式了解它在道光时期、乾隆时期的原貌。

图 6　中学生在智慧旅游实验室内体验

在数字景区实验室可以完成拍照、图片合成，在虚拟高尔夫实验室实践高尔夫运动，在虚拟滑雪实验室完成虚拟滑雪这种高端休闲项目的体验。

图 7　中学生在虚拟高尔夫实验室内体验　　图 8　虚拟滑雪实验室专业教练演示

　　在文化体验区可以操作多种科技产品了解国内外景区信息、了解中医文化、汉字文化、茶文化、酒文化等中国传统文化。

图 9　中学生在参观"一带一路"展示墙、体验数字地球仪

　　在旅游产品设计实验室内体验旅游产品的构思、绘图、建模、渲染、打印一系列流程。

　　在沉浸式互动实验室，可以体验 360° 环幕系统呈现的身临其境的旅游场景，包括数字校园、故宫、长城、天坛、杭州、美丽中国等高清影片。坐上 150° 4D 动感系统，体验上海之旅、西湖沧桑、春夏秋冬、穿越冰雪季等互动影片，更可真切地感受载人航天飞船登陆月球的伟大时刻。

图 10　中学生在沉浸式互动实验室体验 4D 影片

## （五）统一安排、组织有序，确保活动顺利完成

中心于每次活动前都会与校保卫处沟通，做好家长们步行或者开车入校的协调工作；在每次活动开始前半小时至活动开始后半小时，都会安排专人在教学楼下进行接待引导，保证每位同学及家长能够顺利地到达活动地点；专门开放了学生们填写任务单及家长们的休息接待室，确保中心老师与家长手递手的交接，为学生家长提供了最大的便利；每次活动均准备了纸质版的签到表，保证了学生预约与签到的一一对应。

图 11　中学生在统一完成任务单

## 4月16日下午考勤表

| 序号 | 姓名 | 教育ID号 | 学校 | 签到 | 任务单提交 |
|---|---|---|---|---|---|
| 1 | 郑嘉乐 | 09024834 | 北京市陈经纶中学嘉铭分校 | | |
| 2 | 彭志康 | 09024763 | 北京市陈经纶中学嘉铭分校 | | |
| 3 | 王晶 | 09018940 | 北京市朝阳区教育研究中心附属学校 | | |
| 4 | 肖瑶 | 08028761 | 北京中医学院附属中学 | | |
| 5 | 王楦 | 09087613 | 北京市大兴区第五中学 | | |
| 6 | 赵崇容 | 09014273 | 北京市陈经纶中学嘉铭分校 | | |
| 7 | 孙烨 | 09090101 | 北京市大兴区第五中学 | | |
| 8 | 荆思程 | 09027251 | 北京市师达中学 | | |
| 9 | 马子谦 | 09044036 | 北京市朝阳外国语学校 | | |
| 10 | 王楚越 | 09001614 | 中国人民大学附属中学朝阳学校 | | |
| 11 | 陈宏宇 | 09018723 | 中国人民大学附属中学朝阳学校 | | |
| 12 | 赵伦置 | 09016350 | 北京市鲁迅中学 | | |
| 13 | 王公佐 | 09027342 | 中国人民大学附属中学朝阳学校 | | |
| 14 | 佟皓天 | 09026591 | 北京市朝阳外国语学校 | | |
| 15 | 林雨涵 | 09021985 | 北京市陈经纶中学嘉铭分校 | | |
| 16 | 朱家坤 | 09002213 | 北京市第一七一中学 | | |
| 17 | 唐小濒 | 09014872 | 北京市朝阳外国语学校 | | |
| 18 | 李卓伦 | 09016715 | 华中师范大学第一附属中学朝阳学校 | | |
| 19 | 刘冉冉 | 09024614 | 华中师范大学第一附属中学朝阳学校 | | |
| 20 | 付豪 | 09020800 | 北京市陈经纶中学 | | |
| 21 | 李佳颖 | 09027222 | 对外经济贸易大学附属中学北京市第九十四中 | | |
| 22 | 姚若翔 | 09048624 | 中国人民大学附属中学 | | |
| 23 | 李安琪 | 09014857 | 北京市朝阳外国语学校 | | |
| 24 | 郑梓轩 | 09019208 | 北京市东方德才学校 | | |
| 25 | 王瀚男 | 09022635 | 北京市和平街第一中学 | | |
| 26 | 李锦程 | 09016945 | 北京市第五十五中学 | | |
| 27 | 李嘉益 | 09006439 | 北京市第一零九中学 | | |
| 28 | 蔡志伟 | 09022969 | 对外经济贸易大学附属中学北京市第九十四中 | | |
| 29 | 吴安缇 | 09015044 | 首都师范大学附属实验学校 | | |
| 30 | 齐贺同 | 09102385 | 中国人民大学附属中学朝阳学校 | | |

图 12  活动签到表

## （六）学生参与人数多、受益面广

1. 2015~2016 学年

·组织实践活动 7 次；

·共接待学生 515 人次，

·课程总预约率 99%；

·课程签到率 100%；

·课程任务单完成率 100%。

| 开课时间 | 设置人数 | 预约人数 | 签到人数 | 任务单人数 |
|---|---|---|---|---|
| 2015-11-25 13:30 | | 197 | 197 | 197 |
| 2015-11-25 13:30 | | 105 | 105 | 105 |
| 2015-11-25 13:30 | | 70 | 70 | 70 |
| | | 372 | 372 | 372 |

| 开课时间 | 设置人数 | 预约人数 | 签到人数 | 任务单人数 |
|---|---|---|---|---|
| 2016-06-18 09:00-11:00 | 10-30 | 26 | 26 | 26 |
| 2016-05-21 13:30-15:30 | 10-30 | 29 | 29 | 29 |
| 2016-05-21 09:00-11:00 | 10-30 | 29 | 29 | 29 |
| 2016-04-16 13:30-15:30 | 10-30 | 30 | 30 | 30 |
| 2016-04-16 09:00-11:00 | 10-30 | 29 | 29 | 29 |
| | | 143 | 143 | 143 |

**图 13　活动情况预约及完成情况**

2. 2016~2017 学年

·组织实践活动 22 次；

·共接待学生 658 人次；

·课程总预约率 99%；

·课程签到率 98%；

·课程任务单完成率 100%。

截至 2017 年 7 月 1 日，中心共开设课程 30 次，接待北京市四中、人大附中、北大附中、101 中学、清华附中等近 50 所中学学生 1173 人次，涉及东城、海淀、朝阳、西城等 10 个区。

# 六、项目服务社会影响

## （一）社会影响

### 1. 学生说

活动中的每一位同学都认真地填写了活动任务单，写下了自己的感想

241

和对未来旅游的设想,全五星评价占总评价数的 97% 以上。

"智慧旅游很有趣,也很高大上,科技很发达哦,这次体验很有趣,课程很有意义。"——东城区北京二中分校,初一(3)班,武远溪。

"在没有太多时间去旅游的情况下,我喜欢智慧旅游这种方式,因为既省时、又省力,与真实场景大同小异。"——朝阳区人大附中朝阳分校,初一(2)班,李欣虞。

教学过程评价: ★ ★ ★ ★ ★
师资力量评价: ★ ★ ★ ★ ★
管理措施评价: ★ ★ ★ ★ ★

评语: 非常好。

---

**课程名称:** 旅游文化与科技产品体验项目方案
**上课时间:** 2016-12-03 09:30-11:30   **授课老师:** 孙宇
**上课地点:** 北京市朝阳区大屯街道北四环东路99号北京联合大学2号楼(综合实训楼)B座7层714

活动场所评价: ★ ★ ★ ★ ★
活动内容评价: ★ ★ ★ ★ ★
教学过程评价: ★ ★ ★ ★ ★
师资力量评价: ★ ★ ★ ★ ★
管理措施评价: ★ ★ ★ ★ ★

评语: 课很生动 老师表达能力很好

---

**课程名称:** 旅游文化与科技产品体验项目方案
**上课时间:** 2016-12-03 09:30-11:30   **授课老师:** 孙宇
**上课地点:** 北京市朝阳区大屯街道北四环东路99号北京联合大学2号楼(综合实训楼)B座7层714

活动场所评价: ★ ★ ★ ★ ★
活动内容评价: ★ ★ ★ ★ ★
教学过程评价: ★ ★ ★ ★ ★
师资力量评价: ★ ★ ★ ★ ★
管理措施评价: ★ ★ ★ ★ ★

评语: 非常好!但是地址太不详细了,找了半天

---

**课程名称:** 旅游文化与科技产品体验项目方案
**上课时间:** 2016-12-03 09:30-11:30   **授课老师:** 孙宇
**上课地点:** 北京市朝阳区大屯街道北四环东路99号北京联合大学2号楼(综合实训楼)B座7层714

活动场所评价: ★ ★ ★ ★ ★
活动内容评价: ★ ★ ★ ★ ★
教学过程评价: ★ ★ ★ ★ ★
师资力量评价: ★ ★ ★ ★ ★
管理措施评价: ★ ★ ★ ★ ★

评语: 活动的内容很丰富,让我充分知道了什么是科技旅游

---

**课程名称:** 旅游文化与科技产品体验项目方案
**上课时间:** 2016-12-03 09:30-11:30   **授课老师:** 孙宇
**上课地点:** 北京市朝阳区大屯街道北四环东路99号北京联合大学2号楼(综合实训楼)B座7层714

活动场所评价: ★ ★ ★ ★ ★

图 14　活动课程评价

"我认为智慧旅游节约了时间，学到了很多东西，而且比传统的旅游更能让我近距离感受风景名胜。"——东城区 171 中学，初一（9）班，黄鑫。

"现代科技与虚拟现实技术，为我们带来了一场感官的盛宴，不仅为我们带来了便利，也给我们带来了想要看的东西，这是现实中所感受不到的。"——朝阳区外国语学校，初二（6）班，王晟宇。

"智能化游览方式，因为虽然自己去实地更真实，但我们并没有那么多时间。我认为智能化游览方式很省时省力，也很大程度地还原了原景，所以我认为智能化游览方式更好。"——海淀区理工附中，初二四班，王陈怡。

2. 家长说

"活动项目设置太好了，我们都感觉到很新奇，可以和孩子一起参加吗？"

"环境高大上，教师专业、学生服务团队素质好，课程实践内容前沿，动手时间很充裕。"

"组织有序，我们还有这么好的休息室，陪孩子们来进行实践，我们很放心。"

3. 督导专家说

"旅游文化与科技产品体验项目内容丰富，设施完善，实践环境一流；教师讲解专业，经验丰富，活动组织安全有序。活动对于初中生学习旅游文化、传统文化帮助非常大，特别有利于启发他们的创新思维，锻炼交流能力和提升动手能力。希望你方再增设几项课程，让更多初中生到你们这里学习和实践，让更多的初中生受益。"——朝阳区教委项目督导组组长刘老师。

4. 管理部门的要求

开放性科学实践活动的整体设计思路是整合广义的教育资源，这体现了政府对基础教育治理方式的变革。这类活动鼓励孩子们走出校园，让不同学校的孩子因为兴趣爱好聚集在一起，通过动手参与不同领域的研究、体验不同老师的教学、和不同孩子进行交流，生成自身的创造力。

5. 我们说

"旅游文化与科技产品体验"项目设计旨在整合旅游资源，培养初中生旅游科技文化素养，提高分析问题、解决问题及创新实践能力。整个实践过程不需要学生具有相关基础知识，所有的观察和实验都完全是为了让学生获取旅游文化科技知识，了解现代科技在旅游业中的应用与创新。项目设计的整个过程对应科学探究的一般过程。在进行一个实验环节之前，授课教师会提出问题，引起学生的思考。比如，在授课之初，老师会提出一系列的问题：你知道什么是智慧旅游吗？你了解智慧旅游中用到的科技知识吗？你会操作智慧旅游中用到的设备吗？你了解中西方旅游文化吗？通过这些问题，使学生先了解本次课的主要内容，进而引起学生的思考并产生对接下来的教学内容的期待。在讲解某个实验操作之前，教师会鼓励学生自己设计方案，完成智慧景区的游览。实践活动完成后，授课老师鼓励学生进行评一评活动，写出自己在本次实践活动中的感受。最后鼓励学生之间进行讨论，在自己的旅游过程中还遇到哪些智能游览方式，并鼓励学生展望未来可能会出现哪些智能游览方式，科技还会在旅游中有哪些惊人之举。

### （二）服务项目的长远意义

北京联合大学旅游学院旅游实践教学中心的"旅游文化与科技产品体验"活动项目，依托国家级实验教学示范中心、国家智慧旅游重点实验室等优质资源建立。活动项目内容翔实，层次清晰，提供了由简单到复杂的旅游相关知识及相关技术的学习，学生们可从认知学习、虚拟体验、场地实操、综合设计、创新思维等多个层面进行实践，整个活动着眼于学生学习方式的转变，不仅可以提升学生们学习乐趣、开阔眼界，也会启迪学生们在今后的学习中探究现代技术、科技产品在旅游中应用的创新思维，对学生今后发展具有较强的教育意义。

第四篇

# 优秀校友："行业翘楚""弄潮儿向涛头立"

# 深耕旅游行业三十年的资深专家

## ——丁强

"我是幸运的，刚刚恢复高考，我又能够通过考试重新进入大学学习，成为北京联合大学旅游学院前身——北京第二外国语学院分院的外语专业1978级的毕业生。国家鼓励培养旅游人才，所以北京第二外国语学院分院对旅游专业进行了扩招，我恰恰是第二批进入学校学习的。没有那次扩招，我不知道我现在是怎样的人生。母校是我的幸运地。"丁强这样说。

8年的北京国旅工作，5年的北京海外旅游公司工作，20年的中青旅工作。入行30余年，丁强见证了首都旅游业的大发展，见证了中国旅游业的迅猛发展。

**寄语青年学子：**

愿母校培养出更多专业人才。作为年轻人一定要搞清楚自己想要的是什么，要明确目标；在浮躁的社会中，不要总想着走捷径，不要一山望着一山高，勿忘初心，常怀感恩；不能仅仅局限于本专业内部的东西，多涉及一些其他相关领域的知识。

# 中国第一代饭店管理者
## ——辛涛

　　辛涛说："没有恢复高考，没有旅游学院的成立，也就没有我的今天。在那个年代，初中毕业能上高中的比例只有9%，上大学靠单位推荐，我一度以为我们这代人的命运就和大学无缘了。但我赶上了改革开放，在最后一刻抓住了进入大学的机会，大学对于我们这代人来讲，是个'dream'，是梦想开始的地方。我是新中国最早的一批旅游专业学生。"

　　"旅游是一个综合的学科，学生的综合能力和知识本身同样重要。学院请了很多'大家'来教学生。北京交响乐团的首席指挥、北大地理系教授、中央工艺美院等，使得我们这届学生眼界和知识面都比较开阔，而且触类旁通，为后来从事旅游的相关工作打下了非常好的基础。今天想起来，特别感谢这些老师给我们打下了很好的基础。感谢母校的培育！"

　　作为学生会主席和团委副书记，辛涛被分配到合资酒店——京伦饭店，从零起步开始学习酒店运营管理知识，学习日本航空饭店管理集团经验，学习如何为人处世。在不断地锻炼和积累中成长，一直到今天。

**寄语青年学子：**
已经选对方向，继续努力前行，把握美丽人生。

# 把星巴克等知名品牌带入国内的人
## ——侯启泉

"当年参加高考，真的是十分偶然。我十几岁起上山下乡，在京城西北角龙泉寺附近的农场里插队 8 年。在那个特殊年代，没想过要参加高考。同队知青给我报了名，24 岁重拾课本，我就想以见证历史的心态去凑个热闹。没想到，他们没考上，我考上了。"

"老牛亦解韶光贵，不等扬鞭自奋蹄。""上大学后，每天在往返公交车上看书，我给自己定下每天读 20 页英文原版小说的目标，要学为所用。"

**寄语青年学子：**
如果一个人想让生命有光彩，千万不要等待、不要随遇而安，时间是有成本的，机会等待人的时间是有限的，所以一定要抓住机会，抓住窗口。

# 首都外事工作的见证者和亲历者
## ——李洪海

"那真的是个很特殊的年代。我们那个时代，年轻人积极响应国家号召，或是支援边疆，或是上山下乡。我 14 岁入伍，开始了军旅生涯。1974年提干前夕，我突发奇想，决定换一种活法，重拾课本，想为自己争取一个学习的机会，结果，我们是幸运的一代。

响应国家号召，我放弃体育摄影记者和翻译的梦想，在学校学习日语。所学即所爱，要珍惜学习的机会。

毕业后，我在北京市人民政府外事办公室一干就是 32 年。见证了首都外事旅游业的发展，亲历了北京成为世界城市的过程，目睹了中国走向世界舞台的历程。我们真的赶上了好时代，有幸成为这个过程的亲历者和见证者。"

**寄语青年学子：**

年轻人要且行且珍惜。现在是年轻人的世界，一定要珍惜当下。对于年轻学子来说，大学作为求学生涯最后也是最关键的几年，一定要只争朝夕，多多汲取知识，特别是旅游专业的学生；走向社会后，无论从事什么行业，都要踏实做事，老实做人。

# 旅游业三十年发展的见证者

## ——喇卫国

"作为回民汉化后的姓氏，我们'喇'氏实在稀少。我1969年插队到农村，参军当兵，专研工作。因工作中零星积累的一点法语，我成了北京联合大学1978级法语专业的一名学生。

那时，即便贫穷落后，也不妨碍人们积极地想要了解世界，大家都加倍渴望学习知识，尤其是青年，如果没有机会上大学，就去读夜校、上广播大学，整个国家都处在一种开放的环境中。

毕业后，我服从国家需要，到天下第一社——北京中国国际旅行社工作。我一毕业就30岁，从接待法语国家旅行团的翻译导游做起，开始了中国旅游业几十年的奋斗浮沉，亲身经历了改革开放以后中国旅游业的成长和发展。看着今日北京旅游业的大好形势和未来的发展趋势，现在，我可以安然退休了。"

**校友寄语：**

我们需要培养复合型人才，希望有一天联大也能够在中国培养像瑞士一样得到全世界认可的旅馆业，我相信中国人能做到！

# 从自考生到海底捞的高级顾问
## ——张哲

"我来自安徽亳州，是一个地地道道的农村孩子，文化程度不高。1991年，我来到北京打工，在餐厅里面打杂，老实肯干，从每天早上8点一直干到夜里0点，连续一年都没休息过一天。几年中，我就这样辛苦并努力地拼搏着！

在工作中，我发现自己文化程度比较低，与成为一名出色的餐饮经营管理者还存在较大的差距。于是，2010年，我参加了北京联合大学旅游学院餐饮管理专业的自学考试。那段时间很苦，很累，白天要工作，晚上要上课学习。

但现在回首，一切都是值得的。那段岁月给我的感受是：生命是奔跑不息的，它如同岁月的歌声，有起有伏。自学考试的路，便是那奔跑的生命，带给我一种精神、一种力量。年轻岁月是学习的好时光！

毕业时，我作为自考生被选为北京联合大学旅游学院的优秀毕业生，感到很自豪！

光阴似箭，日月如梭。如今我身兼数职：匠品毛肚火锅创始人、厨务总监、高级技师、中国酒店培训网讲师、国家级评委和中国餐饮业高级职业经理人。感谢北京联合大学旅游学院对我的培养！"

**寄语青年学子：**
学做事，应该先学做人；学会适应环境；学无止境。

# 酒店业民族品牌的先行者
## ——付天祝

"我是旅游学院 1985 级毕业生，就读于北京联合大学旅游学院前身——北京旅游学院的干训班，从事酒店业管理三十多年，历任京伦饭店、北京饭店、长城饭店、香格里拉中国大饭店、建国饭店高管。自 2004 年12 月起，入职于首旅建国酒店管理有限公司，现担任首旅建国酒店管理有限公司董事长。

先行后学——磨刀不误砍柴工。为进一步了解酒店业管理的理论知识以及现代酒店业的管理体系，作为合资饭店副总经理，我通过统一考试进入北京旅游学院的干训班。两年的酒店管理学习加深了我对于酒店管理的理解，这对于我未来的发展是很重要的一步。

创造民族品牌，压力与挑战并存。毕业后工作，在工作中学习。学习日本酒店业员工的敬业精神、忠诚度和全面质量管理体系，学习美国喜来登酒店管理理念，学习东南亚的酒店文化。

建设中国酒店业的民族品牌，就要'走国际化路，创民族品牌'，做中国的'香格里拉'。今天，建国饭店已成为中国酒店业的民族品牌。"

**寄语母校：**
希望加强校企合作
**寄语青年学子：**
心存理想，脚踏实地。

责任编辑：郭海燕
责任印制：冯冬青
封面设计：中文天地

**图书在版编目（CIP）数据**

走城市型、应用型办学之路 ：北京联合大学旅游学
院办学纪实 / 曹长兴，严旭阳主编． -- 北京 ：中国旅
游出版社， 2018.3
　　ISBN 978-7-5032-5997-5

　　Ⅰ． ①走… Ⅱ． ①曹… ②严… Ⅲ． ①北京联合大学
－产学研一体化－研究 Ⅳ． ① G640

中国版本图书馆 CIP 数据核字（2018）第 057157 号

书　　名：走城市型、应用型办学之路——北京联合大学旅游学院办学纪实

作　　者：曹长兴　严旭阳主编
出版发行：中国旅游出版社
　　　　　（北京建国门内大街甲9号　邮编：100005）
　　　　　http://www.cttp.net.cn　E-mail:cttp@cnta.gov.cn
　　　　　营销中心电话：010-85166503
排　　版：北京旅教文化传播有限公司
经　　销：全国各地新华书店
印　　刷：北京盛华达印刷有限公司
版　　次：2018年3月第1版　2018年3月第1次印刷
开　　本：787毫米×1092毫米　1/16
印　　张：17.25
字　　数：260千
定　　价：48.00元
ＩＳＢＮ　978-7-5032-5997-5